죽은 자는 알고 있다

5500명의 죽음과 마주한
뉴욕 법의조사관의 회고록

바버라 부처 지음 | 김효진 옮김

WHAT THE DEAD KNOW
Learning about Life as
a New York City Death Investigator

의사이자 스승 그리고 나의 벗이었던
찰스 허시를 추억하며.

아울러 유가족을 위한 해답과 죽은 이들을 위한
정의를 찾아 나서는
이름 없는 영웅들, 법의조사관들에게 이 책을 바친다.

뉴욕은 세계에서 가장 흥미진진한 도시이다.
이곳에선 죽는 방식마저도 차고 넘친다.
—데니스 리어리(Denis Leary)

목차

작가의 말

이 책에 담긴 내용은 모두 내가 뉴욕시 법의학 검시국에서 법의 조사관으로 근무하며 직접 겪은 실화이다. 고인의 사생활 보호를 위해 이름과 세부 사항은 일부 수정했다. 하나같이 잊을 수 없는 사건들이지만, 오랜 시간이 흐른 만큼 기억이 흐릿해진 부분이 있을 수 있다.

제 1 장
목맨 남자의 분노

"안녕, 바버라? 34번 관할구에서 목을 맨 남성의 사체가 발견됐어요. 운전사를 보낼까요?"

샤를린이 낮은 목소리로 말했다. 시신을 다루는 이 일이 남들에게 알려지면 안 될 비밀인 것처럼.

"최고의 기사님으로 부탁해요, 찰리. 립스틱만 바르고 바로 나갈게요."

내가 시신을 조사하러 가는 게 아니라 결혼 상대라도 찾으러 나가는 것처럼 말하자 샤를린이 웃었다.

수화기를 내려놓으며, 이제는 익숙해진 가벼운 긴장감이 밀려왔다. 문이 잠긴 아파트에서 심장 질환으로 자연사한 노인의 경우와 달리, 철저한 조사가 필요한 사건을 마주하면 어김없이 이런 감각이 찾아왔다. 나는 무언가를 알아내고, 단서를 찾고, 수수께끼를 풀고, 결과 너머의 원인을 밝혀내는 걸 좋아한다. 운 좋게도, 그게 내 일이었다. 나는 뉴욕시 법의학 검시국(OCME, Office of Chief Medical Examiner)의 법의조사관(MLI, Medicolegal Investigator)으로서, 사망 사고나 자살 혹은 살인 등이 일어난 현장을 철저히 조사해 사망자가 왜 그리고 어떻게 죽음에 이르렀는지를 밝혀낸다. 그리고 그 모든 과정을 나는 진심으로 좋아했다.

이번에는 깁스한 팔 때문에 그 긴장감을 온전히 누릴 수 없었다. 톱으로 단단한 각목을 자르려다 다친 것이다. 병가를 다 써버리지 않았더라면, 집에서 쉴 수 있었을 텐데. 그렇게 그 날은 흔히 '출장'이라고 부르는 현장 조사 대신 사무실에서 병원에서 발생한 사망 사건을 처리하고 있었다. 한 손밖에 쓸 수 없고 통증도 있었지만, 야근 근무를 하는 사람이 나뿐이었기 때문에 전화를 받지 않을 수 없었다. 작업 도구가 가득 든 출장 가방을 집어 들고 불평과 신세 한탄을 늘어놓으며 정문을 나와 운전사가 기다리는 곳으로 갔다.

뉴욕시 검시국 소속 운전사들은 대부분 이름으로 불렸다. 닉이나 네이선 그리고 모린이라는 여성도 있었다. 하지만 점잖은 노신사 에버렛 웰스만큼은 모두에게 '미스터 웰스'라고 불렸다. '셰이크 앤드 베이크(Shake and Bake, 재빠르다는 의미)'라는 별명과는 어울리지 않지만, 경의를 담은 표현이었다. 그가 이런 별명을 얻게 된 것은 히터를 세게 틀어놓고 브레이크와 액셀을 번갈아 밟는 습관 때문이었다. 그는 뉴욕시 검시국의 15명 남짓한 운전사들 중 최고는 아니었지만, 내가 가장 좋아하는 사람이었다. 다른 운전사들은 차에서 눈을 붙이고 싶어 했지만, 그는 꼭 나와 함께 건물 안으로 들어가 겠다며 고집을 부렸다. 그와 함께 근무할 때면 늘 기분이 좋았다.

미스터 웰스가 내가 든 출장 가방을 낚아챘다.

"숙녀에게 무거운 가방을 들게 할 순 없죠. 사람들이 뭐라고 하 겠어요."

"고마워요, 미스터 웰스. 오늘 저와 함께 있는 거, 사모님도 알고 계신 거죠?"

"제 아내는 모르는 게 없답니다. 일 끝나면 켄터키 프라이드치킨 으로 할까요?"

KFC 아니면 맥도널드? 무전기가 울려대는 통에 자리에 앉아 제 대로 된 식사를 할 여유가 없었다.

사건 배정표에 적힌 주소에 도착했다. 워싱턴 하이츠의 한 식료 품점과 가족이 운영하는 장의업체 사이에 끼어 있는 허름한 다세 대 주택이었다. 승강기가 없어, 우리는 뉴욕의 오래된 건물 특유의 복잡하게 뒤엉킨 냄새를 맡으며 계단을 올라갔다. 1층은 삶은 양 배추 냄새, 2층은 알 수 없는 무언가를 세제로 닦은 듯한 냄새. 그 리고 3층에 도착했다.

죽음의 냄새를 한 번 알고 나면, 꽃집에서도 그 냄새를 알아차릴 수 있다. 마늘이 들어간 딸기 밀크셰이크처럼, 어딘지 모르게 쓴맛 이 배어 있는 달짝지근한 냄새다. 이 일을 시작한 지 몇 주쯤 지나 자, 뉴욕의 어느 거리에서든 부패한 시신이 있는 건물을 알아볼 수 있게 되었다.

"여기예요."

나는 미스터 웰스에게 말했다.

"다행이군요. 무릎이 안 좋아서요."

케네디라는 이름의 젊은 경찰이 어두운 집안으로 우리를 안내했다. 지저분한 창문으로 가로등 불빛이 희미하게 들어왔지만, 화창한 낮에도 이곳은 어두웠을 것이다.

"전기가 들어오지 않더라고요."

경찰이 말했다.

"전기세를 못 냈겠죠. 수사팀은 이미 떠났고, 저만 남아서 지키는 중입니다."

"냉정하기는. 함께 조사할 생각에 서둘러 왔는데, 5분만 기다려줬으면 좋았을 텐데. 수사팀이 겁이라도 먹은 건가요?"

"그랬겠죠. 컴컴한 방 안에서 목을 맨 시신과 함께 있다니, 소름끼치는 일이잖아요."

케네디 경찰이 솔직하게 대답했다. 그가 내 농담을 진지하게 받아들이는 걸 보고, 한 마디 더 얹었다.

"그럼 다시 불러야겠네요. 수사팀도 겁을 먹은 현장에 엄호도 없이 혼자 들어갈 순 없잖아요?"

나는 잠시 그의 눈을 바라보다가 웃음을 터트렸다.

"아, 이제 알겠어요. 이런."

그제야 그도 내가 장난을 친다는 걸 알아차린 듯했다.

"당신은 무서운 게 없죠? 그래서 사람들이 당신을 부처 박사라고 부르는 거예요?"

"아뇨. 부처는 제 본명이에요."

이번엔 그가 웃을 차례였다.

"알고 있습니다. 농담이에요. 이 손전등은 건전지가 다 된 것 같은데. 혹시 가져오셨나요?"

케네디 경찰은 자살이 거의 확실해 보인다는 점과 복도 맞은편에 사는 이웃이 이틀 연속 문을 두드렸지만 반응이 없어 경찰에 신고했다는 사실을 알려주었다. 한밤중이었음에도 뭔가 이상함을 느낀 이웃이 그의 안부를 확인하려 했던 모양이다. 경찰에 걸려온 신고 전화가 새벽 3시였던 것이다. 죽음이라는 게 그렇다. 벽의 작은 틈 사이로 죽음의 냄새를 감지하거나, 단잠을 자다가도 문득 눈이 떠지는 것이다.

주변을 살폈지만, 불법 침입이나 강도, 다툼의 흔적은 없었다. 집 안에 내려앉은 희미한 먼지는 손댄 자국 하나 없이 그대로였다. 문과 창문은 모두 굳게 잠겨 있었다. 그렇다고 살인의 가능성을 완전히 배제할 수는 없었다. 범인이 열쇠를 가지고 있었을 수도 있고, 대부분의 문은 자동 잠금 방식이다. 질식을 동반한 자위행위 중, 사고로 사망했을 가능성도 있다. 나는 그런 경우를 '악동 게임'이라고 불렀다.

어수선한 집 안을 둘러보는데 '더는 안 되겠어'라는 절규와도 같은 서글프고도 독특한 냄새가 코를 찔렀다. 곰팡내 나는 서류와 절망이 뒤섞인 시큼한 냄새다. 바닥에 깔린 폭이 좁은 오크 마루는 코팅이 벗겨져 톱밥처럼 옅은 색으로 바래 있었다. 안락의자는 스프링이 튀어나와 있어 안락함과는 거리가 멀어 보였다. 들춰보지도 않은 듯한 신문과 TV가이드가 쌓여 있었다. 마지막으로 벽을 칠한 것은 1960년대일 것이다. 당시 아보카도 색상의 냉장고가 유행이었는데, 벽에 칠해진 페인트 색상이 비슷했기 때문이다.

손전등 불빛이 50대 후반쯤 되어 보이는 뚱뚱한 백인 남성을 비추었다. 그는 침실 문 위를 가로지르는 파이프에 목을 매고 있었다. 맨발은 바닥에 닿은 채, 무릎을 굽히고 등을 둥글게 만 자세로 매달려 있었다. 옆에는 작은 의자가 쓰러져 있다. 얼굴이 벌겋게 부어 있고, 입술 사이로 보라색으로 변한 두툼한 혀가 튀어나와 있었다. 턱살에 가려 보이진 않지만, 턱 아래가 강하게 조여진 탓에 입이 벌어졌을 것이다.

전등을 켜보려 했지만, 불이 들어오지 않았다. 손전등을 비추며 시신을 살펴보았지만, 몸싸움의 흔적은 없었다. 방어흔이나 외상도 보이지 않았다. 다툼이 있었다면 긁힌 상처, 부러진 손톱, 혈흔, 얼굴의 찰과상 같은 흔적이 남았을 것이다. 눈꺼풀을 젖히자, 점상 출혈이 보였다. 머리의 혈압이 상승해, 안구와 눈꺼풀 안쪽의 얇은 막에 있는 모세 혈관이 파열되면서 생겼을 것이다. 목이 조인 상태로 반쯤 매달려 있으면, 경동맥은 계속해서 뇌로 혈액을 공급하지만 부드러운 경정맥이 눌리면서 혈액이 빠져나가지 못하게 된다. 이 남성에게 점상 출혈이 없고, 얼굴이 벌겋게 부어오르거나, 혀가 튀어나오지 않았다면 나는 타살을 의심했을 것이다. 살해된 후, 자살로 위장했을 가능성도 남아 있다. 물론, 쉬운 일은 아니다. 이 남성을 매달려면 건강한 남성 두 명은 필요했을 것이며, 방 안에는 어지럽혀진 흔적도 있었을 것이다. 깨진 유리잔, 쓰러진 커피 테이블, 가장자리가 들린 러그 같은 것들 말이다. 그가 완전히 매달린 상태로, 발이 공중에 떠 있었다면 경동맥이 눌리면서 혈액 공급이 차단되고 삭흔보다 위쪽에 있는 얼굴은 창백해졌을 것이다. 물론, 뉴욕의 허름한 다세대 주택은 천장이 낮기 때문에 그런 경우는 거의 본 적이 없다.

경찰이 손전등으로 사망자를 비추는 동안, 나는 부지런히 사진을 찍었다. 1992년, 이 일을 시작했을 당시에는 폴라로이드 카메라를 사용했는데 플래시가 번쩍일 때마다 시신이 약간 움직인 것처럼 보였다. 섬뜩했다. 어두운 곳에서 작업하는 걸 좋아하지 않는데다 필요 이상으로 오래 머물 생각도 없었지만, 시신과 방 안의 상태를 빠짐없이 기록해야만 했다. 변호사들이 자주 하는 말처럼 '기록하지 않으면, 일어나지 않은 일이 되기' 때문이다.

우선 사방에서 방 전체를 촬영한 뒤, 시신에 다가가 앞뒤로 전신 사진을 찍었다. 다음으로 머리와 목에 초점을 맞춰, 끈의 위치와 파이프에 묶인 매듭을 촬영했다. 누군가 질문을 해올 경우를 대비해, 보고서를 뒷받침할 예비 사진을 충분히 찍었다. 물품 담당 로리는 내가 혼자서 필름 예산을 다 써버린다며 불평하곤 했다.

손전등으로 실내를 비추며 유서, 진료 기록, 친족 정보, 약물, 술, 퇴거 통지서 등 그의 신원을 특정하고 자살 이유를 짐작할 수 있는 단서를 찾았다. 유서는 발견되지 않았지만, 놀랄 일은 아니다. 자살자 중 유서를 남기는 사람은 3명 중 1명뿐이기 때문이다. 재판 통지서, 진단 결과, 연인의 이별 편지 같은 '삶의 균열'을 암시하는 증거도 발견되지 않았다. 하지만 스스로 삶을 마감하는 데에는 깊은 이유가 있다. 겉으로 드러나는 뚜렷한 계기가 없는 경우도 많다.

이것은 자살이 분명했고, 특별히 의심스러운 정황은 없었다. 집 안 가득 배어있는 우울과 절망이 고스란히 느껴졌다. 그가 인생을 즐기고 있었다는 흔적을 찾을 수 없었다. 사실 삶의 흔적 자체가 거의 없었다. 그가 왜 죽음을 택했는지, 그 이유를 설명해줄 만한 증거를 찾고 싶었지만 이 어둡고 어수선한 집 안에서는 불가능했다. 전력회사에서 전기를 끊은 것이 결정타였을지도 모른다.

나는 가방에서 벅 나이프를 꺼낸 후, 매달린 남자 옆에 쓰러져 있던 의자를 끌어왔다. 줄을 끊고 남자를 바닥에 내려놓기 위해서였다. 보통은 왼손으로 줄을 잡고, 오른손으로 매듭 윗부분을 자른 후, 최대한 조심스럽게 시신을 바닥에 내려놓는다. 이것은 법의학자가 확인할 수 있도록 목을 감은 줄과 매듭을 보존하고, 부검실에서 혼란을 줄 수 있는 사후 손상을 피하기 위해서였다.

시신은 무겁다. 말 그대로, 죽을 만큼 무겁다(deadweight). 건장한 남성도 한 팔로 시신을 내려놓는 건 쉽지 않지만, 나는 천천히, 안정적으로 시신을 내릴 수 있었다. 몇 번 해보면, 시신의 무게나 다음에 벌어질 상황을 어느 정도 예측할 수 있게 되어, 조심스럽게 내려놓을 수 있게 될 것이다. 하지만 이번엔 아니었다. 왼팔과 왼

손이 깁스로 고정되어 있었기 때문이다. 복도에서 기다리는 미스터 웰스가 시신을 끌어내릴 수 있을 리 없고, 노조 규정상 경찰에게 내 업무를 대신 맡길 수도 없었다. 그래도 걱정할 필요 없다. 조금 있으면 건장한 남자 기사 두 명을 태운 영안실 차량이 시신을 수습하러 올 것이다. 나머지는 그들이 처리해줄 것이다. 나는 사무실에 연락해 상황을 설명하고, 영안실 기사들에게 매듭 위쪽을 잘라 시신을 조심스럽게 내려달라고 부탁했다.

나는 현장을 경찰에 넘기며, 내가 현장에 있었다는 사실을 증명하기 위해 시신의 발가락에 부착된 태그에 서명했다. 얼마 전, 한 동료가 '차 안 조사'로 비난을 받은 일이 있었다. 그의 조사 방식이 얼마나 부실했던지, 차에서 내리지도 않고 경찰에게 '자연사로 보여요? 태그만 던져줘요!!'라고 소리쳤다는 우스갯소리까지 돌았을 정도다.

조사를 마친 뒤, 매장에서 프라이드치킨을 먹을 시간조차 없던 우리는 125번가에 차를 세우고, 차 안에서 드라이브 스루에서 산 치즈버거를 먹었다. 사람들이 밤늦게까지 깨어 있는 주택가에서는 갓 만든 패스트푸드를 먹을 수 있다.

미스터 웰스가 볼멘소리를 했다.

"랜디는 늘 점심은 카페에 데려갔었는데. 괜찮은 데도 많이 알고, 안목이 있더라고요."

"주간 근무로 복귀하면, 멋진 비스트로로 모실게요. 됐죠?"

욱신거리는 팔 때문에 괜히 짜증이 났다.

사무실로 돌아가는 길에 미스터 웰스는 다친 상태로 일해야 하는 내 처지가 부당하다며 투덜거렸다.

"나로선 도무지 이해가 안 가요. 그러다 몸만 더 축난다니까요."

책상으로 돌아온 나는 폴라로이드 사진과 노트를 펼쳐놓고, 내일 오전 부검을 맡을 법의학자(ME, Medical Examiner)를 위한 보고서를 쓰기 시작했다. TV 드라마와 달리, 법의학자가 사망 현장을 직접 조사하러 나가는 경우는 거의 없다. 그들은 부검, 약독물 검사, 조직 검사, 뇌 해부 등으로 정신없이 바쁘고 서류 작업도 산더미처럼 쌓여 있기 때문이다. 법의학자가 부검 도중 부검대를 떠나 범죄 현장으로 달려가는 일 같은 건 애초에 불가능한 것이다. 나는 사무실에서 근무를 시작하지만, 대부분의 시간을 거리에서 보내며 요청이 오면 곧장 사건 현장으로 출동한다.

과거에는 현장에서 시신을 조사하는 일을 경찰이나 공인된 검시관(주로, 장의사가 많았다)에게 의존했다. 하지만 의학적 지식이 없으면, 부패로 인한 시신의 변화나 질병에 따른 자연스러운 결과를 제대로 구분하지 못하고 오판할 우려가 있었다. 그래서 내 스승인 찰스 허시 박사는 경험이 풍부한 진료 보조사(PA, Physician Assistant)들을 검시국과 뉴욕시 경찰국 양쪽에서 활용할 수 있도록, 수사와 법의학을 가르치고 훈련시키는 제도를 제안했다. 법의조사관의 업무는 사망의 원인과 그 경위를 규명하는 것이다. 예를 들어, 총상이 있는 경우 사인은 명확하지만 사망에 이르게 된 경위는 살인, 자살 혹은 사고였을 가능성이 있다. 현장 상황을 조사하는 것이 법의조사관이 하는 일이다. 폭행의 흔적은 없는가? 방문은 잠겨 있었는가? 자연사로 볼 수 있는 단서가 있는가? 무엇보다 중요한 건 현장 상황이 물적 증거와 부합하는가? 법의조사관은 법의학자의 눈이자 귀다. 현장 조사가 제대로 이루어지지 않으면, 법의학자는 부검실에서 아무런 단서 없이 검시해야 한다.

현장 사진들을 살펴보니, 카메라 플래시 덕분에 시신과 방이 제법 선명하게 찍혀 있었다. 실제 현장에 있었을 때보다 폴라로이드 사진으로 더 자세히 확인할 수 있었다. 종종 있는 일이다. 현장에서는 그 순간 오감으로 느껴지는 정보들을 그대로 흡수한다. 무슨 일이 있었는지를 분석하려면, 때로는 한 걸음 물러나 관찰할 필요가 있다. 시신이 상자에 들어 있다면, 상자 밖에서 생각하는 법을 배워야 한다. 상자 안이 어두워 아무것도 보이지 않는 상태라면 더더욱 그렇다. 사진 속 방은 실제보다 더 음침해 보였고, 가구는 흙빛이었다. 목을 맨 남자의 뒤편에는 어질러진 침대가 있었고, 한 번도 세탁하지 않은 듯 누렇게 변색된 시트가 보였다. 시신의 머리 뒤쪽에는 주황색 전기 코드가 길게 늘어져 있었다. 실외에서 사용하는 코드였다. 이걸로 목을 맸을까. 끊어질 염려는 없을 테니, 현명한 선택이라 할 수 있다. 다음 사진에서 연장 코드가 벽 콘센트에 꽂혀 있는 것이 보였다. 전기가 끊긴 게 아니었나?

저런. 전기가 끊긴 줄 알았는데.

떨리는 손가락으로 사망자의 집으로 전화를 걸며 경찰이 받기를 간절히 빌었다. 제발, 제발……전화를 받아. 영안실 기사들이 아직 도착하지 않았기를 간절히 바랐다.

"네, 여보세요?"

"잘 들어요. 아무도 시신을 건드리지 못하게 해요."

"알겠습니다. 그런데 무슨 일이죠?"

"방 안에 있는 전등의 전구가 제대로 끼워져 있는지 확인해줘요."

"전구라고……하셨나요?"

"그래요……전구가 제대로 끼워져 있는지 확인해 달라고요. 끊지 말고요."

달칵하고 수화기를 탁자에 내려놓는 소리가 들렸다. 잠시 후, 케네디 경찰이 돌아왔다.

"빛이 있으라!"

그의 말에 나는 깊은 숨을 내쉬었다.

"대체 무슨 일이죠? 전구가 풀려 있는 걸 어떻게 아셨어요?"

영안실 기사들이 아직 도착하지 않은 것을 확인한 후, 나는 사망자가 누군가 자신을 내려놓기 위해 코드를 자르려고 하면 감전되게끔 꾸민 것 같다고 설명했다. 전구를 살짝 풀어 전기가 끊긴 것처럼 방을 어둡게 만든 다음, 멀리 떨어진 콘센트에 연장 코드를 꽂아둔 것이다. 모든 게 치밀하게 계산된 행동이었다. 케네디 경찰이 플러그를 뽑고, 다른 함정이 없는지 확인하는 동안 나는 전화를 끊지 않고 기다렸다.

이건 분노에 찬 자살이었다.

세상을 향한 분노로 가득했던 그는, 스스로 목숨을 끊는 것만으로는 부족했던 것이다. 누구든 자신을 내려놓으려다 감전사하기를 바랐다. 그리고 그 모든 걸 치밀하게 계획했다. 며칠째 짜증과 불평을 쏟아내던 이 깁스가 아니었다면, 나도 함께 목숨을 잃었을 수도 있다.

톱질을 하다 힘줄을 다친 작은 불운이 내 생명을 구하다니, 잠시 그런 생각을 하다 나중에 다시 곱씹어보기 위해 노트에 적었다. 이 사건 어딘가에 중요한 교훈이 있을 것이다. 나는 만일의 상황에 대비해, 늘 메모를 했다. 하지만 젠장. 나는 계속해서 그 목맨 남자에 대해 생각했다. 그는 왜 누군가를 다치게 하고 심지어 죽이려 했을까? 너무도 비참한 나머지, 누군가 자신과 같은 고통을 겪기를 바라며 위안을 삼았던 걸까? 아니면 자신의 고통을 외면한 세상을 벌주려 했던 걸까? 단지 사람들의 입에 오르내리고 싶어, 어떤 흔적이라도 남기고 싶었던 것일까? 어쩌면 그저 고독했던 그가 어떤 형태로든 사람들의 기억에 남고 싶었던 것일지도 모른다. 그런 생각을 하다 보니, 군중을 향해 총을 난사한 뒤 마지막으로 자신의 머리를 쏴 목숨을 끊은 이들의 사건이 여럿 떠올랐다. 그냥 죽어버리는 걸로는 부족했을까?

*

그냥 죽어버리는 게 낫지 않나? 나 역시 얼마 전까지 스스로에게 던진 질문이었다. 약 4년 전, 나는 인생의 밑바닥으로 곤두박질쳤다. 알코올 중독자였던 나는 비좁고 허름한 원룸에서 지내며 매디슨 애비뉴 근처의 단추 가게에서 일용직으로 일하고 있었다. 그 정도가 내게 걸맞은 삶이라 여겨졌다.

나는 10대 초반부터 우울증과 자살 충동에 시달리며 참담한 시기를 보냈다. 어릴 때부터 겁이 많고 불안이 심했으며, 사춘기의 호르몬 변화는 상황을 더 악화시켰다. 고등학교에서 만난 새로운 친구들이 술, 마약, 섹스에 취해 사는 법을 알려주었고, 경험해본 적 없는 고양감에 흠뻑 빠져들었다. 늘 취해 있고 싶었다. 물론, 즐거운 시간은 잠시뿐이었고 문제도 많았지만, 현실에서 벗어날 수만 있다면 그것으로 충분했다. 그런 나쁜 습관들 때문에 공부는 뒷전이었고 결국 대학에도 진학하지 못했지만 그 순간만큼은 기분이 좋았다. 아니, 최고였다.

주립대 장학금을 받긴 했지만, 파티에 다니느라 바빠서 원서조차 쓰지 않았다. 고등학교를 졸업한 후에는 단순 노동직을 전전하며, 치과 기공소 위층에 있는 월세 70달러짜리 방에서 겨우 살아갈 만큼의 수입을 벌었다. 롱아일랜드 철도역 맞은편, 매서피쿼 소방서 옆에 있던 그 집은 숙면을 취할 수 있는 환경이 아니었다. 욕실 하나를 여섯 명의 낯선 주민들과 공유했다. 주방이 없고 핫플레이트 하나가 전부였기 때문에 끼니도 거르기 일쑤였다. 그래도 디스코장 입장료와 술 몇 잔 마실 돈만 있으면, 그걸로 충분했다.

감사하게도, 세상에는 스스로도 깨닫지 못하는 자질을 알아보고 이끌어주는 사람이 있다. 나를 고용한 셀리아 스트로우는 똑똑하고 유능한 내가 왜 자신의 능력을 제대로 발휘하지 않는지 의아해했다. 스트로우 부인은 롱아일랜드에 있는 요양원의 원장이었다. 나는 그곳에서 비품을 관리하고, 치매 환자들에게 일종의 '현실 인식 훈련'을 실시했다. 말하자면, 요일이나 날짜가 적힌 카드를 들고 오늘이 무슨 날인지, 대통령이 누구인지 등을 묻는 식이었다. 나는 혼란스러워하는 노인들에게 이곳이 요양원이라는 사실과 함께 배우자가 이미 세상을 떠났다거나 자녀들이 다른 곳에서 살고 있다는 등의 아무도 기억하고 싶어 하지 않는 사실들을 상기시켰다.

스트로우 부인은 진료 보조사라는 직업에 대해서도 알려주었다. 일종의 수련의 같은 것으로, 4년만 공부하면 될 수 있다고 했다. 급여도 괜찮고, 제대로 된 경력을 쌓을 수 있다는 점에서 마음에 들었다. 원서를 여러 장 쓰기 귀찮았던 나는 스토니브룩 대학교에만 지원했다. 면접 전날 밤, 나는 클럽에서 만취한 상태로 새벽 5시에 귀가했다. 면접은 오전 9시부터였다. 대학교까지는 차로 1시간 거리였다. 에라, 모르겠다. 잠깐 눈 좀 붙였다 일어나지, 뭐. 깜짝 놀라 눈을 떴을 땐, 내가 어디에 있는지도 몰랐다. 게다가 이미 지각이었다. 샤워는커녕 옷을 갈아입을 틈도 없이 술과 담배를 풀풀 풍기며 충혈된 눈을 비비고 급히 대학교로 향했다.

당연히 스토니브룩 대학교는 불합격이었다. 나는 떨어졌다는 사실이 부끄러웠고, 만취한 자신에게 실망했다. 하지만 다음 해에는 마음을 다잡고 브루클린에 있는 롱아일랜드 대학교에 입학할 수 있었다. 캠퍼스는 도심에 있었으며, 유서 깊은 브루클린 파라마운트 극장에서 강의를 들었다. 화려한 로코코 양식의 천장에 매료되어 비장의 기능 같은 건 귀에 들어오지 않았다. 담쟁이덩굴로 뒤덮인 벽이나 여학생 클럽은 없었지만, 대학생이 된 자신이 자랑스러웠다. 배움의 기쁨, 무언가를 알아간다는 즐거움에 눈을 뜨면서 음주 횟수도 줄었다. 학과 과정에는 과학과 실습이 혼합되어 있었다. 해부학과 생리학, 화학과 병리학, 상처를 봉합하는 방법, 비위관을 삽입하는 방법, 심전도를 판독하는 방법, 부러진 팔을 고정하는 방법 등을 배웠다. 진단에 관한 강의에서는 처음으로 정신이 번쩍 들었다. 정말 중요한 일이었다. 증상을 조사하고, 질병에 관한 지식을 쌓고, 문제를 분석하고, 수수께끼를 풀어내고, 사람들을 도울 수 있다. 과학에 푹 빠졌던 어린 시절이 떠오르며, 나도 중요한 일을 할 수 있다는 생각이 들었다. 나도 누군가에게 도움이 되는 사람이 될 수 있다.

그건 내 인생 최초로 경험한 '신의 섭리(God shot)'와도 같은 순간이었다. 우연이라 믿기 힘든 기적과 같은 순간 말이다. 이를 테면 차에 치일 뻔한 순간 누군가와 세게 부딪쳐 충돌을 피하거나, 카페에서 우연히 마주친 낯선 사람에게서 귀중한 조언을 듣게 되는 경우처럼. 셀리아 스트로우의 격려가 없었다면, 나는 지금도 그 요양원에서 모두가 잊고 싶어 하는 사실들을 애써 떠올려주고 있었을 것이다.

사우스 브롱크스에 있는 한 병원 외과에 신참 진료 보조사로 채용된 나는 정신없이 바쁜 나날을 보냈다. 수련의 제도가 정비되지 않은 병원이었던 탓에 진료 보조사들이 온갖 일을 도맡았다. 그뿐 아니라, 세인트 마크스 플레이스에 있는 무료 여성 진료소에서 자원 봉사자로서 훌륭한 여성 의사 4명과 함께 1차 진료와 자궁경부암 검사 등을 했다. 거기서 사귄 친구가 다른 곳으로 이사하면서 자신이 살던 아파트의 임대 계약을 내게 넘겨주었다. 웨스트 빌리지의 브라운 스톤 아파트에 있는 임대료가 고정된 원룸으로, 건축 당시의 고풍스러운 장식이 그대로 남아 있었다. 벽난로며 천장의 몰딩 그리고 침실 문 위에는 채광창까지 달려 있었다. 수십 년 된 페인트가 겹겹이 덧칠되어 있었지만, 그리 거슬리지 않았다. 내 인생 최초의 올드 뉴욕 스타일 아파트였고, 그것만으로도 충분히 설레었다.

캘리포니아에 있는 카이저 클리닉에서 근무한 경험을 포함해, 몇 번의 이직과 승진을 거친 뒤 나는 마침내 컬럼비아 대학교에서 공중 보건학 석사 학위를 취득했다. 당시는 공중 보건 분야의 미스터리이자 악몽으로 여겨지던 에이즈가 막 등장한 때였다. 나는 역학을 공부했다. 의학 중에서도 조사를 중시하는 이 학문을 통해 에이즈가 어디에서 비롯됐고, 그 원인이 무엇이며, 누가 어떻게 감염되는지를 탐구했다.

머지않아 병원 행정 업무를 맡으며 본격적인 경력을 쌓기 시작했고 동시에 아파트를 손보며 이 공간을 특별하게 만들어주는 오래된 장식들의 원래 모습을 되살렸다. 벽난로도 그중 하나였다. 왜 이렇게 얕게 만들었을까? 아하, 중앙난방이 보급되기 전, 석탄을 태우기 위해서였던 것이다. 퇴창 양옆의 패널은 속이 비어 있는 듯 보였다. 안에 뭐가 들어 있을까? 겨울의 한기를 막기 위한 멋스러운 나무 덧문이 숨겨져 있었다. 근사했다. 나는 내 주변과 내 안에서 일어나는 일들을 새롭게 바라보기 시작했다. 집에서도, 직장에서도 만족감을 느꼈고, 나 역시 누군가에게 도움이 될 수 있다는 믿음이 생겼다. 진부하게 들릴지 모르지만, 선량한 시민이 되어가고 있다고 느꼈다. 나는 행복하고, 충만했으며, 멋진 여성과 사랑에 빠졌다. 하지만 중독은 저절로 사라지지 않는다. 몇 년이 지나자, 악마가 다시 내 안으로 들어왔다. 잘못된 사람에게 빠졌고, 다시 술을 마시기 시작해 7년을 함께한 멋지고 훌륭한 연인과 헤어졌다. 나는 자극을 갈망하고, 탐닉했다. 마약, 음주, 섹스에 빠졌다. 소중한 사람들에게 거짓말을 하고, 교활하고 냉정하게 굴었다. 모두를 배신했다. 뭐든 잘해야 직성이 풀렸던 나는 중독자로서도 뛰어났다. 그렇게 모든 걸 망쳐버렸다.

하나의 혼란이 또 다른 혼란을 불러일으키며, 돌이킬 수 없는 혼란 속으로 빠져들었다. 훌륭한 직장에서 해고당했다. 집주인은 내가 손본 아파트가 마음에 들었는지 자신이 살겠다고 나섰다. 그녀는 계약 연장을 거부하고, 나를 보기 좋게 쫓아냈다. 결국 어퍼웨스트사이드의 허름한 원룸으로 이사할 수밖에 없었다. 새로운 연인과도 좋지 않게 헤어졌다. 그러던 중, 스물네 살이던 남동생 존

루크가 약물 과다 복용으로 세상을 떠났다. 견딜 수 없는 상실감을 더는 버텨낼 수 없었다. 깊고 끔찍한 우울감에 빠졌다. 내게는 아무것도 없었다. 나는 아무것도 아닌 존재였다. 이럴 바엔 그냥 죽어버리는 게 낫지 않나?

나는 술에 취해 자살 예행연습을 해보기로 했다. 몇 년 전, 캘리포니아에서 구입한 총이 있었던 것이다. 장전되지 않은 32구경 리볼버를 머리에 대고 방아쇠를 당겼다. 이렇게 연습을 해두면, 막상 실행에 옮겼을 때 머리를 움직여 총알이 빗나가는 일은 없을 것이다. 한두 번 연습해본 뒤, 보드카를 몇 잔 마시고 정신을 잃었다. 술 덕분에 목숨을 구한 드문 순간이었다.

내 인생은 심전도 그래프처럼 요동쳤다. 일이 잘 풀렸다가도 이내 엉망이 되고 말았다. 1년 남짓한 시간동안 나는 천천히 바닥으로 가라앉았다. 어느 날 밤, 의식을 잃을 정도로 취한 나는 바닥에서 눈을 떴다. 땀에 젖은 시트에 뒤엉켜 있었다. 만취한 상태로 계단을 오르다 넘어진 탓에 이마에는 긁힌 상처와 멍이 가득했다. 끔찍한 구토감이 밀려왔다. 머릿속이 쾅쾅 울려대자 겁이 났다. 이런 숙취는 처음이었다. 창가에 앉은 비둘기 울음소리조차 두개골에 구멍이 뚫릴 것처럼 울려댔다. 죽고 싶었다. 이대로는 안 될 것 같았다.

제 2 장
부활

　암스테르담 애비뉴에 있는 그 식당은 도시의 수많은 중국 음식점들과 별반 다르지 않았다. 맛있고 가격도 저렴해서, 날씨와 상관없이 항상 입구 밖까지 줄이 늘어서 있는 동네 맛집. 간판에는 '럭조이 코티지'라고 쓰여 있었지만, 나와 여자 친구 리는 유난스러운 점장의 이름을 따 '프랭크네(Frank's)'라고 불렀다. 그는 체구가 작은 중년의 남성으로, 바로 전날에도 봤으면서 우리가 식당에 들어설 때마다 호들갑을 떨며 반겼다.

　"어서 오세요. 이렇게 반가울 데가! 자, 어서 들어와요. 단골이 먼저죠!"

　신속한 서비스에 음식도 맛있었지만, 우리가 그 식당을 자주 갔던 건 저녁 식사 시 와인이 무제한으로 제공되었기 때문이다. 리와 나는 전채 요리 두 개에 메인 요리를 하나 시켜 나눠 먹으며, 20리터짜리 박스에 담긴 테레빈유 향이 나는 와인을 몇 리터씩 마셨다. 총요우빙과 생강 치킨만으로 2시간 반을 버티며 와인을 마신 적도 있다. 웨이터들에게 눈총을 사긴 했지만.

당시 나는 매일 술을 꽤 많이 마셨다. 특히 2리터짜리 한 병에 5.99달러의 '콘차 이 토로'라는 진하고 풍부한 맛의 와인을 좋아했다. 포장해 온 프라이드치킨이나 시나몬 도넛에도 잘 어울렸다. 낮이나 직장에선 거의 마시지 않았지만, 매일 저녁 첫 잔을 마실 때마다 작은 욕망의 엔진이 발동하듯 멈추지 못했다. 와인 잔이 비는 게 불안해 계속해서 잔을 채우고 또 채웠다. 리와 함께 병을 비워 갈수록 우리의 대화는 점점 더 추상적으로 흘러갔다. 나는 여태 단추 가게에서 일하는 이유를 마치 인생철학처럼 늘어놓았지만, 실은 불평만 늘어놓고 있었을 뿐이었다.

"내가 왜 웃는 얼굴로 그들을 대해야 하는데?"

"그게 네 일이잖아, 바버라. 고객을 친절히 대하는 거."

"다들 날 깔보고 거만하게 군다고. 소매업 따위 지긋지긋해."

"그럼 더 나은 사람이 되면 되잖아. 예수님처럼 다른 쪽 뺨도 내밀어줘."

"글쎄, 예수님이 베이클라이트 단추(1930~50년대에 많이 제작된 합성수지 소재의 단추)에 집착하는 사람들을 상대했다면, 절대 다른 쪽 뺨까지 내밀진 못했을걸. 말이 나와서 말인데, 다른 쪽 뺨은 대체 어느 쪽이지?"

술이 바닥날 즈음, 대화는 어설픈 결심으로 이어지곤 했다.

"난 더 나은 사람이 되고, 더 나은 인생을 살 거야. 하지만 가끔 이 거대한 세상에 압도되어 갈피를 잃을 때가 있어."

"그러게 말이야."

창턱 가득 불결한 비둘기들이 앉아있는 16제곱미터짜리 원룸에서 사장의 절세를 위해 현금으로 급여를 받으며 통장 잔고도, 미래에 대한 전망도, 계획도 없는 주정뱅이 넋두리였다.

내 삶은 보잘 것 없었다.

숙취는 점점 심해져, 술을 마신 다음 날에는 하루의 절반을 두통과 떨림, 메스꺼움에 시달렸다. 싸구려 와인을 마신 날이면, 숙취는 더 심해졌다. 원래도 단맛에 중독되어 있었는데 '콘차 이 토로'가 그 욕망에 불을 지폈다. 보드카처럼 당분이 적은 술로 바꾸는 편이 좋을 듯했다. 하지만 나는 그 맛이 정말 좋았다. 게다가 와인은 건강에도 좋다니까.

간혹 내게 충고하는 사람들도 있었다. 내 치료사는 '술을 너무 많이 마신다'고 지적했고 친구 케이트는 '너, 완전 엉망이야'라고도 했지만, 나는 그런 말들을 애써 외면했다. 부정적인 생각에 빠지기보다는 긍정적인 태도를 갖는 게 낫다고 믿었다.

언제든 끊을 수 있다고 생각한 것이다.

나는 음주량을 조절하기로 했다. 술 한 잔 마실 때마다 물도 한 잔씩 마시기, 오후 7시 이전과 밤 10시 이후에는 마시지 않기, 식사 때만 마시기, 화요일과 목요일에는 한 잔 이상 마시지 않기 등등. 물은 벌컥벌컥 들이켜고, 시간에 관계없이 하루 종일 먹었다. 한 잔은 너무 많고, 다섯 잔은 부족했다. 처음 한 잔을 마시면, 계속 마시고 싶어 멈출 수 없었다.

도움을 요청해야 할 때였다.

1991년 7월의 어느 저녁, '프랭크네'로 가던 길에 나는 리에게 술을 줄이는 중이니, 세 번째 와인 잔을 비우면 알려달라고 부탁했다.

순식간에 와인 세 잔을 비웠다.

"지금 비운 게 세 번째 잔이야. 좀 취한 것 같은데, 탄산음료라도 마실래?"

"괜찮아. 한 잔 더 따라줘."

리가 와인을 따라주었지만, 나는 괜찮지 않았다.

나는 비틀거리며 싸늘한 눈빛의 웨이터와 짜증 섞인 손님들을 지나 몇 블록 떨어진 '니스 마탕(Nice Matin)'으로 향했다. 거기서 친구들을 만나 술을 더 마실 참이었다. '니스 마탕'은 뉴욕에서 흔히 볼 수 있는 고급 프렌치 비스트로로, 제법 근사한 곳이었다. 긴 바, 타일 바닥, 멋진 조명, 벨 에포크 시대의 파리를 방불케 하는 카페 테이블. 공짜 와인은 없었지만, 그렇다고 술을 마시지 않을 이유도 없었다.

그날 밤, 술자리가 끝났을 때 나는 79번가 한복판에서 헤로인을 사겠다며 돈을 달라는 노숙자에게 지갑에 남아 있던 돈을 모두 건넸다. 나중에 듣기로는, 그의 솔직함에 박수를 쳤다고 한다. 마지막으로 기억나는 건 '상세르'를 마시며, 펠로폰네소스 전쟁의 원인

같은 의미를 알 수 없는 이야기를 설명하려 애쓰던 장면이다. 나는 눈을 부릅뜨고 또렷한 말투로 떠들었기 때문에 겉보기에는 전혀 취한 것처럼 보이지 않았다. 하지만 어떻게 길 한복판에 서 있었는지, 어떻게 집에 왔는지, 어떻게 넘어진 것인지 아무것도 기억나지 않았다. 완전히 기억 상실이다. 마치 의식이 몸에서 분리된 채로 행동한 것처럼, 기억이 완전히 사라져 있었다.

그날 아침, 나는 온몸이 쑤시고 뻣뻣한 상태로 바닥에서 눈을 떴다. 반쯤 벗은 채 땀에 젖은 시트에 뒤엉켜 있었다. 침대에서 떨어진 듯했다. 욱신거리는 머리를 문지르자 말라붙은 피가 묻어나왔다. 리는 내가 길거리와 계단에서 넘어졌다고 말해주었다.

뭔가 잘못 됐다는 생각에 자책감과 메스꺼움이 동시에 밀려와 한동안 자리에서 일어날 수 없었다. 극도의 불안이 덮쳐왔다. 불안이라기보다는 공포에 가까웠다. 스스로도 무언가 잘못 됐다는 걸 깨닫자 견딜 수 없이 두려웠다. 전날 밤의 일을 전혀 기억하지 못하다니. 기억이 없다니……그 말은 곧, 알코올 중독이라는 뜻일까? 그런 인간이 되고 싶었던 게 아니다. 그냥 평범하게, 술을 마시고 즐기는 사람이 되고 싶었을 뿐이다. 정상적인 사람. 스스로를 제어하지 못하는 '문제 있는' 인간이라는 자각이 들자, 자신이 혐오스러웠다.

아스피린을 한 줌 삼킨 후, 이런 문제에 대해 잘 아는 친구 케이트에게 전화를 걸었다.

"여보세요, 케이트? 나 아무래도 어젯밤 프랭크네서 취해서 사고를 친 것 같아."

어딘가에서 넘어져 머리를 다친 일, 포춘 쿠키를 먹은 후 뭘 했는지 전혀 기억이 없다는 등의 이야기를 했다. 이 모든 걸 어처구니없는 실수였다는 듯 가볍게 웃어넘기려 했다. 그냥 좀 정신없고 시끌벅적한 하룻밤이었다고.

하지만 케이트는 웃지 않았다.

"바비, 괜찮아? 미안, 괜찮을 리 없지."

그 말에 갑자기 눈물이 터졌다.

"내가 그리로 갈까? 아니면 모임에 한 번 나가볼래?"

익명의 알코올 중독자 모임(AA, Alcoholics Anonymous).

말도 안 돼, 내가 정말 그렇게까지 심각한 상태라는 건가?

케이트는 AA 상담 센터에 전화를 걸어, 내게 맞는 모임을 알아봐주겠다고 했다. 중국 음식점처럼, 뉴욕에는 그런 모임이 수백 개나 있었다.

어젯밤이 나의 마지막 음주가 될지 모른다.

그날 오후, 나는 웨스트 빌리지의 페리 스트리트에서 열리는 모임 장소로 향했다. 브라운스톤 건물들이 늘어선 가로수길 사이에 자리한, 작고 허름한 아파트였다. 고급 아파트로 위용을 뽐내던 시절, 관리인의 사무실로 쓰였을 것 같은 공간에서 모임이 열렸다. 다행히 실내는 어두웠다. 눈에 띄지 않게 몸을 움츠린 채 맨 뒤쪽에 앉았다. 언제든 밖으로 나갈 수 있도록. 내가 여기 있는 걸 아무에게도 들키고 싶지 않았다. 알코올 중독자로 보이고 싶지 않았다.

어쩌면 이미 다들 알고 있는지도 모르지만.

회장은 제법 붐볐다. 스무 명 남짓한 사람들이 삐걱거리는 접이식 의자에 앉아, 근처 델리에서 사온 듯한 파란색과 흰색의 테이크아웃 컵을 들고 있었다. 벽에 붙은 빛바랜 포스터에는 모임의 규칙이 가득 적혀 있었다.

'여기서 들은 이야기는, 외부로 발설하지 않는다.'

'할 수 있을 만큼만 하고, 여의치 않다면 그냥 오는 것만으로도 충분하다.'

'열두 가지 단계, 열두 가지 전통.'

삐딱한 생각이 슬며시 고개를 들었다. 나와 상관없는 규칙이야. 머리가 나쁜 것도 아닌데, 이런 문제쯤은 얼마든지 혼자 해결할 수 있어. 그렇게 심각한 것도 아냐. 그 정도로 심하진 않아. 그러사 또다시 끔찍한 불안이 밀려와, 결국 인정할 수밖에 없었다.

나는 도움이 필요했다.

몇 분 후, 한 남자가 작은 연단에 올라가 조명을 켜고 무언가를 읽었다.

"술을 끊고 싶은 사람이라면 누구든 입회할 수 있습니다."

또다시 '아직 결심한 건 아닌데'라는 생각이 머리를 스쳤다. 술에 항복하기까지 몇 번이나 이런 과정을 되풀이하게 될까.

남자가 발언자를 소개했다. 연단에 서서 술과 관련된 체험담을 이야기한 그는 카키색 버튼다운 재킷을 입은 지극히 평범한 회사원 스타일의 남자로, 2호선 지하철 안에서 「데일리 뉴스」를 읽고 있을 법한 사람이었다. 알코올 중독자로는 보이지 않았다. 다른 사람들도 마찬가지였다.

그는 내게도 익숙한 음주를 '조절'하려고 했던 경험을 털어놓았다.

"다른 음료를 마셔보기도 하고, 음식에 곁들여 마시거나 술만 마셔보기도 하고, 격일로 마시거나 주말에만 마셔보기도 했어요. 조절할 수 있었다면, 진작 그렇게 했을 거예요. 하지만 난 술 앞에서는 무력했어요. 한 번 마시기 시작하면 멈추질 못했죠."

나도 마찬가지였다. 그는 'AA에 잠깐 나가면, 술을 끊을 수 있을지 모른다'며 스스로를 설득했고, 그렇게 모임에 나오기 시작했다고 한다. 그런 후, 조심스럽게 다시 시작하면 평범한 사람처럼 술을 마실 수 있을 거라고 믿었다는 것이다.

세상에. 내 마음을 꿰뚫어보는 느낌이었다.

그의 발언 이후, 다른 사람들도 자신의 체험이나 느낀 바를 이야기했다. 슬퍼 보이는 사람도 있고, 재미있는 사람도 있었다. 청중들은 사소한 것에도 옆 사람의 어깨를 두드리며 웃음을 터트렸다. 모두 편안해 보였지만, 나는 작은 수치심 덩어리를 꼭 끌어안고 있었다.

이윽고 한 남자가 일어나 바구니를 돌리기 시작하자, 모두가 1, 2달러씩 그 안에 넣었다. 그는 몇 가지 공지를 전한 뒤, 처음 참석한 사람이 있는지 물었다. 나는 떨리는 손을 30센티미터쯤 들어 올리고 간신히 입을 열었다.

"안녕하세요. 저는 바버라이고……오늘 처음 참가했어요."

스무 명 남짓한 사람들이 일제히 나를 돌아보며, 환한 미소로 말했다.

"반가워요! 또 봐요!"

마음이 따뜻해질 만큼 기뻤지만 이내 부끄러움이 밀려들었다. 이런 모습은 내게 어울리지 않았다.

그리고 다시 불안해졌다. 이제 어쩌지? 다음 단계는 뭐야?

모임이 끝난 후, 몸에 딱 붙는 흰색 티셔츠를 입은 잘생긴 남자가 나를 보며 의미심장한 미소를 지었다. 그가 다가오더니 내게 전화번호가 적힌 종이를 건넸다. 이런 식으로 접근하다니, 하필 이런 장소에서?

"술 생각나면 전화해요."

데이트 신청이 아니라는 걸 깨닫기까지 약간의 시간이 걸렸다. 그는 내게 생명줄을 던져준 것일 뿐, 다른 의도는 없었다. 그는 모임 관련 책자와 팸플릿을 건네며, 또 오라고 말했다.

여전히 기분이 나아지지 않아, 그날 밤 또 다른 모임에 참석했다. 웨스트 79번가 주택가에 있는 교회 지하에서 열린 그 모임은 더 규모가 크고, 모두가 아는 사이인 듯 시끌벅적했다. 불안과 두려움을 떨치지 못한 나는 소심하게 뒤쪽 자리를 찾아 두리번거렸다. 그때, 다정해 보이는 덩치 큰 남자가 곧장 나를 향해 다가왔다. 이런.

"안녕하세요. 처음 오셨어요? 괜찮으면 이쪽에 같이 앉으실래요?"

그가 칵테일파티에 온 것처럼 즐겁게 웃고 떠들던 남녀 무리를 가리켰다. 그들은 마치 잃어버린 여동생이 돌아온 것처럼 나를 반기며, 책을 건네고 전화번호를 주었으며 함께 커피를 마시자며 초대했다. 감당하기 벅찬 그들의 친절이 낯설기만 했다. 그들에겐 내가 꼭 도와줘야 할 사람처럼 보였을 것이다. 손발이 떨리고 말도 제대로 하지 못하는, 전형적인 금단 증상을 보이고 있었던 것이다. 그러다 문득 다른 사람의 금주를 돕는 것이 자신도 금주할 수 있는 비결이라는 것을 깨달았다. 내가 제대로 찾아 온 것이다.

뭘 해야 좋을지 몰라서, 그 주에는 매일 다른 모임에 참석했다. 하루에 두 곳의 모임에 가기도 했다. 재미있고 사교적인 모임도 있고, 무척 진지하고 무거운 분위기의 모임도 있었다. 모임에는 어퍼이스트사이드의 상류층 부인부터 전과자, 모든 걸 잃었지만 재기에 성공한 부자까지 다양한 사람이 참가했다. 신문사가 늘어선 파크 로우에서 일하다 공원 벤치에서 노숙하게 된 사람도 있고, 빈민가에서 소호로 옮겨간 사람도 있었다. CEO, 트럭 운전사, 예술가, 점원 등 모두가 익명으로 각자의 인생 이야기를 털어놓았다. 놀랍게도 십대 청소년도 여럿 있었는데, 인생을 허비하기 전에 문제를 바로잡을 수 있는 그들이 부러웠다.

어느 모임이든 처음 온 사람들에게 자기소개를 요청했다. 어느 날, 나는 용기를 내 이렇게 말했다.

"안녕하세요. 저는 바버라이고, 알코올 중독이에요."

알코올 중독. 이걸 내 입으로 내뱉을 줄이야. 하지만 좌절감은 없었다. 오랫동안 마음속 깊은 곳에 묻어 두고 있던 사실을 받아들인 것 같은 안도감을 느꼈다. 그걸 깨닫자 수치심은 일종의 자부심으로 바뀌었다. 나는 나보다 더 큰 무언가에 속해 있었다. 이 치명적인 병을 극복하기 위해 싸우는 강하고 매력적인 사람들의 단단한 연대. AA는 용기 있는 사람들의 모임이었다.

마침내 90일간의 금주에 성공했다. 하나의 습관을 들이거나 끊는데 90일이라는 시간이 걸렸다. 편안함을 느끼던 동성애 여성들의 모임에서 금주를 축하하는 첫 번째 동전을 받았다. 90일 금주에 성공한 것을 기념하는 동전이었다. 모두의 박수를 받으며, 눈물을 흘렸다. 이번엔 기쁨의 눈물이었다. 더없이 기뻤다. 나는 계속해서 모임에 나갔다. 그리고 자연스럽게 술을 멀리하게 되었다.

＊

한 번 시작하면 끝을 봐야 직성이 풀리는 성격이었던 나는 AA에 온 힘을 쏟았다. 조언자를 찾아 '열두 가지 단계'를 실천하고, AA의 지침서인 『익명의 알코올 중독자들(Alcoholics Anonymous)』을 읽고, 매일 모임에 참석했으며, 모임이 끝나면 사람들과 어울렸다. 회장에서는 커피를 준비하고, 모금 바구니를 돌리며, 처음 온 사람들에게 인사를 건넸다. 내가 너무 서두르는 것처럼 보였는지, 한 선배는 내게 일 년 정도는 그냥 즐기라며 조언했다. 그러면서 좋은 방법을 알려주었다. 의식(Awareness), 수용(Acceptance), 행동(Action)이라는 '3A'

를 기억하는 것이었다.

"당분간은 '의식'에 집중해봐요."

나는 내가 알코올 중독자이며, 도움이 필요하다는 사실을 의식하게 되었다. 그것만으로도 큰 깨달음이었다. 비로소 눈을 뜬 기분이었다. 그리고 그게 전부가 아니었다.

머리가 맑아질수록 더 많은 걸 자각하게 되었다. 이를테면 내가 스스로에게 얼마나 많은 거짓말을 해왔었는지 같은. 중독자가 스스로에게 하는 첫 번째 거짓말은 축소화이다. 무슨 일이 있었는지, 술을 얼마나 마셨는지, 자신의 행동이 얼마나 엉망이었는지 모든 걸 축소하려 애쓴다. 별일 아닌 척 넘기려 하지만, 아무도 그런 거짓말에 속지 않는다. 결국 비참해지는 건 자기 자신뿐이다. 그리고 어느 쪽이 더 나쁜지는 모르겠지만, 축소는 이내 과장의 단계로 넘어간다. 단추 가게에서 일하던 시절, 나는 스스로를 마치 고급 부티크의 세련되고 고상한 여성 점원 봉두즈(vendeuse)라고 여겼다. 프랑스어를 쓰면, 학력 낭비라는 죄책감이 조금은 덜해지는 것 같았으니까.

의식을 높이는 것은 좋은 일이었지만, 모든 게 좋지만은 않았다. 오랜 세월 쌓여온 성격상의 결함들이 드러나면서 나는 수치심을 느꼈다. 익숙한 감정이었다. 그리고 그 감정은 내가 열두 살 무렵 처음 술을 마시고 취했던 기억을 떠오르게 했다. 가족이 모여 바비큐를 하던 그날, 나는 처음으로 할머니가 준 진 사워를 마셔보았다. 처음엔 즐거웠다. 술이 주는 기분 좋은 몽롱함, 모든 게 낙관적으로 보이는 그 감각이 마음에 들었다. 그러다 문득, 나를 바라보던 엄마의 눈빛을 보자 부끄러움이 밀려왔다.

하지만 조언자는 과거는 과거일 뿐, 현재가 중요하다는 사실을 상기시켜주었다.

"긴장할 것 없어요. 알겠죠?"

"의식하지 못하면 바꿀 수 없어요. 받아들이고, 계속 나아가는 거죠."

받아들이고, 계속 나아가는 것.

쉬운 일은 아니었지만, 내 마음을 이해해주는 사람들이 주위에 있다는 것만으로 큰 도움이 되었다. AA는 나의 생명줄이었다. AA의 체계와 논리에는 설득력이 있었다. 지금도 나는 중요한 결정을 앞두면 '3A'를 떠올린다. 의식, 수용. 행동. AA에서 자주 하는 말 중에 '같은 사람이 또다시 술을 마신다' 혹은 '바꾸지 않으면, 바뀌지 않는다'라는 말이 있다. 변화와 성장이 없으면 다시 술을 마시거나 술은 마시지 않지만 예전처럼 파괴적인 행동을 반복하는 상태를 뜻하는 '드라이 드렁크(dry drunk)'가 될 수도 있다는 것이다. 자신의 삶을 망가뜨렸던 습성은 그대로다. 술을 끊으면 '꿈만 같은 멋진 인생'이 펼쳐질 거라고 말하는 사람도 있었지만, 솔직히 과장이라고 생각했다. 게다가 꿈 따윈 잊은 지 오래였다.

정직, 겸손 성실, 친절, 타인을 수용하고, 약속을 지키는 것과 같은 삶을 살아가는 데 필요한 태도도 배웠다. 의식이 혼란한 상황에서도 기억하기 쉽도록, 깨끗하고 절제된 삶에 필요한 요소들이 간단한 구호로 정리되어 있었다. 나는 그곳에서 활력을 되찾았고 이른바 '핑크 클라우드(pink cloud)'라고 불리는, 몸을 망가뜨리던 독을 끊었을 때 찾아오는 기분 좋은 희열을 느꼈다. 맑은 정신으로 보내는 하루하루가 좋았고, 무언가를 달성한 듯한 성취감도 들었다. 술을 마시지 않은 날들은 저금처럼 차곡차곡 쌓이는 기분이었다. 금주는 선물이었고, 나는 그걸 절대 돌려주고 싶지 않았다.

하지만 여전히 머릿속은 흐릿했고, 조언자는 첫 해에는 인생의 방향을 크게 바꾸지 않는 편이 좋다고 충고했다. 그러던 중, 리와 충돌했다. 나는 술을 끊어야 했지만, 리는 그렇지 않았다. 언젠가 술을 다시 마실 수도 있겠지만, 리는 '라이트 맥주 정도는 괜찮지 않아?'라는 생각이었다. 결국 우리는 몇 달 뒤 자연스럽게 헤어졌고 다행히 그녀는 인생을 함께할 좋은 사람을 만났다.

가볍게 만나던 친구들과도 서서히 멀어졌다. 정작 나는 신경 쓰지 않았지만, 그들은 내가 술을 끊은 뒤로 내 앞에서 술 마시는 걸 불편해했다. 확실히 과거의 나는 꽤나 비판적이었다. 남의 문제를 지적함으로써 내 문제에서 시선을 돌리려 했던 것이다. 이제는 남을 비판할 여유조차 없다. 내 문제를 직면하기에도 벅찼으니까. 나는 새로운 친구들을 많이 사귀었고, 금주 댄스파티에도 참석했다. 금주 댄스파티라니, 처음에는 말도 안 되는 아이디어처럼 들렸다. 무대 중앙으로 나서지 못하는 부끄럼 많은 사람들이 억지웃음을 지으며 벽을 따라 늘어선 모습을 상상했던 것이다. 그런데 막상 가보니, 다른 파티와 다를 바 없었다. 다른 게 있다면, 아무도 바닥에 쓰러지거나 싸움을 벌이거나 구석에서 흐느끼지 않았다는 것 정도일까. 파티는 즐거웠다. 무엇보다 다음 날 아침 눈을 떴을 때 멍청한 짓을 저질렀다는 걸 깨닫고 후회하지 않아도 된다는 게 좋았다.

술을 끊지 않았더라면, 내 인생은 여전히 작고 좁은 세계에 머물렀을 것이다. 술을 자주 마시기 시작하면서 여행, 레스토랑, 연극 같은 건 생각조차 하지 않게 되었다. 영화도 보러 가지 않았다. 모든 게 귀찮기만 했다. 예전엔 내가 재미있는 사람이라고 생각했지만 지금 돌이켜보면 냉소적이고 때론 심술궂기까지 했다. 가장 최악이었던 건, 호기심을 잃어버렸다는 사실이다.

어릴 때는 혼자서도 잘 놀았다. 작은 장치를 들여다보며 한참을 앉아 있거나, 그 구조가 궁금해 분해해보기도 했다. 아버지의 제니스 트랜지스터라디오 덮개를 열었을 때, 다양한 색상의 작은 저항기와 콘덴서가 가득한 모습을 보고 감탄했던 기억이 있다. 공작 키트로 광석 라디오를 만들기도 했다. 실제로 작동했다! 토요일 아침, TV 과학 프로그램에서 미스터 위저드가 실험하는 모습을 보며 나도 과학자라는 걸 깨달았다. 내게도 실험실이 필요했다. 뭔가를 알아내는 것을 좋아하고, 무슨 일이 일어나고 있는지 알고 싶어 견딜 수 없었다. 나는 끈질기게 '왜?'라고 물어 주위를 곤란하게 만들었다. 물론 그때는 '원래 그런 거야'라는 대답만 돌아왔지만. 그래도 나는 '미래에 대한 투자'라며 부모님을 설득해 길버트 사의 화학 실험 세트와 해부학 도감을 샀다.

화학 실험 세트는 세 개의 금속 상자에 담겨 있었다. 상자를 세우면, 그 뒤에 몸을 숨길 수 있었다. 가운데 상자에는 화학 약품이 든 병이 들어 있고, 오른쪽 상자에는 시험관과 비커, 왼쪽 상자에는 실험 도구와 설명서가 들어 있었다. 그 순간만큼은 세상을 다 가진 듯했다. 위험이 따르는 중요한 실험을 할 때는 동생들이 방해하지 못하게 단단히 주의를 주었다. 폭발이라도 하면 큰일이니까. 아홉 남매 중 맏이였던 나는 내 역할을 잘 알고 있었다. 나는 책임감을 갖고, 만약의 경우에 대비해 불 끄는 법과 응급처치 방법도 익혀 두었다. 그리고 무엇보다 이 화학 실험 세트는 내 것이었다.

이듬해 크리스마스에는 현미경과 플라스틱 장기가 들어 있는 투명한 인체 모형 '비저블 맨'을 선물로 받았다. 생일에는 포르말린에 담긴 개구리 표본과 해부 키트를 받았다. 나는 완전히 빠져들었다. 동네 친구들이 길에서 발견한 동물 사체를 가져오면, 구경하는 아이들 앞에서 열심히 해부했다. 동물을 해부해 골격과 근육과 장기들이 어떻게 연결되어 있는지 확인했다. 신체의 구조를 이해하는 것만큼 흥미로운 일이 있을까. 그것은 뭐라 설명하기 힘든 본능적인 감각이었다. 어린 나이였지만, 생과 사를 가르는 것이 무엇인지 나름의 방식으로 탐구했던 것이다. 하지만 그 꼬마 과학자의 꿈은 술에 의한 실망과 상실의 안개 속으로 서서히 사라져갔다.

지금도 가끔 AA에 나가기 시작했던 무렵을 떠올리며 술에 항복하기까지의 여정 그리고 애초에 항복이란 무엇인가에 대해 생각한다. 어떻게 내가 도움을 요청할 만큼 내려놓을 수 있었는지 나도 잘 모르겠다. 나답지 않았다. 나는 내 인생을 스스로 통제하고 주도하는 주인이고 싶었다. 하지만 실상은 불면 날아가 버릴 작은 존재의 주인일 뿐이었다.

AA의 조언자는 내가 '능력에 못 미치는 일'을 하고 있다고 지적했다. 맞는 말일지도 모르지만 맨 정신으로 할 수 있는, 부담 없고 편한 일을 그만두고 싶지 않았다. 하지만 이제는 정신을 차릴 때였다. 두렵긴 했지만 더는 도전하지 않고, 위험을 피할 핑계거리가 남아 있지 않았다. 내 조언자는 나에게 8주간의 경력 상담 및 복직 프로그램을 소개해주었다. '회복 중인 알코올 중독자를 위한 취업 프로그램(EPRA, Employment Program for Recovering Alcoholics)'이다. 뉴욕 주에서는 알코올 중독이 장애로 간주되기 때문에 무료 지원 및 서비스를 받을 수 있다. 나도 AA의 원칙에 따라, 그 프로그램에 지원했다.

몇 차례 초기 면담과 상담을 거친 후, 4주간의 직업 진단과 상황 평가를 받게 되었다. 형식적이고 지루해 보였지만 사실 꽤 재미있었다. 다양한 테스트를 받았다. 직업 적성 검사, MAPP, 마이어스-브릭스 검사 특히, 선호도 관련 테스트가 흥미로웠다. 두 가지 선택지 중 하나를 선택하는 것이었다. 문서를 타이핑하는 것과 말을 관리하는 것 중 어떤 걸 고르겠는가? 자동차 엔진을 수리하는 것과 의상을 디자인하는 것 중 어떤 걸 더 하고 싶은가? 다람쥐 사냥과 소행성 천체도 제작 중에서는?

나는 그룹 모임에도 참가해, 일에 대한 감정을 함께 나누었다. 알코올 중독자들은 종종 과대망상에 빠져, 자신에게는 규칙이 적용

되지 않는다고 생각하곤 한다. 그렇기 때문에 겸손해지는 법을 배워야 한다. 다른 사람들과 좋은 관계를 유지하고, 평범한 구성원이 되기 위해서이다. 나는 모두의 이야기에 귀를 기울였지만 한편으론 내가 그들보다 고학력이라는 것을 의식하고 있었다. 그러던 어느 날, 한 참가자가 말을 꺼냈다. 늘 냉소적인 표정을 짓던, 위압적인 분위기의 여성이었다. 그녀는 평범한 구성원이 되는 것에 대한 자신의 생각을 털어놓았다.

"난 변호사에요. 행정법 판사이기도 하죠. 아무 일이나 할 수는 없잖아요."

내 속마음을 들킨 것 같아 얼굴이 뜨거워졌다.

변화가 필요했다.

취업 프로그램에는 몇 주간 자원봉사 활동이 포함되어 있었다. 나는 집에서 지내는 에이즈 환자들에게 무료 식사를 배달해주는 '주님의 사랑을 배달합니다'라는 단체의 주방에서 일하게 되었다. 공중 보건학 학위 덕분에, 양파와 셀러리를 다지는 일을 맡은 것이다. 그 일이 마음에 들지 않았지만, 그들이 했던 말을 계속 되새겼다. '작업에 집중하라. 자부심을 갖고 일해라. 자신을 내려놔라.' 노력은 했지만, 칼질이 서툰 탓인지 다음에는 우편물 개봉 및 분류 작업을 맡게 되었다. 당연히 나는 우편물을 개봉하는 더 효율적인 방법을 알고 있었다. 하지만 그들은 내게 이렇게 못 박았다.

"시키는 대로 하세요, 바버라."

얼마 후, 여러 가지 진단 결과가 나왔다. 결과는 묘하게 정확했다. 결과를 검토한 상담사는 내가 가금류 수의사나 검시관에 맞는다고 말했다.

"왜 하필 가금류죠?"

내가 물었다. 상담사는 내가 아픈 강아지들을 보면 동요할 것 같아서라고 대답하며 이렇게 덧붙였다.

"닭의 그 구슬 같은 눈을 떠올려 봐요. 닭에게 감정적으로 반응하는 사람은 없잖아요."

실제 진료 보조사로 일할 때, 환자들에게 쉽게 정이 들어, 그들이 끝내 회복하지 못하면 몹시 괴로웠다. 하지만 이미 세상을 떠난 사람이라면……

나는 망설이지 않았다.

"검시관 할게요."

모든 것이 궤도에 오르기 시작했다. 검시관이 되면 무슨 일이 일어났는지 알아내고, 과학적인 평가를 하고, 문제를 해결할 수 있을 것이다.

'왜?'라고 물을 수도 있다.

EPRA에서 뉴욕 최고의 직업을 가진 사람을 인터뷰하라는 과제를 받았다. 나는 지난 해 「뉴욕 타임스」에 실렸던 구인 광고를 떠올렸다. 검시국 조사관이었던가. 「뉴욕 포스트」나 「데일리 뉴스」의 범죄 기사에서도 '검시국 대변인 찰스 허시 박사에 따르면, 사인은……' 같은 내용을 종종 본 적이 있다. 그러고 보니 자주 보던 이름이다.

상담사는 누구나 자기 일에 대해 이야기하는 걸 좋아하니, 직접 그에게 연락해보라고 제안했다. 나는 허시 박사에게 전화를 걸어, 인터뷰를 요청했고 그는 흔쾌히 응해주었다.

인터뷰 당일, 나는 펌프스를 신고 눈을 덮고 있던 앞머리를 빗어 넘겼다. 가볍게 눈 화장을 하고 립글로스를 발랐다. 나는 퍼스트 애비뉴와 30번가 교차로에 도착했다. 세인트 바버너스 병원에서 외과 보조로 일하다 행정 업무를 맡게 되었을 때 입었던 단정한 치마 정장 차림이었다. 오랫동안 검은색 옷만 입었더니, 진청색 체크 무늬 정장이 조금 화려하게 느껴졌다. '병원가'라고도 불리는 퍼스트 애비뉴에는 벨뷰 병원, 뉴욕대 랑곤 헬스, 재향군인 병원 등이 늘어서 있었다. 뉴욕시 법의학 검시국은 밝은 청색 타일로 덮인 정육면체 구조의 바우하우스를 연상시키는 오래된 건축물로, 단번에 눈길을 끌었다. 건물 외벽에는 알루미늄 활자가 위풍당당하게 박혀 있었다.

CI Y OF NEW YO K

OF ICE OF CHIEF ME ICAL EX INER

(정확히는 City of New York Office of Chief Medical Examiner, 뉴욕시 법의학 검시국)

유족 대기실로도 쓰이는 로비는 어두웠지만, 벽은 갈색과 보라색의 아름다운 대리석으로 장식되어 있었다. 접수대 위에는 알루미늄 활자가 걸려 있었다.

'Taceant colloquia. Effugiat risus. Hic locus est ubi mors gaudet succurrere vitae.'

묘한 문구였다.

나는 곧 허시 박사의 사무실로 안내되었다. 책이 가득한 커다란 사무실로, 한쪽 벽에는 흰 가운을 입은 젊은 의사들의 사진이 걸려 있었다. 모두 법의병리학 연수의들의 졸업 사진으로, 허시 박사는 늘 그들의 한가운데 서 있었다. 젊은 학생들 사이에서 서서히 나이를 먹어가는 그의 모습이 담겨 있었다.

사무실에 들어설 때까지만 해도 긴장과 불안을 감추지 못했지만, 이내 편안해졌다. 멜빵을 하고 파이프를 문 허시 박사는 뉴욕시의 막강한 공직자라기보다는 역사학 교수 같은 인상이었다. 그야말로 '졸리 레드(jolie laide, 외모는 평범하거나 못생겼지만 묘하게 매력적인 사람을 가리키는 프랑스어)'의 남성 버전이었다. 도드라진 코는 대학 시절 권투 시합에서 얻은 흔적인 듯 옆으로 휘어 있었고, 큼직한 귀는 약간 돌출되어 있었다. 눈빛은 지성과 유머로 반짝였고, 장난기 어린 미소는 단번에 사람을 편안하게 만들었다. 그는 나를 중요한 손님처럼 느끼게 해주었다. 그가 '어서 와요. 당신에 대해 듣고 싶군요'라고 말했을 땐 하마터면 사랑에 빠질 뻔했다. 나는 진료 보조사로 일하던 시절의 이야기며, 병원 관리직이 되면서 느낀 권태에 대해 이야기했다. 그러자 그가 웃음을 보였다.

"나와 같군요. 관리 업무는 재미없죠. 그래서 유능한 사람을 고용해, 그들의 의견을 듣습니다."

사실 나는 인터뷰 준비를 거의 하지 못했다. 무엇을 질문할지보다 옷을 고르는 데 더 많은 시간을 쓴 것이다. 오만한 알코올 중독자에게는 흔한 일이다. 하지만 그는 대화가 잘 통하는 사람이었고, 덕분에 질문도 자연스럽게 떠올랐다.

"죽은 사람을 대하는 건 어떤 느낌인가요?"

"평화롭죠."

그가 사뭇 진지하게 대답했다.

"사실 우린 사망자의 유족을 위해 일합니다. 그게 더 어렵죠. 그들은 인생에서 가장 힘든 시기를 지나고 있고, 무엇보다 해답과 정의를 원하니까요. 고귀한 일이에요."

대화는 순조롭게 이어졌고, 그는 나를 중요한 사람인 것처럼 정중하게 대했다. 많은 사람들이 상대를 압도하거나 상황을 통제함으로써 우위를 점하려 하지만, 찰스 허시는 달랐다. 그는 내가 존중받고 편안하게 느끼도록 배려했다. 그에겐 자신이 중요한 인물이라는 걸 굳이 드러낼 필요가 없을 만큼 확고한 자신감이 있었다.

그는 조사 과장 리처드를 소개하겠다며 나를 데리고 로비를 가로질러 리처드의 사무실로 향했다. 도중에 접수대 앞에 서서 벽에 쓰인 라틴어 문구를 번역해주었다.

"잡담은 그치고, 웃음은 삼가라. 여기는 죽음이 살아 있는 자를 돕는 것을 기뻐하는 곳이다(Taceant colloquia. Effugiat risus. Hic locus est ubi mors gaudet succurrere vitae.)."

쾌활하고 친절한 성격의 리처드는 서부와 중서부 사이 어디쯤 되는 억양으로 말했다.

"어서 와요, 어서 와. 의자를 가져와서 편히 앉아요. 오늘 어때요? 좋아요? 잘됐군요."

그는 만면에 웃음을 띠며 힘차게 악수했다. 겉으론 친절해 보였지만, 그의 행동은 그가 어떤 사람인지 분명히 드러내고 있었다. 커다란 사무용 의자에 느긋하게 기대어, 머리 뒤로 깍지를 낀 그의 모습은 여유롭고 중요한 사람처럼 보이기에 충분했다. 나는 그의 의자가 뒤로 넘어져, 바닥에 머리를 부딪쳐도 여유로울 수 있을지 궁금했다. 나는 그가 어떤 부류인지 알고 있었다. 타인에게 위압적인 태도를 보이며 자신의 능력을 과시하는 타입. 이런 사람은 오히려 다루기 쉽다.

잠시 후, 리처드는 나를 법의조사관들에게 소개했다. 정확히는, 나를 그냥 방 안에 던져 넣은 느낌이었지만.

"여러분, 이쪽은 바버라예요. 그녀에게 우리가 여기서 뭘 하는지 이야기해줘요."

조사관 사무실은 13제곱미터 크기의 공간으로, 조그마한 창 하나는 고장 난 에어컨에 가려져 있었다. 커다란 회색 철제 책상 4개와 서류 캐비닛 몇 개가 놓여 있고 바닥에는 1950년대 관공서에서나 볼 법한 낡은 갈색 리놀륨이 깔려 있었다.

법의조사관들은 각기 다른 개성을 지닌 남성들의 집합체처럼 보였다. 루벤은 잘생긴 얼굴에 턱수염을 기른 정통 유대교도로, 검은색 정장과 넥타이를 착용하고 머리에는 야물커(일부 유대교도 남성이 쓰는 작은 원형 모자)를 쓰고 있었다. 랜디는 은은한 하이라이트가 들어간 금발 머리에 고급 정장을 차려 입고 있었다. 두 사람 모두 허시 박사를 흉내 내듯 루벤은 검은색, 랜디는 선명한 빨강색 멜빵을 착용하고 있었다. 그리고 그 옆에는 구겨진 카키색 바지를 입고 덥수룩한 수염을 기른 밥이 서 있었다. 모두가 나를 흥미로운 눈빛으로 바라보았다. 내가 왜 여기에 있는 걸까? 마침 조사관 증원 허가를 받은 참이었지만, 그들 눈에는 내가 지원자처럼 보이지 않았던 모양이다. 그냥 '괜찮은 아가씨' 혹은 정장에 펌프스를 신은 걸 보고 사무직 관리자쯤으로 여긴 듯했다.

그들은 나를 시험해보려는 듯, 참혹한 살인이나 사고 현장의 사진을 보여주며 내 반응을 살폈다.

밥은 그 날 아침 일어난 사건의 현장 사진을 내게 보여주었다. 열린 자동차 문 아래로 한 남성이 누워 있었다. 머리에서 흘러나온 피가 하수구로 흐르고 있었다.

"얼굴 옆쪽에 있는 상처 보여요? 안전유리 파편에 맞아 생긴 타박상과 찰과상이에요. 즉, 이 남자는 닫힌 차창 너머로 총에 맞은 거죠."

"와, 시신이 차 밖에 있는데도 차 안에서 창문 너머로 총에 맞았단 걸 알 수 있다니, 멋지네요."

루벤이 내 눈앞에 사진 한 장을 들이밀었다. 체액이 새어나오고 부풀어 오른 시신이었다. 피부는 군데군데 보랏빛으로 변해 있었고, 녹색 핏줄이 비쳐보였으며, 눈은 가고일처럼 튀어나와 있었다.

"이게 뭔지 알아요? 우리가 여름 내내 매일 같이 보는 거예요. '디콤프(decomp)' 말하자면, 부패한 시신이죠. 사진으론 냄새를 맡지 못하는 게 아쉽네요. 얼마나 지독한지 상상도 못할 거예요."

"그렇군요. 이 사람은 어떻게 죽었죠?"

"그걸 다 어떻게 기억해요. 사건이 한두 개도 아니고, 어떻게 죽었는지도 모르겠다니까요."

랜디가 비웃듯 말했다.

"제대로 들여다본 적이 없으니 모르는 거겠지?"

그는 내게 돌아서며 말했다.

"루벤은 신발에 뭐가 묻는 걸 질색하거든요."

나는 사진을 보는 내내 아무런 동요 없이 그들의 농담에 웃으며 사건에 대해 이것저것 물었다. 그러자 랜디는 나를 부검실로 데려갔다. 부검대 위에는 살인 사건의 피해자가 눕혀져 있었다. 가슴에 칼이 꽂혀 있고, 다수의 자상이 있었다. 내가 가해자가 오른손잡이인지 왼손잡이인지 묻자 법의학자는 자상의 각도에 대한 흥미로운 설명을 시작했다.

흥미진진했다.

그 후, 나는 리처드의 사무실로 돌아갔다. 우리는 법의조사관이라는 직업에 대해 어떤 일을 하며, 얼마나 어려운 일인지에 대해 이야기를 나눴다. 리처드는 다시 의자에 깊숙이 기대더니 갑작스럽게 물었다.

"여기서 일해 볼래요?"

"정말요?"

"그럼요. 조사관 자리가 하나 비었거든요. 당신이 원한다면 채용하죠."

내가 원하기만 하면 된다는 말이었다.

나는 기쁜 나머지 책상 위로 뛰어올라 '할게요!'라고 외칠 뻔했다. 알코올 중독이 나를 꿈의 직장으로 이끌어주다니! 하지만 지금의 익숙한 환경을 벗어나는 일이 두렵기도 했다. 나는 최근 몇 년간 별다른 노력이 필요치 않은 일만 해왔고, AA의 12단계 프로그램이라는 보호막 안에서 천천히 변화를 모색하고 있었다. 그런 내가 많은 사람들의 인생에 영향을 미치는 사망 사건 조사에 관여하다니, 과연 내가 그런 일을 할 자격이 있을까? 하지만 나도 전문 의료 현장에서 진료 보조사와 병원 관리직으로 일한 경험이 있다. 좋은 일, 중요한 일을 해왔다. 나는 이 새로운 역할에 걸맞은 인물을 연기할 수 있다. 나는 늘 그런 데 능했다.

AA의 프로그램에서는 '연기하라'고 가르쳤다. 맨 정신인 것처럼, 자신 있는 것처럼, 불안하지 않은 것처럼 연기하라. 더는 연기가 아니게 될 때까지 연기하라고.

나는 할 수 있었다.

제 3 장
시신을 뒤집는 법

뉴욕시 법의학 검시국에서의 정신없는 연수가 시작되었다. 1992년 9월, 나는 긴장하면서도 자랑스러운 마음으로 출근했다. 부검을 참관하고, 강의에 참석했으며, 법의학자와 국장이 사건을 논의하는 자리에도 매일 참가하게 되었다. 동료 중 한 명이 담당 사건에 대해 발표했는데, 강도가 노인을 위협한 사건이었다. 강도는 칼을 휘두르며 '돈 내놔, 내놓지 않으면 죽여버린다!'고 말했다. 노인은 가슴을 움켜쥐며 땅에 쓰러졌고, 현장에서 사망했다. 사망자는 심장질환을 앓고 있었으며 부검 결과, 중증 심근경색을 일으킨 것으로 확인되었다. 강도는 피해자에게 폭행을 가하지 않았다. 이것은 자연사일까, 아니면 타살일까?

나는 숨죽인 채 귀를 기울였다.

"피해자는 발견 당시의 상태로 판단해야 합니다. 다시 말해, 이

건 심장 발작에 의한 타살입니다.”

허시 박사가 설명했다.

“사망 진단서에는 어떻게 쓰죠?”

동료가 물었다.

“사실만 적으면 됩니다. 사인은 죽상동맥경화성 심혈관 질환. 사망 유형은 타살. ‘상해 발생 경위’ 란에는 ‘무장 강도의 위협으로 인한 심장 부정맥’이라고 적을 수 있겠군요.”

약물 과다 복용이 얽힌 사건도 있었다. 약물 과다 복용으로 사망하는 경우는 흔하지만, 사고인지 자살인지를 구분하는 것이 문제이다. 국장은 법의조사관의 보고서를 읽어보라고 말했다. 당시 상황은 어땠는지, 고양감을 원했는지 아니면 정말 죽을 의도가 있었는지를 살펴보라는 것이다.

정황과 의도, 내가 밝혀내야 할 것은 이 두 가지다. 나는 사무실에서 그리고 베테랑 조사관들과 함께 현장을 누비며 그걸 배워나갔다. 나는 최대한 많은 사건 현장을 직접 경험하고, 병원 의사들에게서 걸려오는 전화에도 응답해야 했다. 피해자가 사망 직전 응급실을 거쳐 영안실로 옮겨지는 경우, 담당 의사로부터 직접 연락이 오기도 했다.

얼마 지나지 않아, 우리가 하는 일이 단지 사망 원인을 조사하는 것만이 아니라 사망을 예방하기도 한다는 사실을 깨달았다. 예를 들어 사고에 의한 사망자가 잇따를 경우, 같은 방식으로 사망하는 사람이 발생하지 않도록 대책을 세울 수 있다. 실제 뉴욕에서 창문에 안전장치를 의무화하는 법률이 생긴 것은, 법의학자들이 창문에서 추락해 사망하는 어린이들이 지나치게 많다는 사실을 발견했기 때문이다. 또 자동차에서 어깨와 허리를 고정하는 3점식 안전벨트 착용이 의무화된 것도, 차량 충돌사고에 의한 부상과 사망에 관한 법의학자들의 보고서 덕분이었다. 누가 알았겠는가?

　나는 각 부서를 돌며 시간을 보냈다. 병리과에서 부검을 참관하고, 독성학과 조직학 연구실을 둘러보았으며, 신원 확인 팀이 시신과 유족의 관계를 어떻게 확인하는지, 영안실과 기록 시스템과 관리 부문이 어떻게 운영되는지도 배웠다. 가장 흥미로웠던 건 내가 속한 조사과였다. 보통 법의조사관 스무 명과 비상근 의료 조사관들이 몇 명 더 있고, 사건이 많지 않은 스태튼 아일랜드를 제외하면, 각 자치구마다 조사관이 다섯 명씩 배치되어 있었다. 나는 맨해튼 지구를 요청해, 그대로 배정받았으나 일이 많을 때는 브롱크스로 파견되기도 했다.

　모든 것이 재미있고, 새로웠다. 나는 아무나 볼 수 없는 도시의 이면을 볼 수 있었고, 완전히 매료되었다. 특히, 동료들과 함께 사건 현장으로 향할 때면 가슴이 두근거렸다. 설레면서도 두려웠다. 자연사만 있는 게 아니었다. 의심스러운 사망 사건도 있고, 끔찍한 살인 사건도 있었다. 내가 실수라도 하면 어쩌지? 규정을 어기거나, 경찰 앞에서 망신을 당하면? 몇 달 뒤, 뉴욕시 경찰국이 주관하는 강력 범죄 및 살인 사건 수사 연수에 참가할 예정이었다. 면담 기법, 증거 수집 및 보존, 혈흔 분석 및 해석 등을 배우는 과정이었다. 경찰국은 상호 이익을 위해 매년 두세 명의 법의조사관을 이 프로그램에 초청했다. 그때까지 나는 가능한 한 모든 곳에서, 숨 쉬듯 지식을 흡수하려 애썼다.

　나는 법의학 조사 기술 이외의 것도 배워나갔다. 내가 속하게 된 이 새로운 세계에서 살아남는 방법이다. 이곳에 막 들어왔을 무렵, 참관한 부검 중 하나는 중년 남성에게 성폭행당한 뒤 목이 졸려 쓰레기통에 버려진 여덟 살 소녀의 시신이었다. 가해자는 아이 엄마에게 함께 즐기자며 50달러를 주고 코카인을 사오게 했다. 그런데 아이 엄마가 돈을 가지고 달아나자, 격노한 그가 그녀의 딸을 데려 갔다. 「뉴욕 포스트」는 '지옥으로 떨어진 천사'라는 표제를 붙였다. 나는 소녀의 시신을 보고 충격을 받아 어찌할 바를 몰랐다. 부검을 맡은 법의학자에게 이런 상황을 어떻게 견딜 수 있는지 묻자, 훌륭한 조언을 해주었다.

　"이곳을 나설 때마다, 아름다운 것들로 자신을 둘러싸는 거예요. 자연, 예술, 음식, 음악, 사랑을 즐기는 거죠. 한 번 해봐요. 하루도 거르지 말고요, 꼭이요."

　그 말이 옳았다. 이후, 나는 산속에 작은 별장을 사서 주말마다 자연에 둘러싸여 휴식을 취하고, 외눈박이 고양이 멍키, 꼭 끼는 턱시도를 입은 웨이터처럼 생긴 고양이 프랭크 그리고 늘 그들에게 괴롭힘을 당하는 개 조이와 함께 시간을 보냈다. 그런 시간이 도움이 되었지만, 가장 큰 힘이 된 건 스스로를 감정에서 분리하는 법이었다. '익명의 알코올 중독자 모임(AA)'의 자매 프로그램인 '알아논(Al-Anon)'에서 배운 방법이었다. '알 아논'은 알코올 중독자의 가족이나 친구를 위한 모임인데, 같은 중독자와 얽히면 쉽게 휘둘리는 성향 탓에 참석하게 되었다. 나는 그곳에서 극단적인 감정으로부터 스스로를 분리하는 법을 배웠고, 지금처럼 도저히 이해할 수 없는 뒤틀린 사건을 다룰 때 큰 도움이 되었다.

　나를 지도해준 법의조사관들은 각자 뚜렷한 개성과 성격을 지니고 있었다. 랜디와 함께 현장에 나가면, 내가 한 시간 남짓 자연사한 시신을 조사하는 동안 그는 형사들과 수다를 떨었다. 브로드웨이에서 본 공연이며 처음 가본 레스토랑에 대한 감상이라든지, 어느 법의관이 어느 경찰과 사귄다는 소문까지. 게다가 그는 사람을 깜짝 놀라게 하는 걸 즐겼다. 한 번은 허드슨 강 둑으로 떠밀려 온 한 남성의 시신을 조사하던 중, 유람선에 탄 관광객 무리와 마주친 적이 있었다. 관광객들이 너도나도 사진을 찍기 시작했다. 나는 경악했지만, 랜디는 태연하게 시신의 한쪽 팔을 들어 올려 사람들을 향해 장난스럽게 흔들어 보였다. 그런다고 관광객들이 조용해진 건 아니었다. 카메라 플래시가 잇따라 터지며 하늘을 불꽃놀이처럼 밝혔다.

　랜디는 기분이 내킬 때면, 세세한 수사 기술을 가르쳐 주기도 했다. 예를 들어, 총알이 박힌 위치와 시신에 남은 총상의 각도를 추적해, 총을 맞은 당시 피해자의 위치를 알아내는 법(벽에 남은 탄흔을 찾아내고, 그것을 시신의 사입 총상과 레이저 포인터나 끈으로 연결해 총상에 의한 찰과상의 방향을 기록한다) 같은 것이다.

가끔은 정말 유용한 것도 알려주었다. 모든 방향에서 관찰할 수 있도록 시신을 뒤집는 방법(시신의 한쪽 다리를 다른 쪽 다리 위에 올리고, 같은 쪽 팔을 반대쪽 어깨에 걸친 뒤, 시신 옆에 쪼그려 앉아 엉덩이와 어깨로 밀어 뒤집는다)이다. 이 방법은 꽤 자주 쓰였다.

루벤과 동행한 날은, 마치 경쟁이라도 하듯 하나의 현장에서 다음 현장으로 빠르게 이동했다. 사무적으로 조사를 마치면, 마음을 다칠 여유도 없다. 현장 사진을 찍고, 시신을 굴리고, 다시 사진을 여러 장 찍고, 복부를 눌러보고, 현장 책임자에게 사건 개요를 들었다.

"방금 우리가 뭘 한 건지 설명해줄래요?"

몇 번 같이 나간 뒤, 내가 물었다.

"바버라, 이건 어려운 것도 아니잖아."

루벤이 한숨을 내쉬었다.

"한 주민이 경찰에 전화해 이웃에 문제가 없는지 확인해달라고 요청한 거야. 난 외상이 없는지 살펴본 거고. 아무것도 발견되지 않았어. 세면대 선반에 심장병 약이 있고, 탁자엔 진료 카드가 놓여 있었지. 창문과 문은 모두 안쪽에서 잠겨 있고, 현장에는 마약이나 술병도 없었어. 이웃에게 신원 확인도 마쳤고. 명백한 자연사고, 부검도 필요 없어. 가족이 없으니 시신 인도 절차만 밟고 데려가는 거야. 사망 진단서는 개인 주치의가 없으니 우리가 발급할 예정이고."

"만약 독살당한 거라면요?"

"누가 가난한 노인을 독살하겠어?"

그의 말도 일리는 있었지만, 나는 수사 실력을 키우고 싶었다. 눈에 보이는 것만 확인하고 끝내고 싶지 않았다.

"그가 나치 전범이고, 그에게 목숨을 잃은 피해자 유족이 그를 찾아내 죽인 거라면요?"

그가 대답했다.

"나도 그랬으면 좋겠네. 날 믿어, 이건 자연사야."

신참을 납득시킨 것에 만족한 듯 급히 사무실로 돌아온 루벤은 아내와 애인의 전화를 받았다. 그의 아내는 그가 주간 근무를 하는 줄 알았고, 애인은 오전 4시부터 정오까지 근무한다고 믿고 있었다.

좁은 사무실에서 북적거리다 보니 사생활 보호 같은 건 기대할 수 없었다. 덕분에 루벤의 아슬아슬한 이중생활까지 고스란히 목격하게 되었다.

"다들 미안, 이 전화는 내가 받을게."

그의 말에, 사람들은 서로 눈빛을 교환했다.

"레이첼, 오늘은 늦게까지 일해야 해. 큰 사건이 들어왔거든. 자세히 말하긴 어렵고……. 그럴 리가, 아니야. 그런 말 마. 시청에서 바로 내려온 건이야. 그래, 맞아. 이제 나가봐야 해."

우리는 웃음을 터트렸다.

"시청이라고? 정말이지, 대단하다니까."

랜디가 밖으로 나갔다가 몇 분 후, 급히 돌아왔다.

"루벤, 내선 3번에 주지사 전화예요. 급한 일이라는데?"

나는 배를 잡고 웃었다.

루벤은 미소를 지으며 고개를 저었다. 다정한 아버지 같은 표정으로 고맙다고 말하곤 다시 수화기를 집어 들었다.

"여보세요, 엘레나? 예정대로 6시에 봐. 응, 교대 근무 빼는 데 성공했어."

어떻게 그런 이중생활이 가능한지 모르겠다. 나도 몇 년 전까지 비슷하게 살아본 적이 있다. 밤에는 술에 취해 코카인을 하고, 낮에는 병원 관리직으로 일했다. 그런 생활을 숨기느라 진이 빠졌다. 충혈된 눈과 책상에서 꾸벅꾸벅 조는 걸 설명할 수 있는 방법에는 한계가 있었다. 매주 '감기 몸살' 핑계를 댈 수는 없었다.

현장 실습의 대부분을 밥과 함께했고, 그는 정말 잘 가르쳐주었다. 다정하고 배려심 깊은 밥은 외상후 스트레스 장애를 앓고 있는 베트남 참전 용사였다. 그는 말하다가도 중간에 잠이 드는 버릇이 있었다. 본인은 기면증이라고 했지만, 나도 같은 변명을 해본 적이 있다. 남몰래 책상 맨 아래 서랍을 뒤지는 걸 보면, 보드카와 함께 알약을 삼키고 있었을 것이다. 하지만 밥은 현장에서 틈틈이 시간을 내 사망 시각을 계산할 때 날씨 변화가 미치는 영향, 부패한 시신을 뒤집을 때 체액이 쏟아져 나오는 것을 막는 방법 등을 가르쳐주었다. 또 질식사했을 때 나타나는 눈에 띄지 않는 상흔을 보여주기도 했다.

"코를 확인해야 해. 코를 세게 누르면, 찰과상이나 타박상이 생기거든. 그리고 입술 안쪽에 치아 자국이 있는지 확인하는 거야. 누군가 입과 코를 손으로 강하게 눌렀을 가능성이 높아."

그 밖에도 사람이 높은 곳에서 떨어져 땅에 부딪힐 때 나는 소리에 대해서도 이야기해주었다. 체내의 장기 중 일부는 거의 혹은 완전히 비어 있기 때문에 충격에 의해 파열될 수 있다고 했다. 몰랐던 사실이다. 칼에 찔려 사망한 시신에 쌍으로 남아 있던 자상에 대해서도 알려 주었다.

"수 센티미터 간격으로 커다란 자창과 작은 자창이 보이지? 그런 상처가 가슴 곳곳에 있어. 이건 가위에 의한 자창이야. 한쪽 날은 뾰족하고, 다른 한쪽은 넓적하거든."

그는 형사를 불러 복도에 있는 책상을 가리켰다.

"범행에 사용된 흉기는, 연필꽂이에 꽂혀 있는 저 가위 같군요."

밥은 뛰어난 조사관이자 친절한 사람이었지만, 문제를 안고 있었다. 내가 연수를 마친 몇 달 후, 그는 자연사 현장에서 유족을 면담하던 중 정신을 잃고 주방 의자에서 떨어졌다. 경찰이 맥박과 호흡을 확인하는 동안 놀란 여성이 응급구조대에 전화를 걸었다. 한 시간 전, 그 여성의 이모에게 사망을 선고한 구조대가 다시 돌아왔다. 구급대원이 능청스럽게 말했다.

"이모가 다시 돌아오신 건가요?"

'불쌍한 밥'을 응급실로 데려가 진찰한 결과, 술에 취해 있었다는 사실이 밝혀졌다. 검시국에서는 그를 두 번이나 재활 시설에 보냈지만 효과가 없자 결국 해고했다. 그 후 상황은 나빠졌다가 나아지기를 반복했다. 나락으로 떨어진 그는 '익명의 알코올 중독자 모임(AA)'과 '익명의 마약 중독자 모임(NA, Narcotics Anonymous)'을 찾아갔다. 이번에는 다른 듯했다. 그는 술을 끊고, 직장을 구했으며, 재활 프로그램에서 만난 여성과 좋은 관계를 이어갔다. 이후 통증클리닉으로 직장을 옮겼는데, 이런 클리닉에서는 종종 합법적으로 마약성 진통제를 다루기도 했다. 밥은 끝내 유혹을 이기지 못하고, 약에 손을 댄 뒤 돌이킬 수 없는 지경에 이르자 스스로 목숨을 끊었다.

알코올 중독자가 뛰어난 조사관이 될 수 있을까?

당시 나는 몇 번이나 그렇게 자문했다. 알코올 중독자는 숨기는 것에 능숙하다. 술병을 숨기고, 술이 취한 상태에서도 똑바로 걷고, 눈꺼풀이 처지지 않게 눈을 부릅뜨고, 말을 흐리지 않고, 또렷하게 발음했다. 그렇기에 숨겨진 것을 꿰뚫어 볼 수 있다. 인간의 어두운 이면, 균열, 그들이 감추고 싶어 하는 부분을 볼 수 있다. 우리는 술을 이용해 자기 자신을 숨긴다. 지나치게 예민한 감수성과 그로 인한 고통을 감춘다. 적어도 나는 그랬다. 술에 취하면 불안이 마비되고, 수줍음을 감추고, 즐거운 척 연기할 수 있으니까. 뛰어난 조사관은 숨겨진 것을 알아내고, 말하지 않은 것을 듣고, 부자연스러운 것을 알아본다. 숨기는 데 능숙했던 사람보다 더 잘할 수 있는 사람이 있을까? 나는 타고난 조사관이었다.

사건이 없을 때는 『스피츠&피셔의 사망의 법의학적 조사(Spitz

and Fisher's Medicolegal Investigation of Death)』를 탐독했다. 법의조사관들의 교과서라 불리는 두꺼운 책이다. 검시국에서 일을 시작하기 몇 달 전, 시청의 행정 수속이 끝나기를 기다리며 읽기 시작했다. 여름 동안 빌린 사우샘프턴의 작은 별장에서 1,300쪽에 달하는 이 책에 파묻혀 있는 나를 보고 친구들은 혀를 내둘렀다. 심지어 흥미로운 내용을 발견할 때마다 탄성을 내질렀던 것이다.

"바버라, 제발. 특이한 익사 사건 같은 건 그만 듣고 싶다고!"

광고나 금융업계에서 일하던 친구들은 완벽하게 박힌 단검의 자창에 감탄할 만한 감수성을 갖고 있지 못했다. 나는 탁자 위에 잔뜩 쌓인 「피플」지 옆에 그 책을 놓아두고 지적인 분위기를 연출하려고 했다.

한 번은 사무실 책상에서 그 책을 읽고 있는데, 허시 박사가 다가와 말을 걸었다.

"잘 지내지?"

"나름 바쁘게 보내고 있어요. 배울 게 많네요."

"그렇군. 자네 혹시 코끼리를 먹는 방법 아나?"

"글쎄요?"

"한 입씩 먹으면 돼."

우리는 함께 웃었다.

"궁금한 게 있으면 언제든 찾아오게."

"실은 수사와 관계없는 질문이 하나 있긴 한데."

"말해 보게."

"밥과 함께 화재 현장에 갔었거든요. 며칠 후, 신원 확인차 온 유족에게 몇 가지 질문을 받았어요. 사망자의 형이었는데, 동생이 고통스럽게 죽었냐고 묻더라고요. 저는 모른다고 대답하고, 담당 법의학자에게 연결해 주겠다고 했어요."

"잘했네. 모르는 걸 대답할 순 없으니까."

"하지만 아니라고 대답해주는 편이 낫지 않았을까요? 상처 주는 말도 아니고."

"만약 그가 당신이 그걸 어떻게 아냐고 물으면 뭐라고 대답할 텐가? 지어내기라도 하려고?"

나는 잠시 생각하다가 대답했다.

"하지만 유족이 상처받을 게 뻔한데, 굳이 사실을 이야기할 필요가 있을까요?"

그가 말했다.

"유족에게 한 번이라도 거짓말을 하면, 이후에 자네가 하는 모든 말이 의심스럽게 들릴 걸세. 자네가 하는 말에는 무게가 있어야 하고, 흠잡을 데가 없어야 해. 상황을 지나치게 자세히 설명할 필요 없이, 사실만 간단하고 정확하게 말하면 되는 거야. 사망자가 입은 화상은 대부분 사후에 생긴 것이고, 혈중 일산화탄소 농도도 높았다. 사인은 일산화탄소 중독일 것이다. 양손에 작은 2도 화상이 몇 군데 있는데, 그건 고통스러웠을 거다, 정도면 충분하네. 그가 얼마나 오래 고통 받았는지 물으면, 객관적으로 추정해서 대답하게. 사람들은 진실은 감당할 수 있어도, 불확실한 것은 견디지 못하거든. 대개 유족은 실제 일어난 일보다 더 비참한 상황을 떠올리니까."

더없이 현명한 의견이었다. 허시 박사는 교과서에서는 배울 수 없는 것들을 가르쳐 주었다.

연수를 시작한 지 몇 주가 지났을 무렵, 조사 과장 리처드가 나를 사무실로 불렀다. 그는 나에 대한 '평이 좋다'고 했다.

"법의학자들 말로는, 자네가 똑똑하고 날카로운 질문을 한다더군. 다들 자넬 좋아하고 말이야. 루벤은 자네가 현장에서 침착하다고도 했어. 그게 가장 중요한 거지. 평정심을 유지하되 눈과 귀를 열어두는 것. 루벤은 자네가 훌륭한 조사관이 될 거라고 하더군."

나는 환하게 웃었다.

"감사합니다, 리처드. 정말 기쁘네요."

그는 책상 서랍을 열며 말했다.

"자네에게 작은 선물을 하나 줄까 하는데."

그는 검은 가죽 케이스를 책상 위에 올려놓고, 두 손가락으로 내게 슥 밀었다.

"열어보게."

그리고는 의자에 깊이 기대앉았다.

케이스를 열자, 파란색 글씨가 새겨진 반짝이는 금빛 배지가 들어있었다. '뉴욕시 법의학 검시국 법의조사관'이라는 글자와 함께 111이라는 배지 번호가 새겨져 있었다. 나는 기쁜 마음에 저도 모르게 숨을 삼켰다. 눈이 부실 정도로 아름다웠다. 지금까지 남자에게 받은 선물 중 가장 멋진 것이었다. 리처드가 내게 눈을 찡끗하며 말했다.

"가서 제대로 보여줘."

나는 자리에서 일어나 케이스를 허리에 찬 뒤, 가볍게 경례했다.

"네, 알겠습니다!"

나는 조사관 사무실로 달려가 동료들에게 배지를 보여주었다. 루벤이 웃으며 말했다.

"여기선 굳이 차고 다닐 필요 없는 거 알지? 다들 당신이 누군지 안다니까."

랜디는 나지막이 코웃음을 쳤다.

"내버려 둬, 어차피 오늘 밤 잠옷에도 차고 잘 게 뻔한데."

틀린 말은 아니었다. 배지는 정말 멋졌다.

*

외과에서 진료 보조로 일했던 경험 덕분에 인체 구조에 대해서는 어느 정도 이해하고 있던 나는 부검실에서 장기를 해부하는 것에는 크게 흥미가 없었다. 오히려 부상의 외형적 특징에 관심이 더 많았다. 예를 들어, 손으로 목을 졸랐을 때 남는 지문성 타박상이나 흉기로 쓰인 칼의 종류를 알려주는 자창의 칼자루 압흔 혹은 피부에 남은 원형의 화상 자국으로 근거리에서 총에 맞았을 가능성을 추정하는 일 등이다. 이런 지식들이 내가 맡은 업무에 더 유용했다.

복수의 총상이 있는 경우는 예외였다. 그건 전혀 다른 문제였다. 치명상이 된 탄도를 추적하는 것은 매우 정밀한 작업으로, 탄도가 향한 궤적을 따라 긴 막대를 놓아 저격자와 피해자의 위치를 특정하고, 치명타가 된 총상을 밝혀내야 한다. 총알이 뼈에 맞고 튕기거나 회전하며 몸속을 통과하면 분석 내용이 전부 달라지기도 한다. 저격자가 둘 이상이라면? 그것은 마치 어둠 속에서 직소 퍼즐을 맞추는 것과 같았다.

복수의 총상을 입은 사망자를 처음 보았던 때를 잊지 못한다. 어느 추운 수요일 아침이었다. 수련의들의 오전 부검에 참관하던 중 한 의사가 중얼거리는 소리를 들었다.

"허시 말대로, 총알 일곱 발을 맞은 시신보다 한 발씩 맞은 시신 일곱 구를 부검하는 게 낫지."

"누구예요, 저 사람?"

나는 옆에 있던 여성에게 물었다.

"헤이스요."

그녀가 속삭였다.

조너선 헤이스에 대한 소문을 들은 적이 있다. 그는 미식과 미녀를 사랑하는 영국 출신의 법의학자였다. 그의 부검대는 종종 견학 온 학생들로 붐볐다. 헤이스는 훌륭한 교사이자, 재미있는 사람이었다. 내가 그를 처음 본 건 몇 주 전, 검은 가죽옷을 입은 다리가 긴 여성이 모는 오토바이 뒤에 타고 검시국 주차장으로 들어오는 모습이었다. 여성이 그에게 입을 맞추려고 헬멧을 벗자 샴푸 광고처럼 길고 풍성한 갈색 머리가 어깨 위로 흘러내렸다.

나도 헤이스의 부검에는 최대한 참관하려고 했다. 어느 날 오후, 나는 학생들을 제치고 부검대 가까이에 자리를 잡는 데 성공했다. 부검대 위에는 코와 입이 분홍색 거품으로 덮인 마흔 살가량의 히스패닉 남성의 시신이 눕혀져 있었다.

"불법 약물을 사용한 흔적과 그 전형적인 결과입니다. 약물 과다 복용이죠."

헤이스 박사가 설명했다.

"양쪽 팔에 오래된 주사 자국이 여러 개 있고, 발목에는 비교적 최근에 생긴 것으로 보이는 자국이 있습니다. 이 거품은 폐에서 나온 겁니다. 심장 박동이 느려지면서 폐수종이 일어난 겁니다. 아주 고통스러운 최후는 아니었을 겁니다."

그의 영국식 억양 덕분에, TV 드라마의 한 장면처럼 멋지게 들렸다.

"자, 이번엔 이 문신을 잠깐 봅시다. 이 남성의 인생에 대해 많은 걸 알려주죠. 파란색 잉크로 조잡하게 새긴 이런 문신은 교도소에서 주로 하는 문신입니다. 눈꼬리에 있는 이 물방울무늬 문신은 살인을 저질렀거나, 갱단 동료의 죽음을 애도하는 의미일 수 있습니다. 가슴에 새겨진 왕관 문신을 보면 '라틴 킹스' 소속이었다는 걸 알 수 있죠. 이상입니다."

와, 지금까지 내가 들어본 것 중 최고의 병리학 강의였다. '비장의 병리에 관한 기초 강의' 같은 것과는 비교도 안 될 만큼 흥미로웠다. 그는 재미있는 지식을 잔뜩 알고 있는, 걸어 다니는 백과사전 같았다. 얼마 지나지 않아, 나는 그가 하우스와 일렉트로닉 음악에 정통한 전문가이며, 도심의 댄스클럽을 자주 드나들고, 음악잡지에 기고도 하고 있다는 사실을 알게 되었다.

헤이스의 둔기 외상에 관한 강연을 들은 후에는, 나도 전문가가된 기분이었다. 그는 지루한 교과서에 생명을 불어넣었다. 찢어져서 생긴 열창과 베이면서 생긴 절창을 구분하는 방법은? 그는 쇠막대에 맞아 두개골이 드러날 정도로 찢긴 피부 조직을 보여 주었다. 그것이 열창이었다. 반면, 마체테로 깨끗하게 베인 경우는 절창이다. 그는 두 종류의 무기로 동시에 공격당한 한 하청업자의 사례를예로 들어 그 차이를 설명했다. 그 하청업자는 노동자들에게 2주간 일한 대가를 지불하지 않고, 오히려 이민국에 신고해 그들을 추방시키겠다고 위협했다. 결국 분노한 노동자들이 폭력을 휘두른것이다.

나는 헤이스처럼 박식한 사람이 되고 싶단 생각에, 가능한 한 많은 연수에 참가하려고 했다. 뉴욕시 경찰국에는 살인이나 범죄 수사 외에도 성범죄 피해자나 컬트 교단에 얽힌 사망 사건에 관한 강좌도 있었다. 리처드가 일정을 빼주지 않으면, 휴가를 써서라도 참석했다. 베테랑 수사관들이 겪은 가장 어려운 사건과 그 해결 과정에 대해 배우고, 그들의 무용담을 듣는 건 정말 행복한 경험이었다. 남자들 사이에서도 같은 동료로서 자연스럽게 섞이고 싶었다. 그러던 어느 날 오후, 기회가 찾아왔다. 형사들로 가득 찬 승강기에 끼어 있던 나는 어깨 너머를 힐끗 보며 말했다.

"세상에, 그거 총이길 바라요."

그들의 웃음이 모든 걸 말해 주었다. 나는 그들의 동료가 되었
다.

*

1992년 12월의 쌀쌀하고 맑은 아침이었다. 밝은 햇살이 비치는
모닝사이드 하이츠의 한 아파트 건물 뒤 골목에서 시신이 발견되
었다. 할렘과 가까웠지만, 지형적 특징과 이 지역 대부분을 점하고
있는 컬럼비아 대학교의 영향으로 별개의 분위기를 지닌 지역이었
다.

아파트 입구를 지키고 있던 경찰에게 내 이름과 배지 번호를 말
했다.

"검시국의 부처입니다. 배지 번호는 111."

말할 때마다 기분이 좋았다. 뒷문으로 나와 계단을 내려가자, 머
리가 함몰된 채 엎드려 있는 남자가 눈에 들어왔다. 주위에는 건축
폐기물더미가 쌓여 있었다. 주황색 플라스틱 시멘트 통, 부서진 석
고보드, 잘린 각목 조각, 시멘트 재료가 들어 있던 빈 포대 등이다.
남자의 몸 아래에서 흘러나온 피가 콘크리트 먼지와 섞여 선명한
분홍색으로 변해 있었다. 검은 아스팔트 바닥 위로 살점이 섞인 핏
자국이 길게 뻗어 있고, 그 끝에는 레몬 크기만 한 뇌수가 떨어져

있었다. 남자의 머리에서 3미터 남짓 떨어진 곳이다. 아마 소뇌일 것이다.

이건 내가 처음 단독으로 맡은 사건이다. 겉보기엔 단순해 보였다. 부검을 마친 후 법의학자는 '사인' 란에 '둔기에 의한 두부 외상'이라고 적었을 것이다. 하지만 사망 유형은? 이 문제도 똑같이 중요하다. 살인범이 있는 경우, 경찰은 누가(Who) 피해자를 사망에 이르게 했는지 찾아야 한다. 법의학자는 사인 즉, 무엇(What)을 밝혀낸다. 내 일은 어떻게(How) 사망했는지 즉, 사망 유형을 규명하는 것이다.

누군가 방망이로 그의 머리를 내려쳤을 수도 있고, 건물 위에서 밀었을 수도 있다. 스스로 뛰어내렸거나 지붕에서 작업하다 발을 헛디뎠을 가능성도 있다. 이건 살인일까, 자살일까, 아니면 단순한 사고일까? 나는 법의학자의 눈과 귀를 대신해, 사망 유형을 특정하기 위한 증거를 수집한다. 그 무거운 책임감에 불안이 밀려왔다.

전에 허시 박사의 기사를 읽은 적이 있다. 부검 소견은 모든 조사 결과를 바탕으로 해석해야 한다고 쓰어 있었다. 우리 중 누구도 살인 사건을 간과하거나, 살인에 의한 상해를 사고로 잘못 해석했을 가능성에서 자유로울 수 없다. 그러나 그런 잘못된 결론이 주는 불안감은 그 반대의 경우가 주는 두려움에 비하면 사치에 불과하다. 제대로 해야 한다. 이건 사망자만의 문제가 아니다. 정의 그리고 공중 보건에 관한 일이다. 제대로 검증해야 한다. 나는 허시가 내게 처음 가르쳐준 것을 주문처럼 되뇌었다.

"옳은 일을 하면, 잘못될 리 없다."

나는 늘 옳은 일을 하려 했다. 적어도 일에 있어서만큼은. 옳은 일을 하면, 무슨 일이 벌어지든 죄책감을 느낄 필요가 없다는 점에서 마음이 놓였다. 실수를 하더라도, 그게 정직한 실수라면 자책하지 않았다. 무거운 책임감이 나를 짓눌렀지만 그런 감정은 점차 일에 대한 자부심으로 바뀌었다.

나는 현장에 있던 경찰과 사복 차림의 형사들을 둘러보며 현장 책임자를 찾았다. 검시국 조사관이 도착했음을 알리고, 사건 경위를 듣기 위해서였다. 황갈색 트렌치코트, 단정한 정장, 반짝이는 구두를 보고 그가 내가 찾는 사람임을 알아차렸다. 내가 인사를 건네자 그는 무심한 표정으로 안경을 쓰더니 수첩에 적힌 내용을 읽어 내려갔다.

"신원불명의 남성. 오전 7시 30분경 쓰레기를 버리던 건물 관리인이 발견해 경찰에 신고. 오전 7시 45분, 응급구조대 도착 후 소생 시도 없이 사망 판정. 2D호 거주자 L. 샤피로는 새벽 무렵 쾅 하는 소리에 잠에서 깼다고 진술. 주변 탐문 진행 중."

그는 수첩을 탁 하고 덮더니 자리를 떠났다. 수사 중에 다른 기관이 끼어드는 걸 싫어하는 부류인 듯했다. 경찰 중에는 자기 구역을 지키려고 온갖 수단을 다 쓰는 사람이 적지 않았다. 소방관들도 마찬가지였다. 그들은 재난이나 사고가 발생하면 가장 먼저 현장에 출동하는 초동 대응자(first responder)라는 사실에 자부심을 느꼈고, 우리를 최후 대응자라며 놀리곤 했다. 나는 이번 기회에 내 역량을 보여주리라 마음먹었다. 현장 검증이 끝날 무렵에는 내가 얼마나 우수한 인재인지 알게 해주고 싶었다.

내가 가장 먼저 주목한 것은 '쾅 하는 소리'를 들었다는 증언이다. 훌륭한 단서였다. 형사들이 주변을 탐문하는 동안 나는 가장 먼저 현장에 도착한 경찰에게 시신이 발견된 이후 바뀐 것이 없는지 물었다. 시신을 옮기거나, 뒤집어 보았는지, 물건을 치웠는지 등을 물었다.

"아니요."

다행이다. 현장은 처음 상태 그대로였다. 초동 대응자들은 무슨 일이 일어났는지 궁금해 하다 건드리지 말아야 할 것을 움직이는 경우가 종종 있었다. 한 번은 머리가 잘린 시신을 뒤집은 신참 구급대원도 있었다. 이유를 묻자 '죽었는지 확인하려고요'라는 대답이 돌아왔다.

증거는 그렇게 사라진다.

나는 남성의 시신이 발견된 현장 상황을 빠짐없이 기록했다. 회색 벽돌 건물의 뒤편, 지하실 문에서 골목으로 내려가는 녹슨 철제 계단, 시신 근처에 떨어져 있던 휘어진 못과 각목 조각들. 흉기가 될 만 한 물건 예를 들면, 피 묻은 각목이나 쇠막대기 등이 떨어져 있으면 그런 것들도 전부 찍었다. 시신이 발견된 상태 그대로 머리부터 발끝까지 찍은 뒤 시신을 움직이지 않고도 볼 수 있는 부상에 초점을 맞춰 촬영했다. 옷차림도 기록했다. 그는 평상복을 입고 있었다. 건설 노동자의 작업복이나 잠옷 차림이었다면 이야기가 달라졌을 것이다. 다음으로 주머니에 귀금속, 신분증, 돈 등이 들어 있는지 확인하고, 발견된 것은 모두 증거로 보관하기 위해 경찰에 게 건넸다. 몇 군데 거리를 재볼까 하다가, 문득 허시의 또 다른 철학이 떠올랐다. '생각했다면, 실행해라' 건물과 시신의 거리, 머리에서 뇌수가 떨어져 나온 거리, 건물의 대략적인 높이 등이 뭔가를 알려줄 수도 있었다.

어느새 주변 건물에서 사람들이 창밖으로 고개를 내밀고 있었다. 분홍색 헤어 롤을 만 한 중년 여성은 창턱에 팔꿈치를 괴고 모닝커피를 마시며 토스트를 베어 물고 있었고, 잠옷 차림의 젊은 남자는 창가에 앉아 담배를 피우며 시신을 유심히 바라보고 있었다. 놀랍지도 않았다. 충분히 흥미로운 광경이었으니까. 누가 큰소리로 이래라저래라 하지 않는 것만으로도 감사했다. '맥박은 확인했어?'가 특히 자주 나오는 소리였다.

그날은 다행히 조용하고 예의바른 구경꾼들이었다. 나는 깨끗한 장소에 출장 가방을 내려놓고 장비를 꺼냈다. 카메라, 두꺼운 라텍스 장갑, 줄자. 체온계, 핀셋, 증거물 봉투, 테이프, 펜, 수첩. 고급 주택에서 신게 하는 파란색 덧신, 크고 작은 종이봉투. 생물학적 증거물은 반드시 비닐이 아닌 종이봉투에 담아 건조시킨다. 비닐에 넣으면 습기 때문에 곰팡이가 생기고, 증거물이 훼손될 수 있다. 손도 마찬가지다. 손톱 밑에 혈흔이나 피부 조직이 발견될 가능성이 있으면, 종이봉투로 손을 덮은 뒤 손목을 테이프로 봉한다.

나는 장갑을 끼고 시신을 더 자세히 들여다보았다. 사망 추정 시각을 알아내기 위해 시신을 뒤집어 관찰했다. 머리카락 색과 피부의 질감으로 보아 사망자는 대략 마흔다섯에서 쉰다섯 살 정도로 보였다. 그는 체크무늬 플란넬 셔츠에 청바지 그리고 검은색 FILA 스니커즈를 신고 있었다. 신발 밑창에는 고운 흰색 가루가 잔뜩 묻어 있었다. 주머니 안을 살펴볼 때는, 칼이나 최악의 경우, 바늘에 찔리지 않도록 주의해야 한다. 실제로 몇몇 동료들이 바늘에 찔려 HIV 감염 예방을 위한 지도부딘 주사를 맞았다(1992년 당시에는 지도부딘이 HIV를 억제하는 특효약으로 알려져 있었다). 현금이 발견되면, 경찰이 내 앞에서 금액을 확인한 뒤 증거 보관증을 작성하고 수첩에 기록한다. 간혹 유족들이 사망자가 지니고 있던 1,000달러를 초동 대응자들이 훔쳤다고 주장하곤 했다. 무슨 이유에서인지 금액은 늘 1,000달러었다.

　남자의 이마에는 커다란 찰과상이 있었다. 아스팔트와 자갈에 쓸려, 마치 피부에 문신을 새긴 듯한 자국이 남은 것이다. 교과서에서도 본 적 없는 상처였다. 머리 뒤쪽이 크게 벌어져 있고, 부서진 두개골 조각이 간신히 두피에 매달려 있었다. 그 아래로 뇌가 휜히 드러나 있었으며, 일부는 멀리까지 날아가 있었다. '대측 충격 손상(contrecoup injury)' 이것이 두 번째 단서였다. 조너선 헤이스의 목요일 오후 강의와 의학지에 실린『물리학과 법의 공학』이라는 논문 덕분에 알게 된 지식이었다. 내가 배운 바에 따르면, 방망이처럼 움직이는 물체에 머리를 맞으면 두개골이 골절되고, 그 안의 뇌가 타박이나 열상을 입는다. 반대로, 넘어져 머리를 부딪치면 충격을 받은 부위뿐 아니라 그 반대편에도 손상이 생긴다. 낙하 과정에서 가속된 뇌가 지면에 부딪친 충격으로 반대쪽으로 튕겨 나가 단단한 두개골 안쪽에 부딪치기 때문이다. 잘 익은 토마토를 밀폐 용기에 넣고 바닥에 떨어뜨리면 위아래가 모두 으깨지는 것과 같은 원리다.

이제 나는 사망자가 방망이나 쇠막대로 머리를 얻어맞은 것이 아니라는 것을 합리적으로 설명할 수 있다. 모든 작용에는 반작용이 있으므로, 단순한 타격만으로 뇌의 일부가 3미터나 떨어진 곳까지 날아갈 수는 없다. 모든 단서가 머릿속에서 하나로 맞춰졌다. 사망자는 건물에서 추락해 땅에 머리를 부딪쳤고, 그 충격이 두개골에 전해져 후두부를 손상시켰을 것이다. 그의 추락을 입증하는 세 번째 증거는 허리띠였다. 버클이 아닌 두꺼운 갈색 가죽 띠 한가운데가 끊어져 있었다. 땅에 머리를 부딪쳤을 때 몸에 가해진 압력으로 복부가 팽창하면서 바지가 터지고 허리띠까지 끊어진 것이다. 엄청난 위력이었다. 흉곽이 으스러져, 부러진 나뭇가지가 든 자루처럼 보였다. 갈비뼈가 모두 부러졌을 것이다.

사망한 지 오래돼 보이진 않지만, 확실히 하려면 체온을 측정해야 했다. 그러려면 바지를 내리고 항문에 직장 체온계를 삽입해야 한다.

내가 체온계에 씌울 콘돔을 꺼내자, 경찰이 불편한 기색으로 물었다.

"대체 뭘 하는 거죠?"

"아, 미안해요. 먼저 하시겠어요?"

"아니, 그게 아니고요. 사람들이 다 보는 데서 그러면, 너무 안 됐잖아요."

이 남자가 살해된 건지 아닌지도 아직 모르는 데다 법정에서 '사람들이 쳐다보고 있어서' 사망 시각을 추정하지 못했다고 증언할 수도 없는 노릇이다. 하지만 그의 말에도 일리가 있었기 때문에, 체온 측정이 끝날 때까지 노출 부위를 종이로 가려 주었다.

불친절한 형사가 주변을 어슬렁거렸지만, 나는 작업에만 몰두했다. 단서를 찾고, 기록하며, 분석하고, 내가 가진 상식과 책에서 배운 지식 그리고 현장 연수에서 익힌 경험을 총동원했다. 형사의 코를 납작하게 만들겠다는 생각도 잊을 만큼, 수수께끼를 풀어가는 과정이 너무나 즐거웠다.

나는 남자가 건물에서 떨어져 숨진 시각이, 이웃이 쿵 하는 소리를 들었다는 때와 일치한다고 확신했다. 스스로 뛰어내린 것일까? 누군가 밀어 떨어뜨린 것일까? 아니면 발을 헛디뎠을까? 그의 손에는 긁히거나 베인 방어흔이 없었다. 자상이나 총상도 없고, 몸싸움을 한 흔적도 없었다. 건물 옥상에서 사람을 밀어서 떨어뜨린다는 건 쉬운 일이 아니며, 반드시 흔적이 남는다. 다른 형사가 뒷문과 계단 난간에 혈흔이나 조직이 묻어 있지 않은지 확인해보라고 조언했다. 뭔가 발견된다면, 남자가 거기에 부딪힌 뒤 땅으로 튕겨져 나갔다는 뜻이다. 하지만 아무것도 발견되지 않았다. 그는 건물에서 3미터가량 떨어진 곳에 쓰러져 있었다. 발을 헛디뎠다면, 건물과 더 가까운 곳에 쓰러져 있었을 것이다. 발을 헛디딘 게 아니라 뛰어내렸다고 생각하는 편이 합리적일 것이다. 높은 곳에서 떨어질 경우, 지면에 부딪치면서 몸이 여러 번 튕기며 구를 수도 있다. 하지만 이 아파트는 6층 건물로, 골목 아래로 떨어지는 높이가 더해졌을 뿐이다. 층당 높이가 약 3.5~4미터, 골목까지의 높이가 약 4.5미터라고 하면, 총 높이는 약 30미터였다.

그는 뛰어내린 것처럼 보였다. 하지만 그걸 어떻게 증명할 수 있을까?

바로 여기서 법 집행기관과 검시국의 영역이 겹쳐진다. 시신의 상태와 사건 현장의 상황을 일치시키기 위해 협력하는 것이다. 뉴욕시 법의학 검시국은 뉴욕시 경찰과 긴밀히 협력하지만, 두 기관 모두 철저히 독립성을 유지한다. 허시 박사는 그 독립성을 굳게 지켜냈다. 그는 검시국을 '정의를 위한 과학'을 실천하는 기관으로 여겼으며, 이 문구는 퍼스트 애비뉴에 있는 검시국의 새 DNA 법생물학 연구소 로비에 새겨져 있다. 엄밀히 말해, 시신은 법의조사관의 관할이고, 현장은 경찰의 관할이지만 두 기관은 이러한 관계를 바탕으로 사건을 해결하기 위해 협력한다. 일부 관할에서는 경쟁심 등의 이유로 문제가 발생하기도 했다. 보스턴의 한 동료에게 들은 바로는, 그곳 경찰은 자신들의 조사가 끝나기 전에는 법의조사관이 현장에 들어오는 것조차 허락하지 않는다고 했다. 그의 말대로라면, 경찰은 시신을 거의 문 밖으로 던져주듯 넘긴다고 했다. 다행히 뉴욕시에서는 그런 일이 일어나지 않는다.

남자가 사망한 장소가 주요 현장이라면, 다음으로 2차 현장 즉, 그가 어디에서 떨어졌는지를 찾아야 했다. 밑창에 고운 흰색 가루가 묻어 있던 FILA 스니커즈가 단서를 제공했다. 건물을 수색하던 경찰들이 꼭대기 층에서 빈 아파트를 발견했다. 비어 있을 뿐 아니라, 문이 열린 상태로 공사가 진행 중이었다. 오래된 회벽 위에 새로운 석고보드를 덮고 퍼티로 메운 뒤 사포질을 하면서, 6층 복도까지 온통 흰색 가루로 덮여 있었다. 불친절한 형사가 흥분한 표정으로 나를 부르더니, 계단에 있는 열린 창문을 가리켰다. 막 페인트를 칠한 듯한 창틀에 스니커즈 자국이 찍혀 있고, 창문을 열 때 찍힌 듯 4개의 지문이 남아 있었다. TV 드라마에서 보던, 모든 수수께끼가 풀리는 순간이었다. 공사 인부들이 드나들었기 때문에, 누구든 건물 안으로 들어와 고층의 창문을 발견할 수 있었을 것이다. 혹시 몰라 잠겨 있던 옥상도 확인해 보았지만, 이상한 점은 없었다. 인부들이 다녀간 흔적도 없었다. 남자가 6층 창문에서 뛰어내려 스스로 목숨을 끊었을 것으로 추정하는 것이 합리적이었다.

우리의 가설이 확정된 것은 다음 날, 지문을 통해 사망자의 신원이 확인되었을 때였다. 그는 자살 시도를 한 전력이 있는 정신질환을 앓는 노숙자였다. 현장에서는 그런 사실을 알지 못했기 때문에, 모호한 표현을 사용하는 것이다. 예를 들면, 물리적 증거를 바탕으로 남자가 6층으로 올라갔다고 '합리적으로 추정'했다. 그는 '아마도' 뛰어내린 것으로 '보인다.' 그의 부상은 높은 곳에서 떨어진 것과 '일치했다.' 실제 무슨 일이 일어났는지는 사망자 외에는 아무도 모르기 때문에, 우리는 조사 결과와 상황에 부합하는 가설을 세워야 한다. 증거가 가리키는 것을 해석하고, 거기에서 사망 유형을 밝혀내는 것, 그게 내가 하는 일이다.

죽은 자도 이야기를 한다. 우리는 그저 귀를 기울이면 된다.

제 4 장
연쇄 살인범

연쇄 살인범에 이상할 정도로 관심이 많은 이웃이 있었다. 모니카는 60대 초반의 쾌활한 여성으로, 식사 배달 서비스의 사원봉사자로 일하며 밤늦게까지 십자말풀이를 하곤 했다. 내가 집을 비울 때는 그녀가 내 고양이에게 먹이를 주고 디펜바키아 화초에 물도 주었다. 나는 모니카를 좋아했고, 그녀가 위층에 사는 것도 든든했지만 연쇄 살인 사건에 대한 그녀의 집착은 이해할 수 없었다. 이렇게 친절한 사람이 왜 인간의 어두운 부분에 끌리는 걸까? 끌리는 정도를 넘어 푹 빠져있었다. 그녀의 아파트에는 잭 더 리퍼부터 존 웨인 게이시까지 악명 높은 살인범들에 관한 책이 가득 했다. 범죄 다큐멘터리 〈48시간〉을 한 편도 빠트린 적이 없으며 〈풀리지 않은 미스터리〉를 녹화해 '티오 페페'에서 포장해 온 저녁을 먹으며 시청했다. 나는 차라리 퀴즈 쇼 〈제퍼디!〉의 알렉스 트레벡의 친근한 농담 그리고 더블 머더(double murder)보다는 데일리 더블(daily double)을 더 좋아했다. 하지만 검시국에서 일하게 되면서 생각이 바뀌었다. 나는 그제야 알게 되었다. 모니카가 현실 속의 괴물을 찾는 데 몰두하고, 게이시의 변호사가 '악의 극치'라 부른 자와 마주하려 했던 이유를. 그녀는 그들이 그런 끔찍한 범행을 저지르게 된 동기를 이해해야 했다. 우리는 그들과 다르다는 확신이 필요했던 것이다.

그 후, 나는 웨스트 4번가의 아파트를 떠났지만, 어딜 가든 모니카와 같은 사람들을 만났다. 복권 당첨 번호를 연구하듯 연쇄 살인 사건을 파고드는 선량한 사람들이었다. 나 역시 내가 맡은 과제를 집요하게 파고들었다. 현장에서 사건을 조사하는 것을 좋아했지만, 동시에 많은 것을 배우고 싶었다. 루벤도 마찬가지였다. 그는 여자관계가 복잡하긴 했지만, 일에는 헌신적이었고 그 점은 존경할 만했다. 우리는 FBI의 특별 연수에 지원해 사비로 버지니아 콴티코로 향했다. 우리는 그곳에서 은밀하게 이루어진 암매장의 징후와 증거를 훼손하지 않고 시신을 발굴하는 방법을 배웠다. 또 마약 거래 현장에서 벌어진 복잡한 범죄 현장에 대처하는 법 그리고 연쇄 살인범의 고유한 범행 패턴에 대해서도 배웠다.

연쇄 살인범.

살인범의 반사회적 성향에 관한 책을 읽던 나는 두 가지 주요 분류를 발견했다. 그때 처음으로 일탈적 행위가 내가 생각했던 것만큼 무작위적이지 않다는 사실을 깨달았다. 살인범은 '계획형'과 '충동형'으로 나뉜다. 계획형 살인범은 계획적이고 치밀하게 범행을 준비하고 대상을 물색한다. 지적이고 교활하며 잔혹한 이들은 범행의 세부적인 부분까지 철저히 설계한다. 반면, 충동형 살인범은 사회적으로 고립되고 충동적으로 행동하는 경향이 있다. 지능이 낮은 경우가 많고, 범행을 숨기지 않는 편이다. 흔히, 부모가 조심하라고 경고하는 그런 유형이다. 덤불 뒤에서 불쑥 튀어나와 당신을 '잘못된 장소, 잘못된 시간'에 있던 피해자로 만드는 그런 인물 말이다.

1980년 FBI의 로이 헤이즐우드가 처음 제시한 것이다. 1970년대 테드 번디, '샘의 아들' 데이비드 버코위츠, '언덕 위의 교살자' 케네스 비앙키 등의 연쇄 살인범에 의한 범죄가 세상을 뒤흔들었다. 헤이즐우드는 FBI 행동과학부 소속의 선구적인 프로파일러였으며, 이 부서는 TV 시리즈 〈크리미널 마인드〉로 유명해졌다. 그건 내 이웃 모니카도 잘 알고 있었을 것이다. 헤이즐우드는 직감과 경험을 결합해, 범죄자를 특정하고 검거하는 데 도움이 되는 심리적·행동적 프로파일을 개발했다. TV 드라마 속 인물과 달리, 헤이즐우드 같은 프로파일러들은 일반적으로 살인 현장에 가지 않는다. 그들은 책상 앞에서, 나와 같은 조사관들이 제출한 사진, 보고서, 메모, 관찰 기록 등을 분석한다.

프로파일러가 작업할 수 있도록 기초 자료를 제공하는 것이 내가 하는 일이다. 기록은 꼼꼼하게, 관찰은 날카로워야 한다. 피해자의 손이 놓인 방식이나 복부에 꽂힌 흉기의 각도를 제대로 찍지 않으면, 법 집행기관은 흉악한 범죄자를 특정하고 검거하는 데 필요한 정보를 얻지 못할 수도 있다. 미국에서는 매년 약 6,000건의 살인 사건이 미제로 남는다. 허술한 수사로 그 수를 늘리는 일은 절대 없을 것이다.

하루도 살인 사건을 보지 않은 날이 없었다. 내가 뉴욕시 검시국에 입사한 1992년, 뉴욕시의 살인 사건은 2,397건에 달했다(내가 퇴사한 2015년에는 불과 285건이었다). 사건이 끊이지 않았으며, 현장에서 몸으로 부딪히며 배울 기회도 많았다. 자살, 사고, 자연사와 같은 일반적인 사건 외에도 매일 2, 3건의 살인 사건이 있었다. 살인범의 분류나 병리학에 관한 책도 계속 읽었지만, 현장에서 경찰과 베테랑 조사관들을 관찰하는 것이 가장 큰 공부가 되었다. 책에서 배운 지식과 거리에서 체득한 지식, 둘 다를 얻고 싶었다.

나의 가장 큰 자산은 편견 없는 마음이라는 것을 깨닫기까지 그리 오랜 시간이 걸리지 않았다. 알코올 중독자 모임에서 누군가 내게 이렇게 말했다. '귀를 막지 말고, 그 손으로 입을 막아요.' 나처럼 다 안다는 듯한 얼굴로 떠들기 좋아하는 사람에겐 쉽지 않은 일이었다. 하지만 나는 귀를 기울이는 법, 추측하지 않고 관찰하는 법, 모든 사실이 갖춰지기 전에 이야기를 만들어내지 않는 법을 배웠다. 연수를 시작한지 얼마 되지 않았을 무렵, 현장에 도착한 나는 침대에서 발견된 시신 옆에 찍혀 있던 발자국을 보았다. 나는 TV 드라마에 나오는 탐정처럼 눈썹을 치켜 올리며 시신 주위를 천천히 돌았다. 그리고 한참 뜸을 들인 끝에 이렇게 말했다.

"이게 범인의 발자국이라면, 매트리스 위에 올라서서 피해자 위로 몸을 숙여 머리를 가격한 뒤 목을 졸랐을 거예요."

내가 형사 콜롬보 흉내를 내며 말하자, 경찰들이 웃으며 내게 침대 위의 발자국은 나보다 먼저 현장에 도착해 사진을 찍던 신참 기술자가 남긴 것이라고 알려 주었다. 교훈을 얻었다.

현장을 편견 없이 철저하게 조사하지 않으면, 한 사람의 죽음이라는 비극이 더 크게 번질 수 있다. 심지어 엉뚱한 사람을 체포하게 될 수도 있다. 그런 건 절대 용납할 수 없었다. 그래서 나는 항상 조심하고 주의 깊게 살폈다. 호기심을 갖고, 적절한 질문을 던지는 기술을 익혔다. 묻고 또 물었다. 나는 추측의 위험성을 직접 겪어 잘 알고 있었다. 또한 한 번의 시선으로 판단되고, 평가받는 기분이 어떤지도 알았다. 사람은 자신이 봤다고 믿는 것에 만족하면, 보지 못한 것에 대해 묻는 걸 소홀히 하게 된다. 허시 박사도 종종 '아름다운 이론을 망치는 건 불쾌한 사실뿐이다'라고 말했다. 불쾌한 사실을 찾아내고, 성급한 결론을 피하는 건 내게 달려 있었다. 그래서 무전으로 '어퍼웨스트 사이드에서 살인사건 발생' 같은 연락을 받으면, 나는 곧장 되물었다.

"살인 사건이라고요? 그걸 어떻게 알죠?"

"경찰이 그러던데요."

무전실에서 대답했다.

"그건 아니죠, 증거가 부족하잖아요. 현장에서 직접 시신을 확인하기 전까진 살인 사건일지 아닐지는 모르는 거예요. 살인이라고 단정하는 건 우리가……"

"알아요, 알아. 우리가 살인이라고 단정하기 전까지는 살인이 아니죠."

어쩔 수 없다. 그게 내 방식이니까. 유능한 조사관은 절대 섣불리 단정하지 않는다. 그리고 남의 말을 곧이곧대로 믿지도 않는다.

*

6월의 평범한 어느 날, 나는 무전실에서 받은 주소에 도착했다. 웨스트엔드 애비뉴는 타운하우스, 고급 아파트, 임대료 규제가 있는 저렴한 주택이 섞여 있는 주거지 특유의 분위기를 간직한 지역이었다. 동쪽으로 한 블록 떨어진 브로드웨이에는 술집, 식당, 포장 음식점, 세탁소가 늘어서 있고, 사람들로 북적였지만 웨스트엔드에는 그런 게 전혀 없었다. 카페나 델리는 물론이고 구두 수선집도 없었다. 시계 배터리를 갈거나, 소나기가 쏟아지면 금방 부러지는 싸구려 우산을 파는 작은 가게조차 없었다. 내가 도착했을 때, 현장은 이미 경찰들로 북적이고 있었지만 신분증을 제시할 필요는 없었다. 검시국에서 일한 지 오래되진 않았지만, 나는 이미 조사관다운 태도를 몸에 익히고 있었다. 나는 경비원에게 정중히 인사한 후, 승강기로 향했다.

건물 위층으로 올라가는 동안 가벼운 긴장감이 번졌다. 실은, 그 이상이었다. 나는 아직 신참 조사관이었고, 금주를 시작한 지도 얼마 되지 않은 때였다. AA의 프로그램에서는 '현실을 있는 그대로 받아들이며, 살아가라'고 배웠다. 나는 약물과 술을 뒤로 하고, 두 번 다시 손을 뻗고 싶지 않았다. 하지만 이건 큰 사건이었다. 경찰, 범죄자, 여러 구의 시신. 내가 이 모든 걸 감당할 수 있을까? 과거의 나로 돌아가면 어쩌지? 하지만 나는 전보다 강해졌고, 대처할 수 있는 능력도 있었다. 적어도 스스로에게는 그렇게 되뇌었다.

이중 살인 사건은 처음이었다. 나는 남자 조사관들만큼이나 잘할 수 있다는 걸 증명하고 싶었다. 나는 맨해튼에서 두 번째로 임명된 여성 법의조사관이었다. 첫 번째는 한 달 남짓 만에 그만두었다. 내가 들은 말은 '그녀는 버티지 못했다'뿐이었다. 같은 말은 듣고 싶지 않았던 나는 당당히 문을 열고 들어갔다. 물론 아직 그런 척을 하고 있었을 뿐이지만, 언젠가 연기하지 않아도 될 날이 올 것이다. 중요한 건, 이중 살인 사건을 신속히 해결힐 수 있도록 조사관으로서의 능력을 발휘해 경찰과 동료들의 존경을 얻는 것이다. 내가 이 일을 해낼 수 있다는 걸 증명하기 위해서였다.

시신이 눈에 들어온 순간, 걸음을 멈췄다. 바닥에 젊은 남자의 시신이 누워 있었다. 머리가 간신히 매달려 있고, 목에서 흘러나온 피는 검붉은 웅덩이를 이루고 있었다. 달리 표현할 방법이 없었다. 한쪽 귀에서 반대쪽 귀까지 베인 목의 상처가 너무 깊어 머리가 젖혀지고 척수가 드러나 있었다. 머리가 거의 절단된 상태였다. 당시의 모습이 아직도 가끔 기억이 난다. 짙푸른 사파이어색 카펫까지. 검붉은 피가 웅덩이를 이루며 청색 러그에 스며들어 기분 나쁜 페이즐리 무늬를 그리고 있었다. 강렬하고 아름답기까지 한 광경이었다.

"흠, 다른 시신은요? 2구라고 들었는데."

내가 형사에게 물었다.

그는 내 허세가 불안을 감추기 위한 것임을 알아챘을까? 아마 알았겠지. 하지만 그는 고맙게도 아무 말 없이 나를 침실로 안내하고, 두 번째 피해자를 보여주었다. 이번에도 남자였으며 첫 번째 피해자보다 나이가 더 많았다. 그도 목이 깊게 베인 상태로, 마치 비명을 지르는 꼭두각시 인형의 입처럼 벌어져 있었다. 이런 현장에서 프로다운 태도를 유지하는 건 쉽지 않은 일이었다. 나는 그의 남은 형체를 최대한 눈에 담으며, 어떻게든 그 상황을 이해하고 싶었다. 하지만 내겐 해야 할 일이 있었다.

나는 심호흡을 몇 번 한 뒤, 조사 본능을 끌어올려 일을 시작했다.

출장 가방을 열기 전, 잠시 멈춰서 말없이 주변을 둘러보았다. 사망 현장에서는 첫인상이 매우 중요하다. 조용히 관찰할 필요가 있다. 어떤 생활 방식은 다른 것보다 사망률이 더 높은 경우가 있기 때문에, 살인 사건이 일어나기 전 그곳에 살거나 일하던 사람이 어떤 사람이었는지 그리고 그 장소의 분위기가 어땠는지부터 파악해야 한다. 피해자는 어떤 삶을 살았을까? 마약상이었을까, 아니면 고등학교 지리 교사였을까? 디지털 저울, 약병, 작은 비닐봉투는 하나의 이야기를 말해주고 있었다. 버켄스탁 샌들, 책장, 공영 방송 로고가 새겨진 캔버스 가방은 또 다른 이야기를 해주었다. 나는 성급하게 판단하지 않았다. 사람은 누구나 의외성을 가지고 있으니까. 단지 고인의 기본적인 생활 습관과 살아온 모습을 느끼려 했을 뿐이다.

잘 정돈된 방에서는 사소한 것들이 더 눈에 띄는 법이다. 반쯤 열린 서랍, 타일에 남은 자국, 화분에서 먼 곳에 떨어진 잎 같은 것들 말이다. 하지만 대부분 지저분하고 어수선하다. 열어보지 않은 우편물이 쌓여 있고, 침실 바닥에는 지저분한 옷들이 널려 있으며, 싱크대에는 설거지거리가 가득하다. 그러나 집안 전체에 먼지가 고르게 쌓여 있는 등 어질러진 정도가 일정하다면, 누군가 건드렸을 가능성은 낮다. 무질서한 공간에도 나름의 질서와 패턴이 있다. 나는 그 패턴이 깨진 곳을 찾는다. 그리고 사건 전과 후의 상태를 파악하면, 사건 자체에 집중할 수 있다. 그건 내 안에 있던 본능과 현장에서 쌓인 경험이 합쳐져 완성된 감각이었다. 성급하게 결론을 내리거나 무언가를 입증하려 들어서는 안 된다. 그저 주의를 기울이고, 공간이 스스로 말하게 두면 된다.

다음은 변한 게 없는지 살핀다. 오래된 영화에 등장하는 고가의 그림이 도난당했음을 보여주는 벽지의 네모난 자국이나, 용의자를 암시하는 와인 잔의 립스틱 자국처럼 말이다. 실제 그렇게 분명한 경우는 드물지만, 눈에 띄는 곳부터 시작하는 것도 나쁘지 않다. 불이 켜져 있는가? 문은 잠겨 있는가? 담배나 향수 등의 냄새는 없었나? 쓰레기통은 어디 있지? 누가 뒤진 흔적이 있는가? 나는 뼈아픈 경험을 통해, 현장에 도착하면 경찰에게 무언가 바꾼 게 없는지 반드시 확인해야 한다는 걸 배웠다. 창문을 열었거나 총기를 옮기지 않았는지 알아야 했다.

웨스트엔드 애비뉴 900번지의 그 아파트를 대강 둘러보기만 해도, 거주자가 깔끔하고 단정하며 교양 있는 사람이라는 걸 알 수 있었다. 거실에서 가장 눈에 띄는 건 반짝이는 소형 그랜드피아노였다. 그 외에는 물건이 많지 않은, 소박한 아파트였다. 깨끗하고, 잘 정돈되어 있었다. 나는 몸싸움의 흔적을 찾았다. 뒤집힌 가구, 찢어진 옷, 깨진 유리 조각 같은. 하지만 아무것도 없었다. 벽에 흩뿌려진 혈흔은 경동맥이 절단되면서 튄 것으로 보는 게 합리적일 것이다. 비산 혈흔의 방향을 분석하면, 가해자가 어디에 서 있었는지 파악하는 데 도움이 될 것이다. 경우에 따라서는, 그가(대개 남성인 경우가 많다) 오른손잡이인지 왼손잡이인지도 특정할 수 있다.

나는 현장 상황을 종합적으로 검토했다. 성인 남성 두 명. 한 명은 거실에서 발견되었으며, 목이 단 번에 잘린 듯 보였다. 상처는 깔끔하게 잘려 있었으며, 주저한 흔적이 없었다. 침실에서 발견된 나이 많은 남자는 목에 여러 개의 베인 상처, 가슴에 찔린 상처 그리고 손에도 몇 군데 얕게 베인 상처가 있었다. 방어흔이었다. 둘 다 결박된 흔적은 없었다. 내가 아는 건 거기까지였다. 이제 내가 모르는 걸 찾아야 한다. 두 사람 중 더 젊은 남자는 거실에서 공격을 받았다. 왜 그들은 서로 다른 장소에 있었을까? 누가 먼저 죽었는지는 알 수 없지만, 거실에 있던 남자가 먼저 공격을 받았다면 침실에 있던 남자는 그 소리를 들었을 가능성이 크다. 어쩌면 공격

장면을 목격했을지도 모른다. 그리고 아마 친구를 도우러 갔을 것이다. 즉, 한 명은 기습을 당했고, 다른 한 명은 범인에게 저항했다는 건가? 그렇다면 피해자의 손톱에서 가해자의 DNA가 발견될 수도 있다. 한 사람이 두 명을 동시에 상대하기란 쉽지 않다. 게다가 두 명을 모두 죽이는 건 더 어려운 만큼, 이 사건은 여러 명이 저지른 범죄가 아닐까. 상처의 상태로 판단하면, 가해자들은 서로 다른 방식으로 살해했다. 한 명은 냉정하고 효율적으로, 다른 한 명은 주저했다. 나는 머릿속으로 이야기를 구성했다. 무슨 일이 있었는지, 공격이 어떻게 이루어졌는지, 두 사람이 각각 어디에 서 있었는지 그려보았다. 살인 사건을 연출하듯.

벽에 튄 혈흔을 촬영한 뒤, 좀 더 멀리 물러나 다양한 각도에서 사진을 찍으며 피해자와 벽 사이의 거리를 측정했다. 일반적인 사진도 찍었다. 아파트 현관에서 바라본 전경 사진과 동서남북 네 방향에서 찍은 사진이다. 이미 확인이 끝난 것 외에, 세면대에서 새로운 증거가 발견되었다. 피를 씻어낸 듯, 희미하게 붉은 빛을 띤 얼룩이었다. 그 사진도 찍은 뒤, 각각의 폴라로이드 사진에 꼼꼼히 라벨을 붙였다.

현장 수사관들과 나는 사진 촬영을 마쳤다. 현장 기록이 완전히 끝날 때까지 시신을 옮기거나 물건을 건드리지 않았다. 다음으로, 나는 두 피해자의 양손을 종이봉투로 덮은 뒤 테이프로 봉했다. 나중에 부검의가 손톱 밑을 긁어 범인의 살점이나 모발 혹은 혈액을 채취할 수 있을지 모른다.

이제 피해자의 시신을 조사하고, 팔다리의 경직 상태를 확인할 순서이다. 시반 즉, 사망 후 혈액이 아래로 몰리면서 피부에 생기는 변색의 양상도 주의 깊게 살폈다. 시신이 옮겨졌는가? 직장 온도를 측정해 사망 시각을 추정한 뒤, 마지막으로 다른 상처가 있는지 훑어보았다. 타박상이나 옷이 찢어진 부분 같은 이상 징후가 있으면, 그것도 사진으로 남겼다. 증거가 어디에서 발견될지 모르기 때문에, 옷이 흐트러지지 않도록 최대한 신경 썼다.

내가 임무를 수행하는 동안, 현장 수사관들도 사진을 찍거나 거리를 측정하는 등 나와 거의 같은 범위를 조사하고 있었다. 시신은 내 소관이고, 현장은 경찰 소관일지라도 어느 한쪽을 무시할 수는 없다. 피해자와 사건 현장은 깊은 관련이 있는 만큼, 겹치는 부분이 있을 수밖에 없다. 장갑을 낀 내 손은 이미 피로 범벅이 된 상황이었기에, 시신을 촬영하는 수사관들을 도울 수 있었다. 머리의 방향을 바꾸며 베인 상처를 보여주거나, 손을 들어 올려 칼에 찔린 상처를 보여주는 등 그들이 해야 할 일을 대신했다. 그들의 손까지 더럽힐 필요는 없다.

"도와줄까요? 신발에 피가 잔뜩 튄 걸 보니 아마 서 있을 때 베인 것 같아요. 잘 보이도록 발을 살짝 돌려줄게요."

"고마워요, 좋네요."

형사가 대답했다.

"오, 여길 봐요. 상처에 주저흔이 있어요. 끝부분이 들쭉날쭉한 거 보이죠?"

나는 일부러 대화하듯 편안한 어조로 말했다.

경찰이었던 아버지 덕분에, 나는 형사들 앞에서 어떻게 행동해야 하는지 잘 알고 있었다. 동요하지 않고, 침착하게, 유머 감각도 잃지 않는 것이다. 살인 사건 현장에 '탈빗' 정장을 입고 나타나, 상처의 특징에 흥분하며 친근하게 구는 여자를 그들은 어떻게 보았을까 궁금했다. 내가 프로처럼 보였다면, 그들은 내가 일을 제대로 할 줄 아는 사람이라고 믿었을 것이다. 그래서 나는 언제나 형사들처럼 단정한 정장을 입었다. '여성 법의조사관'이자 그들의 동료로 인정받고자 했던 것이다.

＊

피해자는 60세의 밀턴 셋저와 25세의 에릭 프라이스로 잠정 확인되었다. 잠정적이라는 건, 아파트에서 운전면허증이나 신분증 등이 발견되었지만, 확실한 신원 확인을 위해서는 지문 채취나 유족의 시신 확인이 필요하다는 뜻이다. 몇 년 뒤에는 분쟁 가능성에 대비해 DNA 샘플도 채취했지만, 1993년 당시에는 육안으로 하는 신원 확인이면 충분했다.

내가 작업하는 동안, 형사들은 건물을 돌아다니며 이웃 주민과 경비원에게 이야기를 듣고 있었다. 그때 경비원이 두 남자가 피아노를 판다는 광고를 보고 찾아왔었다고 전했다. 두 명의 용의자. 얼마 후, 형사들은 이 사건이 며칠 전 파크 애비뉴에서 발생한 부부 살인 사건과 관련이 있다는 사실을 알아내고 수사에 착수했다. 이중 살인 자체도 흔치 않은데, 불과 몇 주 간격으로 발생하는 경우는 더욱 드물다. 우연일 가능성은 낮았다. 파크 애비뉴에서는 인도 출신 케드커 왕자와 그의 아내 네네슈카 왕비가 살해된 채 발견되었다. 왕비는 벨트로 목이 졸린 후 베개에 짓눌려 질식사했고 왕자는 목이 베여 피 웅덩이 속에서 발견되었다. 슬래서 영화를 제외하면, 목을 베는 경우는 드물다. 지나치게 과장되고 연출적인 수법이자 피해자에게 직접 가해지는 매우 밀접한 행위이기도 하다. 교살과 마찬가지로, 가정 폭력 사건에서 주로 나타나는 수법이다 보니 처음 경찰은 이 부유한 사교계 인사들의 죽음을 살인 후 자살 사건으로 생각했다.

나는 파크 애비뉴 사건 현장에는 가지 않았지만, 그 사건을 담당한 조사관 리틀 조와 이야기를 나눴다. 리틀 조는 그의 별명대로 키가 작고, 열정적이며, 수다스러운 남자였다.

"당신도 그 아파트를 봤어야 하는데, 엄청난 부자더라니까. 집안에 있던 물건들은 촌스러웠지만 말이야. 보석들도 전부 가짜 같더라고."

그는 그렇게 말하며 '가짜' 같다던 물건들의 사진을 몇 장 보여주었다. 너무나 화려하고 정교해서 도저히 진품이라고는 믿기 힘든 물건들이었지만, 실제 진품이었다.

두 사건 모두 강도가 목적이었던 것으로 보였다. 왕자 부부는 누가 봐도 부유층이었으며, 소형 그랜드피아노를 팔려고 내놓은 피해자도 범인의 눈에는 부자로 보였을 가능성이 높았다. 그러나 사망 유형의 유사성에도 불구하고 범행 현장은 확연히 달랐다. 왕자의 파크 애비뉴 저택은 훗날 판사가 '지옥의 로드 무비 속 한 장면 같았다'고 했을 만큼 쑥대밭이었지만, 웨스트엔드의 아파트는 거의 어지럽혀져 있지 않았다.

두 사건의 범인은 동일 인물일까? 두 번째 범행이 더 효율적이었던 건 범인의 경험이 쌓였다는 증거일까? 아니면 하나는 충동형 살인범의 소행이고, 다른 하나는 공범인 계획형 살인범의 솜씨를 보여주는 걸까? FBI의 헤이즐우드라면, 두 명의 범인이 저지른 이 두 건의 이중 살인을 어떻게 해석했을지 궁금했다. 프로파일러의 선구자는 이 사건을 어떻게 분석했을까?

경찰은 곧 이 네 건의 살인 사건이 56세의 소시 코보와 21세의 토니 리 심슨과 관련이 있다는 사실을 밝혀냈다. 두 사람은 뉴욕에서 네바다로 도주해, 셋저와 프라이스의 신용카드를 사용하며 생활하고 있었다. 코보와 심슨은 단순한 공범 이상의 친밀한 관계를 맺고 있었으며, 그것이 결국 그들을 파멸로 이끌었다. 네바다 주 리노에 도착한 지 열흘 만에 두 사람은 크게 다투었다. 심슨은 코보를 떠났고, 화가 난 코보는 리노 경찰에 전화를 걸어 파트너와 '문제가 있다'고 말했다. 그러면서 심슨이 맨해튼에서 일어난 살인 사건의 용의자로 지명 수배되었다고 덧붙였다. 결국 두 사람은 뉴욕으로 압송되었고, 그때 내가 다시 이 사건에 관여하게 되었다.

나는 범죄 현장에서 시신을 조사하고 신원을 확인하는 일뿐 아니라, 용의자에 대한 후속 조사를 맡을 때도 있다. 현장에서 수집된 증거와 대조하기 위해 혈액이나 음모 등의 생물학적 증거를 채취하는 것이다. 당시는 DNA 감정이 법의학 분석에 도입된 지 얼마 되지 않은 시기였다. 그로부터 2년 뒤, O. J. 심슨의 살인 사건 재판이 TV로 중계되면서 대중은 DNA에 크게 관심을 갖게 되었다. 하지만 1993년 당시, 일반인들의 지식은 영화《쥐라기 공원》의 미스터 DNA라는 캐릭터가 분자를 이용해 공룡을 복제하는 과정을 설명하는 장면이 전부였다.

지금은 면봉으로 입안의 점막을 문지르면 끝나지만, 내가 코보와 심슨의 DNA 시료를 채취해야 했을 때는 그야말로 단호한 손길이 필요했다. 혈액을 채취하는 것뿐 아니라, 검사에 필요한 모낭을 충분히 확보하기 위해 머리카락을 뿌리째 한 움큼 뽑아야 했던 것이다. 이 과정을 통해 나는 두 남자가 얼마나 다른지 깨닫고, 연쇄 살인범에 대한 나만의 관점을 발전시키기 시작했다.

토니 리 심슨은 냉정하고 분석적인 타입이었다. 얼음처럼 차가운 시선으로 상대를 뚫어지게 바라보지만, 가까워지려는 시도는 하지 않았다. 그는 내내 나를 평가하며, 내가 자신에게 어떻게 도움이 될 수 있을지 가늠했다. 그에게는 모든 사람이 사냥감이었다. 이 냉혹한 살인범의 반대편에는 매력적인 살인범이 있었다. 이번 사건에서는 조지 코보가 그랬다. 그는 웃으며 악수를 청하고, 오늘 하루가 어땠는지 묻는 사람이었다. 어떻게든 환심을 사서 자기편으로 만들려는 것이었다.

그들도 내가 그들을 내 편으로 만들어야 한다는 걸 알고 있었을까?

DNA를 얻으려면 피의자의 동의가 필요하다. 법원 명령을 받아 강제로 채취할 수도 있지만, 아무도 그렇게 하고 싶어 하지 않는다. 교도관들이 거구의 남성을 탁자에 붙들어두고 시료를 채취하는 장면을 떠올려보기 바란다. 여기에 주사바늘까지 더해지면, 자칫 큰 사고로 번질 수 있다.

시간이 지나면서 나는 상대를 설득하는 법을 배웠다. 차분하고 논리적으로, 상대가 원하는 것을 건드리는 방식이다. 허시 박사는 '누구나 원하는 게 있다'고 했다. 그러면서 '그게 뭔지 알아내고, 그걸 주는 방법을 알게 된다면 자네가 원하는 것도 얻을 수 있을 걸세'라고 덧붙였다. 피의자가 거부하면, 나는 먼저 남성의 자존심에 호소하는 방법을 시도했다.

"사실 저 사람들은 당신을 짐승처럼 묶어 놓고 시료를 채취하길 바랄 거에요. 하지만 꼭 그럴 필요는 없잖아요. 어쨌든 혈액은 채취할 테고, 당신에겐 두 가지 선택지가 있어요. 조금만 참고 내게 협조하든지 아니면 그들 손에 맡겨지든지. 선택은 당신 몫이에요."

경찰은 두 피의자를 1번가 520번지에 있는 뉴욕시 검시국 본부로 데려왔다. 물론, 시료 채취를 위해 불려온 이들 중 상당수는 무죄였지만, 형사들은 이번 체포에 대해 내게 이렇게 말했다.

"이 둘은 틀림없어요. 코보는 자기 애인에 대해 너무 빨리 털어 놓는 바람에, 변호사가 그의 입을 틀어막아야 했을 정도였다니까요."

먼저, 토니 리 심슨이 들어왔다. 갈색 곱슬머리의 잘생긴 청년으로, 턱선이 갸름하고 날렵한 인상을 주었다. 그는 한 마디도 하지 않았지만, 반항인지 무관심인지 알 수 없는 태도는 신중하게 접근해야 한다는 신호였다. 나는 자신을 소개한 뒤, 혈액과 머리카락을 채취해야 한다고 설명했다.

내가 주사기와 서류를 준비하는 동안 심슨은 입을 다문 채, 사나운 눈빛으로 나를 바라보고 있었다. 그는 의자에 기대 앉아 내가 하는 말을 묵묵히 들었다. 빠져나갈 길이 없다는 걸 알았을 것이다. 이유는 모르지만, 그는 고개를 끄덕이며 DNA 채취에 동의했다. 하지만 끝내 한 마디도 하지 않았다. 시료를 채취하는 동안 심장이 요동치는 걸 느꼈다. 입안에서는 차가운 금속 맛이 났다. 나는 그가 얼마나 끔찍한 짓을 저지를 수 있는 사람인지 생생히 목격했다. 당장이라도 달아나고 싶은 본능을 간신히 억눌렀다. 그동안 그는 말없이, 가만히 앉아 있었다.

반면, 코보는 입을 다물 줄 몰랐다.

"안녕하세요. 이게 다 뭐죠? 나한테 뭘 하시려는 거예요?"

조지 코보는 심슨보다 훨씬 나이가 많았다. 아버지라 해도 믿을 정도였다. 땅딸막한 체구에, 배가 약간 나오고, 머리숱이 적었으며, 안경을 쓰고 있었다. 길에서 마주쳤다면, 렉싱턴가에서 골동품이나 수집품 혹은 유품 판매 등에서 사 모은 물건들을 파는 상점 주인이라고 생각했을지 모른다. 할머니에게 줄 선물을 고르는 손님을 위해 진열장 앞에 몸을 숙이고 앉아, 도자기 인형을 꺼내는 그의 모습이 그려졌다. 동시에 그가 시신 위에 몸을 숙이고 있는 모습도 떠올랐다.

나는 코보에게도 그의 파트너에게 했던 것처럼 자기소개를 하고 시료 채취에 대해 설명했다. 그의 반응만 보면, 마치 칵테일파티에서 대화를 나누는 느낌이었다. 내가 그의 벗겨진 머리에서 서른 가닥 정도의 머리카락을 뽑아야 한다고 하자, 그는 장난스럽게 짧은 비명을 내질렀다.

"세상에, 안 돼요! 벌써 많이 빠졌는데, 한 가닥도 더 내줄 수 없어요. 그렇게나 많이 뽑아야 해요?"

하마터면 웃음을 터트릴 뻔 했지만, 간신히 참았다. 그는 매력적인 사람이었다. 그건 인정한다. 하지만 그는 잔인하고 무자비한 사이코패스 살인마였다. 나는 국장의 조언을 떠올리며, 그가 주도권을 쥔 것처럼 느끼게 해 협조를 이끌어내기로 했다.

"미안해요, 코보 씨. 하지만 서른 가닥 정도가 꼭 필요하거든요. 원하시면 최대한 티 안 나게 골고루 뽑아드릴게요."

"고마워요, 아가씨. 조지라고 불러도 돼요."

세상에. 내가 연쇄 살인범과 다정하게 대화를 나누고 있다니. 이 일은 정말 흥미로웠다. 이런 이야기를 아무한테도 할 수 없다는 게 아쉬웠다. 모니카에게 이 둘이 얼마나 다른지 이야기해줄 수 있었다면 좋았을 텐데. 아마 나는 심슨과 코보야말로 인간의 모든 두려움이 극대화된 모습이며 '최악의 경우는 무엇일까?'라는 물음에 대한 답이었다고 말했을지 모른다. 그녀는 눈을 크게 뜨고 고개를 끄덕이며, 쉴 새 없이 캐물었을 것이다. 어쩌면 이 모든 일을 이해하는 데 도움이 되었을지도 모른다. 다행히 우리의 우정은 내가 이사하면서 소원해졌고, 한동안 그녀를 만나지 않았다. 우리는 조사 중인 사건에 대해서는 당국의 관계자 이외에는 이야기하면 안 된다는 규칙이 있었다. 그래서 나는 이 모든 걸 혼자 간직했다. 익숙한 일이었다.

그 좁은 방에서 살인 혐의를 받는 자와 함께 서 있으니, 웨스트엔드 애비뉴의 살해 현장을 떠올리지 않을 수 없었다. 둘 중 누가, 누구를 죽였을까? 토니 리 심슨이 젊은 에릭 프라이스의 뒤에 서서 냉혹하게 그의 목을 베었을까? 아니면 조지가 자기 또래의, 비슷한 취향을 가진 밀턴 셋저를 죽이면서 주저했을까? 심문 중, 두 사람은 서로에게 살인의 책임을 떠넘겼다. 조지 코보는 심슨을 사랑했기에 그가 시키는 대로 했을 뿐이라고 주장했고, 심슨은 코보가 자신의 은밀한 사진을 가족에게 보내겠다고 협박해 어쩔 수 없이 범행에 가담했다고 말했다. 심슨은 강도에 가담한 사실은 인정했지만, 살인은 강요에 의해 억지로 협력한 것이라고 진술했다. 그러나 두 남자를 제압해 살해하려면 '상당한 노력'이 필요했을 것으로 판단되어, 결국 그의 주장은 받아들여지지 않았다.

두 사람 모두 살인과 강도죄로 유죄 판결을 받았다. 조지 코보는 복역 중 사망했고, 토니 리 심슨은 100년 형을 선고 받고 복역 중이다. 〈뉴욕 데일리 뉴스〉에서는 재판에 출석한 그들을 '냉혹한 살인

마'라고 보도하며 세상을 떠들썩하게 만들었지만, 우리는 여전히 그날 무슨 일이 있었는지 진실을 알지 못한다. 두 사람의 왜곡된 공모 관계가 어떤 것이었는지에 대해서도.

대부분의 연쇄 살인범들은 20대 후반에 범행을 시작한다고 한다. 조지 코보는 56세에 뉴욕에서 네 건의 살인을 저질렀다. 그 나이에 무엇이 그를 범행으로 이끌었을까? 어쩌면 나처럼 늦게 눈을 뜬 걸지도 모른다. '신의 섭리'가 나를 이 길로 이끌었고, 알코올 중독이라는 불운이 나의 소명을 찾게 해준 의외의 축복이 되었듯이 말이다. 어쩌면 '악마의 섭리'가 코보를 그 참혹한 길로 이끌었을 수도 있다. 혹은 두 사람이 만나 서로에게 정신병적 망상을 전염시키는 '공유 정신병(folie à deux)'이었을 수도 있다. 한때는 첫 살인이 단순히 강도에 실패하면서 벌어진 일이고, 그 후로 상황이 악화된 것일지도 모른다고 생각했다. 하지만 사건 현장이 너무나 잔혹하고, 과시적이며, 의도적이어서 그런 설명만으로는 납득이 가지 않았다.

나는 프로파일러가 어떻게 분류할지 궁금했다. 아마 코보와 심슨 모두 '계획형' 연쇄 살인범이었을 것이다. 코보는 자신의 '젊은 동료'를 소개하겠다며, 왕자 부부와 칵테일 자리를 마련했다. 마찬가지로, 살인범들은 판매 중인 피아노를 보겠다며, 밀턴 셋저와 에릭 프라이스를 만나기로 했다. 두 사건 모두 치밀하게 계획된 범행이었다.

하지만 계획형과 충동형이라는 두 가지 큰 분류만으로는 설명할 수 없는 요소도 있었다. 토니 리 심슨은 냉정하고 교활했다. 그의 짐승 같은 눈빛은 공허하고, 건조했다. 그의 눈은 나를 보고 있으면서도, 보지 않았다. 아무 감정도 내비치지 않은 채, 늑대처럼 먹잇감을 노리고 있었다. 그는 내 움직임을 눈으로 쫓으며, 나를 공포로 몰아넣었다. 한편, 조지 코보는 전혀 두렵지 않았다. 이 땅딸막한 남자에게는 어딘가 평범한 구석이 있었다. 친근한 태도로 자학적인 농담까지 곁들이며 나와 소통하려 했다. 칭찬과 협조. 가벼운 잡담. 그는 나를 웃기려고 애썼다. 상황이 달랐다면, 나는 그에게 호감을 느꼈을지도 모른다. 그가 네 사람을 잔혹하게 살해했다는 사실을 스스로 되새겨야 했다. 그 이면성이 두려웠다.

제 5 장
화이트하우스 호텔

　어릴 때는 모두 비슷하게 산다고 생각했다. 누구나 아파트나 주택에서 살고, 적당히 깨끗한 집안에는 편안한 가구가 놓여 있으며, 냉장고에는 음식이 들어 있고, 침대 밑에 굴러다니는 먼지 뭉치를 입에 넣는 어린 남동생이 있는 그런 생활을 한다고 믿었다. 하지만 언젠가 그런 생각이 틀렸다는 걸 깨닫는 날이 온다. 내가 처음으로 나와는 다른 삶의 방식이 존재한다는 걸 알게 된 건 열여섯 살 때였다. 어느 날, 나는 친구 패티와 함께 맨해튼행 롱아일랜드 철도를 타고 그리니치빌리지로 향했다. 특별한 계획이나 목적지도 없이, 그저 맥두걸가의 멋진 사람들 사이에 섞여 놀고 싶다는 생각뿐이었다. 우리는 따분한 교외 동네에는 없는 흥분, 활기, 색채를 느낄 때까지 거리를 거닐었다.

　펜실베이니아 역에서 내린 우리는 A선 전철을 타고 웨스트 포스로 향했다. 그때 우리는 지하철 승강장 구석에서 골판지 상자로 만든 거처에 웅크려 앉은 남자들을 보았다. 지저분하고 헤진 옷을 입고, 벌겋게 튼 맨발은 오랫동안 씻지 않은 듯 더러웠다. 한 남자는 보도에 다리를 꼬고 말없이 앉아 있었다. 재킷에 달린 황동색 휘장을 보니, 참전용사일 수도 있었다. 한쪽에는 더러운 두건과 페이즐리 무늬 숄을 두른 젊은 여자도 있었다. 한쪽 팔로 콧물을 훌쩍이는 어린아이를 안고, 다른 손에는 동전이 든 컵을 들고 있었다. 아무것도 줄 것이 없는 내 자신이 부끄러웠다. 패티의 표정을 보니, 그녀도 같은 마음이라는 걸 알 수 있었다. 그것은 일종의 깨달음, 인생이 결코 공평하지 않다는 걸 깨달은 슬픈 순간이기도 했다. 그걸 깨닫는 순간부터 세상이 조금 다르게 보인다. 하지만 오래 가지는 않는다. 곧 다시 예전처럼, 자신을 중심에 두고 세상을 바라보게 된다.

그러다 보면, 영영 자신을 바꿔놓는 사건이 찾아오기도 한다. 나에게 그것은 1994년 봄, 처음으로 '화이트하우스'에 발을 디뎠을 때였다. 화이트하우스는 당시 빈민가로 불리던 바워리 가에 마지막으로 남은 허름한 여관으로 'SRO(Single-Room Occupancy, 단독 객실을 갖춘 저가 숙소)'라고도 불렸다. 좁은 객실 안에 트윈 침대 하나와 운이 좋으면 탁자나 옷장이 비치되어 있었다. 주방은 없고, 욕실은 다른 거주자들과 공동으로 사용했다. 요즘 이런 SRO가 다시 늘고 있다는 이야기를 들었다. '마이크로 아파트'라는 이름으로 바뀌어, 치솟는 임대료와 주택 부족 문제를 해결할 수 있는 경제적인 대안이라고 선전하지만, 나는 그렇게 생각하지 않는다.

무전실의 샬린이 화이트하우스로 가라고 했을 때, 나는 우리 관할 밖이라는 식의 농담을 했던 것 같다. 아니면 대통령에 관한 농담이었을지도 모른다. 뭐가 됐든, 그녀가 무전기 너머에서 짜증 섞인 표정을 짓고 있으리란 걸 알았다. 우리 사이의 사소한 장난이었다. 나는 재밌는 척, 그녀는 짜증난 척을 했다. 나는 미스터 웰스에게도 농담을 건넸다.

"화이트하우스로 가시죠, 웰스 씨. 나라를 위해 봉사할 준비는 되셨나요?"

그는 입 꼬리를 슬쩍 올리며 '하'하고 짧게 웃었다.

"SRO에 가본 적 있어요?"

미스터 웰스는 바워리 가로 차를 몰며 점잖게 내게 물었다. 남들이 하찮게 여길 법한 장소나 사람에게도 예의를 잃지 않는 그의 태도는, 내가 그를 신뢰하게 된 이유 중 하나였다. 나도 꽤 형편없는 곳에서 살아보긴 했지만, 이렇게 오래된 기숙사 같은 건물은 처음이라고 대답하자 그가 말했다.

"예전엔 이런 곳이 많았어요. 누구나 아파트를 살 형편이 되는 건 아니잖아요. 그래도 잘 곳은 있어야 하니까."

미스터 웰스는 대공황 시절, 할렘의 크고 오래된 아파트들이 독신자용으로 개조되어, 주 단위로 임대되었다는 이야기를 들려주었다. 어퍼웨스트사이드와 바워리 가 일대의 오래된 호텔들은 SRO로 바뀌었고, 바워리 가는 뉴욕의 빈민가로 변했다.

나는 미스터 웰스가 운전하는 차를 타는 게 좋았다. 그는 솔직하고, 세상 물정에 밝았으며, 역사책에서는 접할 수 없는 뉴욕의 일화를 속속들이 알고 있었다. 1940년대 할렘에서 자란 그는, 동네는 물론 그 밖의 지역 재즈 음악가와 유명 인사들까지 훤히 알고 있었다. 애덤 클레이턴 파월 대로에 있는 옛 '호텔 테레사' 건물을 지날 때는, 이런 이야기를 들려주기도 했다.

"여긴 '할렘의 월도프'라고 불리던 곳이에요. 유명 인사들이 다여기 묵었죠. 무하마드 알리, 듀크 엘링턴, 말콤 X까지. 거물들이모두 이곳으로 모여들었어요. 레나 혼도 봤다니까요. 누군지 알죠?"

나는 고개를 끄덕였다.

"1960년쯤이었나, 피델 카스트로가 왔을 때였어요. 유엔에서 연설을 하려고요. 시내의 고급 호텔에 갔더니 현금을 미리 내라고 하더래요. 쿠바의 대통령을 무명 인사 취급한 거죠. 결국 그는 호텔 테레사로 갔어요. 일행을 위해 백 개가 넘는 방을 잡았대요. 그리고 대통령과 장관들이 그를 만나러 이곳으로 온 거죠. 할렘의 역사적인 하루였어요. 사람들의 시선이 집중되었거든요."

화이트하우스로 향하던 그날, 차 안에는 동승자가 있었다. 뉴욕시 검시국에서 4주간 실습을 하게 된 브라이언이라는 의대생이었다. 내가 SRO에 대해, 결국은 돈과 부동산 문제라고 하자 그가 끼어들었다.

"다들 부동산 탓을 하지만, 많은 사람들이 SRO를 폐쇄해야 한다고 주장했어요."

"그래요, 집주인들이 거주 환경에 신경이나 쓴 것처럼 말이죠."

"물론 좋은 일 한다는 사람들도 있었겠죠. 하지만 당신 말이 맞아요. 대부분의 정치인과 사업가들에게는 시장 가치가 전부니까요."

"결국은 시장 논리로 귀결되는 거야. 돈의 흐름을 쫓아라, 그러면 답이 나오리니."

"그럼 그 건물들이 무너질 때까지 그냥 두자는 건가요?"

"사람들이 감당할 수 있는 게 그것뿐이라면, 폐쇄해봐야 무슨 소용이 있겠어?"

나는 점점 짜증이 치솟았다.

"그 사람들이 중개인에게 전화해서 어퍼이스트사이드에 집을 구해달라고 할 수 있는 것도 아니잖아."

나는 미스터 웰스를 쳐다보았다. 그는 이런 학생들을 수없이 많이 겪었을 것이다. 나는 그가 브라이언에 대해 어떻게 생각할지 궁금했다.

브라이언의 '방과 후 강연'이 계속되었다.

"아버지 말로는 70년대는 힘든 시기였대요. 포드 대통령이 시의 재정 지원을 끊었을 때, 신문에 '시를 향한 포드의 선전포고'라는 기사가 실렸다는 얘기도 들었어요. 그런 상황에서 누가 뭘 할 수 있었겠어요?"

미스터 웰스는 한쪽 눈썹을 치켜 올리며 생각에 잠긴 듯한 표정을 지었다.

"흠, 아는 게 많은 청년이군요. 안 그래요?"

그가 내게 중얼거렸다.

우리는 2번가를 달려 시내에서 가장 맛있는 피에로기를 파는 '베셀카'를 지나고, 세인트 마크스 플레이스의 헤드 숍(Head shop, 대마 관련 흡연 용품 판매점)들을 지나 3번가로 접어들었다. 거기서 미스터 웰스의 역사 강의가 다시 시작되었다.

"전에도 말했지만······여기가 '쿠퍼 유니언'입니다. 에이브러햄 링컨이 연설한 곳이죠. 대통령이 되기 전에요. 지금은 건축가를 키우는 학교예요. 이 동네 출신 유명인들도 많아요. 다들 처음엔 가난했죠. 거슈윈 형제, 라과디아 시장, 로버트 드 니로. '나한테 하는 말이야?(You talkin' to me?, 영화 《택시 드라이버》의 로버트 드니로가 했던 유명한 대사)' 이 대사는 알죠?"

브라이언은 말없이 고개를 끄덕였다. 4번가에 가까워질수록 건물들은 점점 더 초라해졌다. 이게 바로 내가 뉴욕을 사랑하는 이유이다. 서로 너무나 다른 동네들이 뒤섞여 뉴욕과 뉴요커를 만들어 낸다. 전 세계에 어디에도 이런 곳은 없을 것이다. 지금은 로어이스트사이드의 허름한 건물에서 일어난 사건 현장으로 가고 있지만, 며칠 전만 해도 5번가의 고급 복층 아파트를 방문했었다. 5번가라는 주소가 주는 이미지 그대로, 모든 것이 호화로웠다. 한 층에 한 세대만 사는 구조라, 오크 패널이 둘러진 승강기 문이 열리자 금박으로 장식된 거대한 흰색 기둥과 짙은 녹색 현관이 나타났다. 글로리아 이모가 '세련됐다'고 했을 법한 곳이었다.

그날 나를 맞이한 건 50대쯤으로 보이는 잘생긴 남자였다. 호피무늬 안경을 쓰고 빳빳한 흰색 셔츠, 회색 플란넬 바지 차림이었고 맨발에 비싼 로퍼를 신고 있었다. 그는 나를 더 넓은 현관 홀로 안내했다. 그곳에는 두 명의 경찰이 가느다란 다리의 루이 15세 양식 의자에 불편하게 앉아 있었다.

"와 주셔서 감사합니다."

그가 말했다.

"폐를 끼쳐 죄송하지만, 어머니의 주치의와 연락이 닿지 않아서요. 어머니는 위층에 계십니다. 이쪽으로 오시죠."

그가 왼편에 있는 곡선형 계단을 가리켰지만, 나는 눈앞에 펼쳐진 광경에 넋을 잃고 서 있었다. 방 안에 있는 모든 창마다 붉고 노란 빛으로 물든 센트럴 파크가 액자처럼 걸려 있었고, 앤티크 가구는 섬세하고 우아했으며, 바닥에 깔린 카펫은 비단결처럼 부드러워 보였다. 옅은 청색과 녹색이 주를 이루고, 옅은 분홍색이 곳곳에 포인트를 주고 있었다. 건축 잡지에 실린 화보처럼 보였지만, 그럼에도 편안하고 환영받는 느낌이 드는 곳이었다.

"멋진 전망이죠? 어머니가 이 방을 좋아하셔서, 대부분의 시간을 여기서 보내셨어요. 사실 이곳이 어머니의 사무실이었죠."

나는 그녀가 어떤 일을 했는지 물었다.

"가족 재단이 있어요. 어머니가 이끌었죠. 아동 건강과 교육이 주요 분야입니다."

그는 창밖을 바라보다 무언가를 떠올린 듯 나를 돌아보며 미소 지었다.

"어머니가 후원한 사우스 브롱크스의 유치원 개원식에서의 모습을 보셨으면 좋았을 텐데. 아이들과 학부모들에게 둘러싸인 그날, 정말 행복해하셨죠."

그는 몸을 돌려 가볍게 기침하더니, 안경을 벗어 눈을 비볐다.

우리는 2층으로 올라갔다. 내가 본 것 중 가장 큰 침실이었다. 교외 저택의 거실 두 개를 합쳐놓은 듯한 크기였다. 곡선을 이루는 벽 한쪽에는 크림색 실크를 퀼팅한 헤드보드가 달린 침대가 놓여 있었다. 옅은 하늘색 가운을 걸친 노부인은, 숨을 거둔 후에도 품위를 잃지 않고 자수 베개에 기대어 가슴까지 고급 시트로 덮여 있었다. '프레떼(Frette)'의 시트라는 걸 알 수 있었다. 나는 부유한 사망자들의 집에서 값비싼 물건들에 대해 배웠다.

아들은 어머니의 병력과 복용 약을 알려주었다. 향년 87세, 고혈압, 관상동맥 질환, 과거 흡연 경력, 경증의 만성 폐쇄성 폐질환을 앓고 있었다. 최근 흉통과 호흡 곤란이 있었다고 한다. 그는 내가 시신을 살펴보는 동안 복도에서 기다렸다. 그녀의 다리가 부어 있는 것을 확인했다. 울혈성 심부전에서 흔히 나타나는 증상이었다. 외상은 없었다. 사후 경직, 시반, 체온 모두 마지막 접촉 시각과 일치했다. 입술 안쪽에 질식의 흔적으로 보이는 찰과상은 없었다. 사람의 입과 코를 세게 막으면 숨을 쉬려고 머리를 앞뒤로 흔들게 되는데, 그 과정에서 입술이 이에 부딪치며 손상되거나 윗입술을 잡아주는 막(소대)이 찢어질 수 있다. 그러나 그녀에게는 그런 흔적이 전혀 없었다.

자연사였다. 보통은 주치의가 처리했을 일이지만, 그는 어디선가 골프를 치고 있었다. 나는 신원 확인서를 작성하는 데 집중했다. 뉴욕시에서는 이 서류가 없으면 존재할 수도, 공식적으로 죽을 수도 없다. 이 서류가 개인을 정의한다고 말하지만, 글쎄 정말 그럴까.

서류 작업을 하다 문득 벽을 가득 메운 그림들이 눈에 들어왔다. 그녀는 예술 작품에 둘러싸여 있었고, 침대에서도 그것을 감상할 수 있었다. 나는 시신을 정중히 덮은 뒤, 그녀의 아들을 불렀다. 그는 내가 방을 둘러보는 것을 눈치 챘다. 벽에는 인상파 화가들의 걸작들이 걸려 있었다. 드가, 모네, 세잔 등 유명한 회가들의 자품이었다. 진품처럼 보였지만, 내가 알아볼 리 없었다. 미술관이라고는 낭만적인 데이트 장소라서 가본 '프릭 미술관'이 전부였다.

"어머닌 훌륭한 그림 수집가셨어요. 감상해 보시겠어요?"

나는 주저했다. 시 규정에 어긋날 수도 있고, 방금 어머니를 잃은 사람 앞에서 무신경하게 보일까 걱정도 됐다.

"아니요. 호의는 감사하지만, 지금은 다른 생각으로도 충분히 바쁘실 텐데요."

"괜찮습니다. 어머니도 누군가 자신의 소장품을 즐겨 주신다면 좋아하실 겁니다. 둘러보세요."

나는 천장에서 내려오는 부드러운 조명이 하나하나 비추는 그림들을 바라보며, 호화로운 방 안을 천천히 걸었다. 안개 낀 숲속을 거니는 여인들, 에메랄드빛 풀밭 위에서 얇고 투명한 흰 드레스가 생기를 머금은 색채 속에서 춤추듯 빛나고 있었다. 와인과 과일이 놓인 소풍 장면에 나도 모르게 미소가 지어졌다. 나도 그곳에 있고 싶었다. 가까이에서 보면 많은 그림이 그저 색채를 찍어 놓은 듯 보였다. 거실에서 보았던 것과 같은 파스텔 톤이었다. 그러나 한 걸음 물러서자, 각각의 점들이 모여 꽃이 만발한 정원, 빛과 그림자가 비치는 연못, 언덕 위의 석조 농가가 나타났다. 옛 거장들의 그림에서 흔히 보던 어두운 갈색이나 짙은 적색이 아니었다. 그 안에는 생기와 활력 그리고 웃음이 있었다. 기쁨이 넘치고 있었다.

그는 내가 그림의 본질을 깨닫고 무언가를 느끼는 순간을 알아차린 듯 미소 지었다. 각각의 장면에는 이야기가 담겨 있었다.

나는 그에게 훌륭한 그림을 감상하게 해준 것에 대해 감사 인사를 건넸다. 그리고 방을 나서기 전, 침대에 누운 여인에게도 고개를 숙이며 조용히 감사의 인사를 전했다.

화이트하우스로 들어서면서, 그 부인과 그녀의 아들을 떠올렸다. 이보다 더 대조적인 두 장소는 없을 것이다. 고풍스러운 입구는 이미 오래전에 낡아 있었고, 지워지지 않은 낙서 자국이 여기저기 남아 있었다. 바닥의 흰색 모자이크 타일은 길게 금이 가 철제 계단까지 이어져 있고, 계단의 리놀륨 발판도 벗겨져 있었다. 허름한 로비에는 더러운 벽돌로 된 벽에 다중 창문이 달려 있고, 플라스틱 의자가 몇 개 놓여 있었다. 앉고 싶어지는 곳은 아니었다. 그럼에도 뺨이 움푹 팰 정도로 비쩍 마른 남자가 카드게임용 탁자 가 장자리에 앉아, 누가 쫓아내면 곧장 달아날 듯한 태세를 취하고 있 었다. 문가에는 스무 살 정도 되어 보이는 남자가 친구를 기다리는 것처럼 주위를 살피고 있었다. 그러나 몇 초마다 눈이 풀리며 고개 를 떨어뜨렸고, 팔을 긁적이거나 코를 문지르는 등 전형적인 헤로 인 환각 상태를 보였다.

현장으로 가는 차 안에서 미스터 웰스는 화이트하우스가 1820년 대에 처음 지어졌다고 알려주었다. 처음엔 잡화점이었지만, 1900 년대 초 그 지역이 뉴욕의 극장가였을 무렵 값싼 호텔로 바뀌었다. 어떤 겉치레도 없이 그저 6달러에 몸을 뉘일 수 있는 곳, 사람들을 위한 창고였다.

미스터 웰스는 이중 주차한 차에 남아 있고, 브라이언은 나를 따 라 들어왔다. 빳빳한 셔츠와 넥타이를 맨 '미스터 아이비리그'는 프 런트로 향하면서 살짝 비틀거렸다. 그는 말이 없었다. 5번가의 호 화로운 아파트에 있던 경찰들만큼이나 이곳과 어울리지 않았다. 내가 목격자들에게 질문하지 말고, 나 말고는 누구와도 이야기하 지 말라고 주의를 주었지만, 그럴 필요는 없었던 듯하다. 그는 몸 을 움츠린 채 벽에 붙어 있었다. 안전한 울타리를 벗어나, 뜻밖의 교육을 받게 된 어린아이 같았다. 나도 그 기분을 잘 안다. 그걸 각 성이라 부르든, 눈이 번쩍 뜨이는 순간이라 부르든, 세상에 얼마나 다양한 사람과 삶이 존재하는지를 깨닫는 순간은 큰 충격으로 다 가온다. 나 역시 이 일을 시작하기 전까지는 그와 마찬가지로 세상에 무지했다.

로비 뒤편의 작은 사무실에서 지배인이 나왔다.

"네이트예요."

그가 손을 내밀며 말했다.

"반가워요. 이쪽으로 오세요. 시신은 뒤쪽에 있어요."

그는 구릿빛 피부에 은빛 머리를 뒤로 넘긴 잘생긴 남자였다. 입에 문 담배는 그가 말할 때마다 마치 지휘봉처럼 위아래로 움직였고, 특히 짜증을 낼 때는 더욱 격하게 흔들렸다.

"잠깐 실례할게요, 아가씨."

그가 내게 말하더니 갑자기 소리쳤다.

"이봐! 당장 그 계단에서 꺼져! 어슬렁거리지 말라고 했을 텐데!"

야구 모자를 쓴 비쩍 마른 남자가 맞받아쳤다.

"앉아 있던 게 아냐, 이 망할 자식! 넘어졌다고! 내 변호사를 불러서 널 고소할 거야."

"그래, 불러. 고소할 테면 해봐. 어떻게 되나 보자고. 그리고 새로운 숙소도 찾아야 할 거야."

남자가 얼굴을 붉히며 일어나더니, 과장스럽게 엉덩이를 문지르며 자리를 떠났다.

"저 사람, 치료가 필요하지 않아요?"

내가 물었다.

"누구요? 빌리? 저 녀석은 매주 저래요. 두어 달 전쯤 잠깐 묵었던 삼류 변호사 하나가 사람들에게 돈 버는 법이라며 알려주고 다

넜거든요. 우린 그를 '자해 공갈 전문 변호사'라고 불렀죠."

네이트는 남자의 뒷모습을 지켜보다, 다시 나를 돌아보았다. 여전히 담배를 입에 문 채, 연기를 피해 오른쪽 눈을 가늘게 감고 있었다. 그는 계단을 올라가 세 개 층 가운데 한 층으로 나를 데려갔다. 복도에는 칸막이로 구분된 방들이 늘어서 있었다. 각각의 방들은 관보다 겨우 조금 넓을 뿐이었다. 가로 1.2m, 세로 1.8m, 높이 2.5m의 좁은 방에는 접이식 침대 하나와 협탁 대신 우유 상자 하나를 겨우 놓을 수 있을 정도였다.

칸막이 방이 죽 늘어선 복도는 천장이 높고 바닥은 콘크리트였다. 한쪽 끝에는 화재 시 탈출할 수 있는 창문이, 다른 쪽 끝에는 공동욕실이 있었다. 각각의 방에는 탁한 적갈색 문이 달려 있었다. 문이라고는 하지만 공사장에서 남은 자재나 이곳보다 조금 나은 호텔이 철거되면서 나온 자재를 주워온 것처럼 보였다. 문은 약 1.2m 간격으로 달려 있었고, 위쪽에는 방 번호가 쓰여 있었으며, 걸쇠가 달려 있어 자물쇠로 잠글 수 있었다. 칸막이 방에는 천장이 없었다. 천장 대신 철망으로 덮여 있어, 경비원이 '안전 확인' 즉, 거주자의 생사를 확인할 수 있게 되어 있었다. 만약 거주자가 방에서 나오지 않거나 아침에 문을 두드려도 대답이 없으면, 누군가 낡은 사다리를 가져와 위에서 방 안을 들여다보며 거주자의 이름을 부르고 그가 깨어나는지를 확인했다. 그래도 일어나지 않으면, 경찰에 신고하고 마지막엔 내게 연락이 오는 것이다. 브라이언이 고개를 이리저리 돌리며 주위를 둘러보았다. 시험 문제라도 되는 양,

모든 걸 암기하려는 듯 하나하나 눈여겨보고 있었다. 이건 단순히 아버지에게 전해들은 이야기가 아니었다. 현실이었다.

화이트하우스의 냄새는 불쾌하지 않았다. 땀, 담배, 공업용 비누, 시큼한 와인 향이 겹겹이 뒤섞인 냄새였다. 카펫, 가구, 요리, 소지품 등의 냄새로 오염되지 않은 순수한 인간의 냄새였다. 내가 보기엔 각 방마다 나름의 장식이 있었다. 합판 벽에 붙어 있는 잡지에서 찢어낸 사진, 먼지 쌓인 조화, 1970년대 닷지 차저 옆에 서 있는 소년의 빛바랜 사진 등. 우유 상자를 뒤집어 놓은 협탁 위에는 '쿨'이나 '뉴포트' 등의 구겨진 담뱃갑이나 민트 향의 씹는 담배 깡통이 놓여 있었다. 멘톨의 상쾌한 냄새. 싸구려 와인이나 마약은 매트리스 밑에 숨겨져 있었고, 그 위에는 누렇게 변색된 사람의 윤곽이 남아 있는 회색 시트가 덮여 있었다.

내가 이곳에서 마주할 죽은 자들은 그들을 규정해 줄 장소도, 소유물도 없이 내가 지나온 복도처럼 텅 빈 존재였다. 더는 삶도, 과거도, 이야기도 없었다. 허시 박사는 '시신은 우리가 한때 타고 다녔던 렌터카일 뿐이다. 낡고 고장 난 차도 있고, 번쩍이는 새 차가 불의의 사고를 당하기도 한다'는 말을 한 적이 있다.

하지만 이곳에 번쩍이는 새 차 같은 건 없었다.

나는 그곳에 서서 모든 것을 받아들이려 애썼다. 어두침침한 복도와 먼지 쌓인 칸막이 방들. 모든 방에 인생이 있었다. 그들에게 또 다른 인생, 과거가 있었다는 사실은 좀처럼 떠올리기 어려웠다. 소위 밑바닥이라고 불리는 곳이었으니까. 여기엔 희망이라곤 없었다. 그저 또 하루가 흘러갈 뿐, 더 떨어질 바닥도 남아 있지 않았다. 다음 종착지는 지하철 환기구에서 새어 나오는 따뜻한 바람에 몸을 녹이며 이어가는 삶뿐이다. 하지만 이것이 전부일 리 없었다. 누군가는 애정 어린 어머니에게서 태어나 형제로, 아버지로, 남편으로, 친구로 살아왔을 것이다. 사랑했고, 사랑받았을 것이다. 그들에게도 분명 어떤 사연이 있지 않았을까?

그걸 알려준 건 리처드라는 남자였다. 처음 '화이트하우스'를 방문했을 때였다. 그는 내가 좁은 간이침대 위에서 차갑게 식어 있는 펠릭스라는 남자의 시신을 조사하는 동안, 칸막이 방 앞에 서 있었다. 워낙 야윈 탓에 시신을 뒤집는 것도 어렵지 않았다. 덕분에 외상 확인도 금세 끝났다. 외상은 없었다. 돌연사였을까? 그를 데려가 독극물 검사와 외부 검사를 진행하고, 의료 기록이 없으면 부검까지 할 생각이었다. 나는 그의 몇 안 되는 소지품을 살펴보았다. 물 얼룩이 남아 있는 1986년 10월호 「리더스 다이제스트」, 담배 두 개비, 신분증, 허리에 손을 얹고 웃고 있는 아름다운 흑인 여성의 구겨진 흑백 사진 한 장.

"그 사람 아내였소."

한 남자가 문 너머로 이쪽을 들여다보고 있었다. 일흔 살쯤 되어 보이는 그는 투박한 아일랜드계 얼굴에, 키가 크고 마른 체구였다. 질 좋은 스포츠 재킷을 입고 있었지만, 옷자락과 소매 끝이 해져 있었다.

나는 방에서 나와 그에게 물었다.

"아는 사이셨나요?"

"난 리처드요. 그는 내 친구였소. 한국전 참전 군인이었는데, 거기서 고생을 많이 했어. 원래대로라면 국립묘지에 묻혔어야 하는데, 그렇지 않소?"

그가 말했다. 나는 그렇다고 대답하며, 재향군인회와 협력해 그와 같은 사람이 합당한 장례를 치를 수 있게 돕는 사람들이 있다고 말했다. 그리고 그가 가지고 있던 오래된 「리더스 다이제스트」에 대해 물었다.

"거기 그가 좋아하던 이야기가 있었소. 아마 천 번은 족히 읽었을 거요. 낭만적인 내용이었던 것 같소. 내가 문자 얼굴을 붉혔거든. 어쨌든 그게 그를 행복하게 했지."

잠시 이야기를 주고받으며, 나는 그들이 함께 술을 마시고, 서로를 돌봤다는 것을 알게 되었다. 리처드는 말투가 세련되고, 교양이 묻어났다. 나는 그에게 무슨 일을 했는지, 지금은 은퇴했는지 물었다.

그가 웃으며 말했다.

"참 점잖게 말씀하시네. 난 '8대 회계법인' 중 한 곳의 회계사였소. 임원 자리까지 올랐지만, 술 때문에 모든 걸 잃었지. 아내와 아이들도 있지만, 15년은 못 본 거 같군. 아직 시오셋에 살고 있을지도 모르지."

그는 잠시 생각하더니 입을 열었다.

"펠릭스는 내 가족이었소."

그는 친구의 병력에 대해 아는 것을 이야기해준 뒤, 나와 악수를 나누고 자리를 떠났다. 나는 그가 넓은 보폭으로 걷는 모습을 보고, 만성 알코올 중독으로 인한 뇌 손상이 원인인 소뇌성 운동 실조라는 걸 눈치 챘다. 나는 술에 빠져 인생을 망친 남자들이 가득한 칸막이 방들을 둘러보았다. 그리고 내가 술에 빠져 살던 시절의 작은 원룸을 떠올렸다. 작은 주방 한쪽에는 이틀 된 중국 음식과 보드카가 들어 있는 소형 냉장고가 있었다. 지저분한 창문, 창틀에는 비둘기 배설물이 덕지덕지 붙어 있었다. 방 안에는 침대와 TV 그리고 내가 겨우 몸을 뉘일 공간이 전부였다. 한 걸음만 더 내디뎠다면, 추락하고 말았을 것이다.

그 후로도 몇 번인가 화이트하우스에 갈 기회가 있었다. 두 번째 방문은 펠릭스의 사망 이후 약 7개월이 지난 후였다. 리처드는 이미 그곳에 없었다. 지배인 네이트는 사람들이 어느 날 훌쩍 떠나서는 다시 돌아오지 않는다고 말했다. 아마 강에 빠졌거나 약물 과다 복용 혹은 트럭에 뛰어들었을 수도 있다는 것이다. 순간, 이런 생각이 내 머릿속을 스쳤다. 리처드는 펠릭스가 죽은 뒤, 익명의 알코올 중독자 모임을 찾아갔을지도 모른다.

이제 뉴욕에는 화이트하우스 같은 SRO 숙소가 없다. 규제로 인해 완전히 사라진 것이다. 나는 그 사람들이 어떻게 되었는지 알지 못한다. 아마 아무도 모를 것이다.

제 6 장
집에서는 따라 하지 말 것

　검시국의 하루는 국장과의 회진으로 시작된다. 나는 동료 법의조사관과 의대생들과 함께 허시 박사를 따라 지하의 영안실로 내려갔다. 거기서 우리는 부검대 위에 누운 시신 앞에 멈춰 서서 사건을 논의했다. 일찍 온 부검의들이 시신의 흉부를 전형적인 Y자 절개로 열어둔 상태였다. 양쪽 어깨에서 가슴뼈까지 가른 뒤, 복부 중앙을 따라 일직선으로 내려가는 방식이다. 그리고 가위로 갈비뼈를 자른 뒤, 가슴뼈와 함께 들어 올려 흉강을 드러냈다. 머리를 열어야 하는 경우에는, 두피를 절개해 얼굴 피부를 아래로 젖힌다. 보기에는 끔찍하지만, 그렇게 해야 얼굴을 손상시키지 않고 두개골 상부를 제거해 뇌를 검사할 수 있다. 조너선 헤이스를 포함한 일부 의사들은 조금 늦게 출근해 업무를 시작했다. 클럽 음악을 틀어도, 조용히 일하는 동료들을 방해하지 않기 위해서였다. 헤이스는 아주 예의바른 영국 신사였다. 오전 8시 반까지도 그의 시신들은 손대지 않은 상태였다. 나는 그 편이 좋았다. 사망했을 때 어떤 옷을 입고 있었는지 확인하는 걸 좋아했기 때문이다. 방 한구석에 있는 유리 진열장에는 피해자들의 옷이 걸려 있었다. 피를 말리기 위해서였다. 정말 섬뜩한 옷장이었다. 옷들이 가지런히 걸려 있었지만, 갈색과 붉은 피로 얼룩져 있고 총알구멍이 나 있는 경우도 있었다.

부검의는 국장에게 보고하기 전에 조사관의 보고서와 현장 사진을 검토한다. 이때가 법의조사관들이 사건에 살을 붙여 이야기를 보강할 수 있는 시간이다. 가장 이야깃거리가 많은 날은 월요일 아침이었다. 주말에는 술에 취해 무모한 행동을 하는 사람이 끊이지 않기 때문이다. 바로 그 월요일, 내가 맡은 사건은 1번 부검대에 놓인 젊은 남자였다. 이마 정중앙에 구멍이 뚫린 채, 얼굴에는 '멍한' 표정이 그대로 굳어 있었다. 나는 곧바로 보고를 시작했다.

"사망자는 19세 소년으로, 토요일에 처음 총을 구입했습니다. 방아쇠가 가벼운 38구경 리볼버였죠. 일요일 아침, 그는 이스트 휴스턴가에서 친구들에게 총을 자랑하고 있었습니다. 목격자들의 이야기에 따르면, 그는 총을 장전한 뒤 카우보이처럼 빙빙 돌리다 그만 손에서 놓쳤습니다. 떨어진 권총의 공이가 인도에 부딪히며 발사되었고, 불행하게도 탄환이 그의 미간 한가운데를 정확히 꿰뚫었죠."

나는 잠시 말을 멈췄다가 결론을 덧붙였다.

"그의 첫 발은 최고이자 최후의 한 발이었던 셈이죠."

주위에서 웅성거리는 소리가 흘러나왔다.

불편한 기색은 아니었다. 오히려 그 반대였다. 다들 그것을 불안을 달래려는 농담으로 받아들였다. 나는 세상에서 가장 멋진 일을 하고 있지만, 결코 쉽지는 않았다. 끔찍한 사건을 마주하며 겪는 불안을 농담으로 해소할 수 있다면, 그게 하루, 한 달 혹은 일 년을 버티는 데 도움이 된다면……뭐가 문제일까?

그 작은 비극의 현장에 도착했을 때, 나는 기분이 좋았다. 눈부신 여름 햇살을 받으며 즐거운 마음으로 집을 나섰다. 형사들에게 '뭐 재밌는 일 없어요?' 하고 가볍게 인사하려던 그때, 떨고 있는 십대 소년들이 눈에 들어왔다.

경찰들은 딱딱하게 굳은 얼굴로 의심스러운 눈빛을 보내고 있었다. 빌과 에디가 나를 반장에게로 데려갔다.

"당신이 좋아할 만한 사건이야, 바버라. 저 철부지들 말로는, 저기 쓰러진 로이 로저스(서부극의 카우보이를 연기해 인기를 얻은 미국 배우)가 새로 산 장난감을 손가락에 걸고 돌리다가 땅에 떨어뜨리면서 발사됐다는 거야. 리볼버니까 가능한 일이긴 하지. 직접 확인해봐. 내 눈엔 사입구가 지나칠 정도로 완벽해."

"저 아이들 중 한 명이 쏜 것 같아요?"

"그럴 가능성도 있지. 직접 보고 당신의 생각을 말해줘요."

네 명의 십대는 겁에 질려 있었다. 사춘기 특유의 반항적인 태도는 전혀 없었다. 오히려 손을 꼭 움켜쥐며 '어떡해, 큰일 났다'라는 듯 두려워하는 기색이 역력했다. 죽은 소년은 눈을 부릅뜬 채, 인도에 누워 있었고 시선은 하늘을 향하고 있었다. 콧대에서 약 2.5 ㎝ 위, 이마 정중앙에 작은 원형의 사입구가 있었다. 상처 위쪽보다 아래쪽의 표피 박탈이 더 심했다. 이는 총알이 정면이 아니라 아래쪽에서 위를 향해 날아왔다는 것을 말해준다. 상처 주변에는 화약이 피부에 박혀 생기는 점상 화상도, 총구가 가까이에서 발사될 때 생기는 그을음도 보이지 않았다. 근거리에서 총을 맞은 것은 아니라는 뜻이다. 그 밖에 확인해야 할 것은 없었다. 소년의 손에는 아무 자국도 없었고, 방어흔이나 외상도 전혀 없었다.

나는 빌에게 총에 대해 물었다.

"싸구려예요. 조잡하고 허술하게 만들어진 소형 권총. 저 친구들 말로는, 피해자가 어제 구입한 거라고 하더군요. 공이엔 아무 흔적도 없고, 긁힌 자국조차 없었어요. 권총이 떨어졌다는 자리를 확인했지만, 워낙에 금이 많이 간 데다 진흙이라 확인이 어려워요. 저 친구들 말이 사실일까요?"

"그들의 진술이 일치한다면요. 총기 잔여물 검사는 해볼 거죠?"

이 검사는 총구 뒤쪽에서 방출되는 잔여물을 통해, 최근에 총을 썼는지를 판별할 수 있다.

"아마도요. 해서 나쁠 거 없으니까."

빌이 대답했다.

내가 맡은 사건의 결과를 듣게 되는 경우는 드물었다. 사건이 워낙 많아 일일이 추적할 수도 없고, 정의의 수레바퀴가 지나치게 느리게 굴러가는 탓도 있었다. 그래서 그날 저녁, 빌에게서 목격자를 찾았다는 전화를 받고 조금 놀랐다. 이스트 휴스턴가에서 교통 체증에 갇혀 있다가 사건 전체를 목격한, 신뢰할 만한 시민이었다. 그가 소년들의 증언을 확인해주었다.

살인이 아닌, 무모한 행위로 인한 불의의 사고사(death by misadventure)였다.

'Adventure'는 라틴어로 '앞으로 벌어질 일'이라는 뜻이고, 'Mis'는 '나쁜 일'을 뜻한다. Misadventure(무모한 행위)는 내가 좋아하는 분류이기도 하다. 어딘가 낭만적인 느낌이 있어서일지도 모른다. 해적이나 모험가 그리고 강인한 턱선을 지닌 매력적인 영국 신사를 떠올리게 하는, 짜릿하고 위험한 무언가. 지금은 '사고사(accidental death)'라는 용어를 쓰는데 '무모한 행위(Misadventure)'가 다소 비판적인 뉘앙스가 담긴 시대착오적인 표현이라고 생각되었기 때문이다. 그러나 영국에서는 자발적으로 위험을 감수하다 발생한 치명적 사고를 여전히 '무모한 행위로 인한 불의의 사고사'라고 부른다. 재미있을 거라 생각하고 저질렀지만, 결과는 그렇지 않았다. '어쩌겠어' 하고 어깨를 으쓱할 수밖에 없는 죽음. 내게는 멋지고 대담한 행위처럼 느껴졌다. 둘 다 나와는 거리가 먼 자질이었다.

사람들과 '무모한 행위로 인한 불의의 사고사'라는 주제로 이야기를 시작하면, 좀처럼 화제를 바꾸기 어렵다는 걸 알게 된다.

"러시안 룰렛은 어때? 그것도 무모한 행위로 인한 불의의 사고사라고 할 수 있을까?"

보통은 그렇지만, 상황에 따라서는 자살로 분류되기도 한다. 러시안 룰렛으로 사망한 사건은 딱 한 번 보았다. 피해자는 입에 스파게티 가닥을 문 채, 죽어 있었다.

"이사도라 던컨은 어때? 그 무용수 말이야. 목에 감은 긴 실크 스카프가 스포츠카 뒷바퀴에 끼여서 질식사했잖아?"

그녀의 죽음에는 모험도, 위험도 없었다. 단지 운이 나빴을 뿐이다(거트루드 스타인이 그녀의 죽음에 대해 '허세는 위험할 수 있다'고 한 말을 믿는다면, 업보일 수도 있겠지만).

"그럼 예카테리나 대제와 그녀의 종마는 어때? 그건 분명 무모한 행위로 인한 불의의 사고사라고 해야 하지 않을까?"

그녀가 말에 깔려 죽었다는 설이 있지만, 사실이 아니다. 실제로는 화장실에서 뇌졸중을 일으켰고, 다음 날 세상을 떠났다.

무모한 행위로 인한 불의의 사고사는 종종 법의 테두리 밖에서 일어나거나 어리석은 행위로 인해 발생하기도 한다. 예를 들면, 지붕 위에서 번지점프를 하거나 폭죽 상자에 불을 붙이거나 뇌우 속에서 골프를 치는 것도 무모한 행위이다. 비바람이 멀리 있는 것처럼 보여도, 백스윙할 때 금속 골프채를 들어 올리는 행위는 공기 중의 전기를 강하게 끌어들인다. 번개가 몸을 관통해 신경계를 무너뜨리고, 심장의 전도 체계를 망가뜨린 뒤, 접지된 골프화 밑창을 통해 빠져나간다. 페어웨이에서 발견된 시신에 작게 검은 화상 자국이 있다면, 그것이 유일한 단서가 될 것이다. 번개에 맞을 확률은 50만 분의 1이지만, 골프장에 들어서는 순간 확률은 3천 분의 1

로 높아진다.

번개를 맞아 사망한 시신을 부검하던 한 부검의가 '천둥이 치면, 집 안으로 들어가라'라고 중얼거리는 것을 들었다. 아침 회진 때면 이런 사소한 격언들을 자주 듣곤 했다. 한 번은 체중이 320킬로그램에 달하는 남자의 시신 앞에서 한 법의학자가 '자기 치아로 무덤을 판 셈이군'이라고 말했다. '총격이나 약물 과다복용으로 죽은 시신이 늘어선 부검대를 보면, 사인을 문신으로 착각할 수도 있겠군'이라고 한 허시 박사의 격언도 기억에 남는다.

부검실은 대체로 활기차고 분주한 곳으로 부검의, 부검 보조, 형사, 학생들이 각자의 일을 하며 수다를 떨곤 했다. 경찰학교 신입생들이 견학을 오면, 누가 몇 분 만에 기절할지 내기를 하기도 했다. 한 부검의는 부검 기구를 주방용품 브랜드 윌리엄스 소노마의 주방용 칼꽂이에 꽂아두기도 했다. 그런 걸 시신이 놓인 부검대 옆에 두는 게 아무래도 기이해 보였지만, 남에게 피해를 주지 않는 기행쯤은 눈감아 줄 수 있었다.

부검의들은 각자의 부검 방식이 있었다. 국장이 되기 전, 허시 박사의 별명은 '번개'였다. 소문에 따르면, 그는 시신을 절개해 무슨 일이 있었는지 파악한 뒤 다시 꿰매기까지 단 18분이면 충분했다고 한다. 내가 그 이야기가 사실이냐고 묻자, 그는 늘 그렇듯 미소로만 답했다. 나이 많은 한 부검의가 통상적인 부검에 두 시간이나 걸리자 누군가 '그건 부검이 아니라 관광이잖아'라고 말한 이후로 그는 '관광객'이라는 별명으로 불렸다. 생각해 보면, 우리는 제법 별난 무리였다. 아마도 일상의 가장자리에서 일하는 사람들이라면 다들 그렇지 않을까. 전체적으로 보면, 법의학 검시국은 다른 직장과 크게 다르지 않았다. 열심히 일하고, 가끔 웃고, 가볍게 추파도 던지고, 출세하려고 애쓴다. 죽음은 늘 곁에 있지만, 삶은 계속 된다.

물론, 불멸의 존재인 것처럼 끊임없이 위험을 무릅쓰는 모험가들에게는 해당되지 않는 말일지도 모른다. 그 중에서도 성적 충동 때문에 새로운 자극을 추구하는 사람들만큼 집요한 이들은 없었다. 가장 흔한 것이 질식을 동반한 자위행위 중 사고로 사망하는 경우로, 종종 자살로 오인되곤 했다. 전문가의 도움 없이 집에서 함부로 따라 하지 말 것. 피가 통하지 않을 정도로 경동맥을 압박하면, 머리에서 혈액이 빠져나가지 못해 서산소증이 발생하고 이로 인해 황홀감과 어지럼증을 느끼게 된다. 자위행위 중에 이것을 하면 강렬한 쾌감을 느낄 수 있다고 들었다.

어떻게 경동맥을 압박하냐고?

목을 매는 것이다. 하지만 의식을 잃은 뒤 결박이 풀리도록 안전장치를 마련하지 않으면 질식사하게 된다. 그런 안전장치로 '퀵 릴리스' 매듭이 사용된 예를 몇 번 본 적이 있다. 선원들이 배를 정박하거나 돛을 감을 때 사용하는 방식이다. 긴 줄의 한쪽 끝을 문손잡이 같은 데 묶고, 다른 한쪽은 자신의 손목에 묶는다. 잘만 되면, 의식을 잃었을 때 팔이 아래로 떨어지면서 매듭이 풀릴 것이다. 그러나 안타깝게도 이 안전장치가 늘 제대로 작동하는 것은 아니다.

실패하면, 의식을 잃은 사람은 바닥에 무릎이 닿아 있는 상태에서도 목이 조여 죽을 수 있다.

사람들은 쾌락을 위해 별의별 터무니없는 짓을 저지르고, 다음 날이면 아무 일도 없었다는 듯 직장에 출근한다. 당신이 은행 대출 담당자에게 신용에 전혀 문제가 없다고 설득하는 중에도 그의 머릿속은 '항문에 자위 기구를 꽂고, 고무 마스크와 성기 피어싱만 착용한 채 어둠 속에서 스키를 타면 얼마나 짜릿할까' 같은 상상으로 가득할지 모른다. 기이하고 치명적인 행위를 시도하다 사망한 수백 건의 사건을 본 뒤부터 나는 모든 사람들을 의심의 눈초리로 보게 되었다. 누가 은밀한 이중생활을 하고 있을지 알 수 없으니까.

목을 매 자살했다는 보고를 받고 막상 현장에 가보면 '악동 게임'이 실패해 사망한 경우도 많았다(이런 행위에는 여자들이 대체로 남자들만큼 어리석지 않다). 어떻게 자살이 아닌 걸 알 수 있냐고? 일단, 목에 흔적이 남지 않도록 줄에 부드럽고 두꺼운 천이 감겨져 있다. 목에 흔적이 남으면, 다음 날 직원회의에서 설명하기 곤란할 테니까. 또 피해자가 대개 알몸이며, 옆에는 포르노 잡지, 윤활제, 코스프레 의상 등의 자위 관련 도구가 놓여 있는 경우가 많다. 가죽이나 라텍스 의상을 입은 사람도 있고, 날개나 구속 장치를 착용한 사람도 있었다. 어떤 남자는 성기에 파란 리본을 묶어 마치 일등상을 받은 것처럼 꾸미기도 했다. 다양한 직종의 사람들이 이런 행위를 시도하는데, 내가 현장에서 가장 많이 본 직종은 변호사였다. 이유는 모르겠지만, 아마 하루 종일 두꺼운 법률 서적을 들여다보는 일상이 지루해 더 큰 자극을 원하게 되는 것이 아닐까. 물론, 우연일 수도 있지만 문득 떠오르는 것만 해도 3명의 젊은 남성 변호사가 있었다. 모두 에로틱한 복장을 하고, 자위용 질식 장치를 꾸미며 쾌락을 추구하다 사망했다.

존은 이틀째 로펌에 출근하지 않자 집으로 찾아온 동료에 의해 발견되었다. 그는 거실에서 성기가 드러나도록 디자인된 검은 가죽 바지를 입고 있었고, 성기에는 고리가 끼워져 부풀어 있었다. 상반신에는 스펀지를 채운 보라색 레이스 브래지어를 착용하고 있었으며, 입에는 구속용 입마개를 물고 있었고, 항문에는 자위 도구가 삽입된 상태였다. 어떤 도구도 그 자체로는 치명적이지 않았지만, 그가 자위를 목적으로 설계한 정교한 질식 장치는 치명적인 결과로 이어질 수 있었다. 그 장치는 짧은 나무 막대 두 개를 X자 모양으로 교차시킨 후, 가운데를 볼트와 와셔로 고정해 축을 따라 회전할 수 있게 만든 것이었다. 교차시킨 나무 막대 끝에 줄을 꿰고, 흔적이 남지 않도록 생리대로 감싸 목에 거는 방식이었다. 이렇게 하면 한손으로 다른 한쪽의 나무 막대를 잡아당겨 스스로 목을 조일 수 있었고, 의식을 잃으면 팔이 떨어지며 줄이 풀릴 것으로 생각했다. 그러나 엉성한 구조 탓에(스프링 장치가 더 나았을 것이다) 결국 질식사하고 만 것이다. 경찰이 그의 아내에게 그 상황을 어떻게 설명했는지는 알 수 없다. 그녀는 출장 중이었다. 아마도 그건 그가 고대하던 '자기만의 시간'이었을 것이다.

어떤 사람들은 질식 위험을 무릅쓰고 온몸을 라텍스로 감싸고 작은 빨대로만 호흡하며 쾌락을 얻는다. 감전의 고통에서 쾌감을 얻거나, 갓난아기처럼 기저귀를 차고 포대기에 싸여 숨 막히는 상태를 즐기는 사람도 있다. 다행히 자기 몸에 불을 붙여 쾌락을 추구하는 사람은 드물다. 너무나 끔찍한 일이기 때문이다. 나는 한 남자가 자기 몸에 불을 붙일 준비를 하는 모습부터 마지막 순간까지 그 참혹한 과정을 본 적이 있다. 그와 카메라 배터리의 수명이 다할 때까지 녹화된 영상이었다. 전신 거울 맞은편에 삼각대를 세우고 카메라를 올려놓은 뒤, 알몸으로 거울과 카메라 사이에 서서 앞뒤가 모두 찍히도록 했다. 나는 주저하면서도, 호기심을 억누르지 못하고 지켜보았다. 그는 팔과 가슴에 알코올을 붓고 불을 붙였다. 피부 위에서 푸른 불꽃이 일렁이는 가운데, 그는 황홀한 표정으로 자위를 시작했다. 불길이 잦아들면 다시 알코올을 부었다. 그런데 꺼졌다고 생각한 불꽃이 어깨 위에 남아 있었던 것이다. 그가 연료를 들이붓는 순간, 불길이 치솟으며 머리카락에 옮겨 붙었다. 깜짝 놀란 그가 알코올을 바닥에 떨어뜨렸고, 흰 모직 카펫에 옮겨 붙은 불은 순식간에 그의 몸과 벽으로 번졌다. 그는 필사적으로 불을 끄려 했지만, 그 뒤의 일은 알 수 없다. 영상을 끝까지 보지 않고 방을 나왔기 때문이다. 그 이상 알고 싶지도 않았다.

인간의 성적 취향은 실로 다양하다. 나는 타인의 취향을 판단할 생각이 없다. 나 역시 그런 이해가 부족했던 시절에 차별을 직접 겪은 사람으로서, 미성년자나 동물을 끌어들이거나 타인에게 해를 끼치지 않는 한 존중해야 한다고 생각한다. 누군가 묻는다면, 나는 이렇게 조언할 것이다. 당신의 행위에 죽음이나 상해의 위험이 따른다면, 만일의 상황에 대비해 도움을 줄 사람을 곁에 두는 게 좋다. 비슷한 취향을 가진 믿을 만한 친구든, 같은 취향으로 이어진 사람이든 상관없다. 또한 자극적이고 격렬한 상황을 버틸 수 있을 만큼 심장이 튼튼해야 할 것이다. 심장은 버틸 수 있는 한계가 있다. 포르노 극장에서 자위하는 노인들은 대체로 위험이 없지만, 거기에 코카인을 곁들이면 문제가 생기기 마련이다. 그럼 나는 극장으로 가 당신의 사망을 확인한 후, 경찰에게 이렇게 말할 것이다.

"단순해요. 절정과 함께 가버린 거죠."

*

어느 날, 허시 박사가 복도에서 나를 불러 세웠다.

"좋은 아침. 바버라, 오늘 기분은 어떤가?"

"좋아요. 도무지 풀리지 않는 수수께끼가 하나 있는 거 빼곤요."

그는 나를 자신의 사무실로 손짓해 불렀다. 내가 그의 책상 앞에 앉자 그는 파이프에 불을 붙였다. 나는 브로드웨이에 있는 식료품점 '웨스트사이드 마켓' 지하에서 본 기이한 장면을 설명했다. 스무 살가량의 식료품점 직원이 종이 상자를 압축기에 넣다가 상반신이 기계에 끼여 허리가 짓눌리고 말았다.

"안전장치가 없었나?"

허시 박사가 물었다.

"있었죠. 하지만 누군가 손을 댄 것 같았어요. 원래는 문을 닫고, 옆으로 이동해 작동 버튼을 눌러야 해요. 그런데 누군가 버튼에 골판지를 끼워 계속 눌러 있도록 만든 거예요. 결국 압축기가 멈추지 않고 위아래로 움직인 거죠. 일을 더 빨리 하려고 조작한 것 같아요."

"그런데 그는 어쩌다 거기 낀 거지?"

"그걸 모르겠어요. 처음엔 안에 뭘 떨어뜨려서 그걸 주우려다 그랬나 싶었는데, 기계 안엔 아무것도 없더라고요. 게다가 지하엔 그 말곤 아무도 없었고요."

"끝내 밝힐 수 없는 일도 있는 법이라네."

그가 고개를 좌우로 저으며 말했다.

"사람들은 고작 몇 분 아끼려고 위험을 무릅쓰거든. 그런 걸 보다 보니 이젠 운전도 천천히 한다니까."

"하지만 파이프를 피우시잖아요. 그것도 위험하다고요."

"이 정도는 좀 봐주게. 자넨 그럴 때 없었나?"

"전 이미 졸업했어요. 예전엔 '라이 플레이 랜드'에서 롤러코스터를 즐겨 탔는데, 한쪽 눈이 먼 직원이 술에 취해 기계를 정비하는 걸 보고는 그만뒀어요. 그 후론 무슨 일이든 위험을 따지게 되었죠."

"맞아, 직업병 같은 거지. 오늘 밤은 안전하게 즐기는 것도 좋을 것 같은데?"

안전하게 즐기라니. 과연 그런 즐거움이 존재할까. 숨어 있는 위험? 그건 완전히 다른 이야기다. 나는 늘 숨어 있는 위험을 경계해 왔다. 초등학교 4학년 때, 처음 복도 당번을 맡은 이후부터였다. '카먼 로드 초등학교' 출구로 이어지는 복도를 오가며, 미끄러운 타일 바닥에서 넘어져 목이 부러지지 않게 뛰는 아이들을 멈춰 세웠다. 당시 살았던 매사피콰 공원의 하늘이 어두운 보랏빛으로 물들고, 천둥번개가 다가오면 집 안의 창문을 모두 닫고, 혹시 모를 토네이도에 대비해 집 안팎의 압력을 맞추려고 창문 하나만 10센티미터쯤 열어 두었다(「리더스 다이제스트」에서 얻은 지식이었다). 그런 후엔 마당을 뛰어다니며 자전거를 치웠다. 피난해야 할 상황이 닥쳤을 때, 걸려 넘어지지 않기 위해서였다(어쩌면 뒷수습을 하고 싶어서 재난을 기다렸는지도 모른다).

나는 여전히 복도 당번이다. 정신과 의사들 말로는 '과도하게 경계하고, 파국적인 사고에 빠지기 쉬운 유형'이다. 몇 년 동안 검시국에서 일하다 보니, 내 머릿속은 사방에 불길한 운명이 도사리고 있다는 생각으로 가득했다. 골목마다 살인마가 숨어 있고, 하늘에서는 투신한 사람들이 떨어지고, 인도 위에는 음주 운전 차량이 돌진한다. 게다가 무모한 행위로 인한 불의의 사고사? 그건 쉽다. 그런 행동만 피하면 되니까. 나는 불의의 사고로 죽지는 않을 거라고 확신한다. 그런 건 불안에 시달리며 모든 걸 통제하려 드는 사람의 방식이 아니다. 우리는 위험 회피형이다. 훔친 보트를 타고 질주하거나 철길에서 담력 게임 같은 건 하지 않는다. 달리는 차량이나 건물 위에 올라타는 '시티 서핑' 같은 위험한 짓은 절대 하지 않는다.

뉴욕서 서핑을 꿈꾸는 이들 가운데 상당수는 스케이트보드로 그 욕구를 풀곤 한다. 공원은 경사로에서 몸을 날리고, 곡선을 그리며 달리고, 연석을 타고 미끄러지는 아이들로 가득하다. 하지만 이걸로 만족하지 못하는 이들도 있다. 파도에 휩쓸리거나 보드가 머리로 날아오는 스릴이 없기 때문이다. 그렇게 탄생한 것이, 모든 경쟁 스포츠 중 가장 위험한 종목으로 꼽히는 엘리베이터 서핑이다. 서핑하기에 가장 좋은 건물은 최소 두 대의 엘리베이터가 나란히 배치된 곳이다. 그래야 움직이는 엘리베이터 위에서 다른 엘리베이터로 뛰어넘을 수 있기 때문이다. 먼저, 아이들은 엘리베이터 문을 억지로 열고 '▲' 버튼을 누른다. 엘리베이터가 도착하면, 천장으로 올라가 옆에 있는 다른 엘리베이터가 올라오기를 기다려 그 위로 뛰어내린다. 두 엘리베이터를 가장 많이 오가며 뛰어넘은 사람이 승리하는 것이다. 하지만 발을 헛디디거나 거리를 잘못 계산하면 엘리베이터 밑에 깔리거나 벽 사이에 끼여 끌려 다니다 죽을 수 있다. 끔찍한 죽음이다. 그리고 그 잔해를 수습하는 건 내 일이었다.

'지하철 서핑'이라는 것도 있다. 내가 본 바로는 세 단계가 있는 듯하다. 초보자들이 하는 가장 기본적인 방식은, 달리는 객차 사이의 연결 발판 위에 다리를 걸치고 타다 쇠사슬 위에 서는 것이다. 좁은 터널에서 균형을 잃기라도 하면, 튀어나온 암벽에 부딪쳐 머리가 날아가기 십상이다. 루벤이 이런 시신을 수습한 적이 있다. 사망자는 총각 파티 이후 심한 숙취에 시달렸지만, 약혼녀와의 약속을 지키기 위해 함께 지하철을 타고 시청으로 가 결혼식을 치르려던 참이었다. 어지러움과 메스꺼움을 느낀 그는 바람을 쐴 겸 객차 사이로 나와 선로에 토하려고 몸을 내밀었다. 그 순간, 전차선 위로 추락해 감전사했다.

지하철 서핑의 두 번째 단계는, 출발하는 열차 후미에 뛰어올라 가속하는 객차 지붕으로 올라타거나 옆면에 매달리는 것이다. 열차에 매달려 버티려면 상체 근력이 필요할 뿐 아니라, 주행 중 스쳐 지나가는 각종 장애물을 피하기 위해 몸을 납작하게 만드는 능력도 있어야 한다. 꽤 스릴 있는 경험인지, 뉴욕에서만 매년 약 400건의 사망 및 부상 사고가 보고된다. 나도 세 건 정도 직접 수습한 기억이 있다.

지하철 서핑의 세 번째 단계는 아직 보지 못 했다. 치사율 95%에 달하는, 위험한 행위이기 때문에 다행히 시도하는 사람이 드물다. 이 단계에서는 서퍼가 달리는 열차 지붕 위로 올라가, 터널 안에서 옆 선로를 달리는 다른 열차로 뛰어넘는다. 열차의 진행 방향이 반대이거나 완행과 급행처럼 속도가 다른 경우도 있지만, 중요한 것은 타이밍이다. 여기에 더해 역과 일부 선로 사이를 가르는 기둥들도 피해야 한다. 이래도 뉴욕이 스포츠의 도시가 아니라고 할 수 있을까.

또 케이블을 이용해 타잔 흉내를 내는 사람도 있다. 스포츠라기보다는, 경찰을 피해 달아나기 위한 최후의 수단이거나 술김에 벌이는 무모한 행동인 경우가 많다. 내가 이런 사망 사건을 처음 접한 것은 1995년, 찌는 듯한 8월의 어느 밤 할렘에서였다. 새벽 3시가 넘었는데도 공기는 눅눅하고 무겁게 가라앉아 있었다. 현장에 도착했을 때, 계단에는 붐 박스로 음악을 즐기는 사람들이 앉아 있었고, 보도에서는 도미노 게임이 벌어지고 있었다. 습한 공기 때문에 실내에서는 잠을 이루지 못했을 것이다. 옆에 있던 8층 건물 뒤편에서 터져 나온 굉음에 사람들은 잠시 술렁였지만, 한 사람이 경찰에 신고한 뒤 곧 다시 게임에 열중했다.

에어컨이 켜진 차에서 내린 나는 기온 차이에 숨이 막힐 지경이었다. 사건 현장까지 30미터 정도 걸었을 뿐인데 땀이 줄줄 흘렀다. 건물 앞에는 두 명의 경찰관이 기다리고 있었다. 리오스 경관은 시신을 보기도 전에 사건의 경위를 설명하며 마지막 반전을 곱씹듯 즐기고 있었다. "한 남자가 술에 취해 비틀거리는 걸음으로, 바지 주머니를 뒤지며 '빌어먹을, 열쇠가 어디 있는 거야!' 하고 욕을 퍼붓고 고함을 치더래요. 그리곤 건물 현관 앞에서 인터폰을 닥치는 대로 눌렀다는 거예요. 결국 이웃 하나가 문을 열어주면서 '엿이나 먹으라'고 충고를 했다더군요. 어쨌든 건물 안으로 들어가긴 했지만, 자기 집 문을 열지 못한 그는 옥상으로 올라갔어요. 거기서 자려고 했나 봐요. 그럼 일단 현장으로 올라가시죠, 제가 안내하겠습니다."

우리는 승강기를 타고 옥상 출입문을 통해 밖으로 나갔지만, 그곳에는 아무도 없었다. 내가 어리둥절한 표정으로 리오스를 바라보자, 그가 난간 쪽을 가리켰다. 난간 아래로 손전등을 비추자 시멘트 바닥 위에 누운 남자의 시신이 보였다. 그의 손과 발에는 검은 케이블 선이 뒤엉켜 있었다.

"여길 보세요."

리오스가 건물 벽을 따라 아파트 창문으로 이어지는 TV 케이블들을 비추며 말했다. 그 중 하나는 거칠게 끊어져 끝부분이 너덜너덜한 상태였다. 콘크리트 벽에는 약 20센티미터 정도의 긁힌 자국이 남아 있었다.

"음, 알겠어요. 그런데 대체 그는 어디로 가려고 한 거죠?"

내가 물었다. 리오스는 이 상황을 즐기는 듯 보였다.

"알아보니 그가 6층에 살더군요. 저집입니다."

리오스는 우리가 서 있던 장소에서 두 층 아래, 옆으로 1.5m쯤 떨어진 창문을 비췄다. 창문이 활짝 열려 있었다.

"제 생각엔 그가 TV 케이블을 타고 자기 집으로 들어가려고 했던 것 같아요. 하지만 저 창문에 닿으려면 몸을 좌우로 흔들어야 했을 겁니다. 곧장 내려갈 수 있는 위치가 아니거든요. 결국 케이블 선이 콘크리트에 쓸려 끊어졌고, 추락하고 만 거죠."

우리는 아래층으로 내려가 뒷문으로 나갔다. 남자가 끊어진 케이블 선을 움켜쥔 채 바닥에 누워 있었다. 그의 몸에는 추락으로 인한 부상이 뚜렷하게 남아 있었다.

"나이트 워치는 다녀갔나요?"

그들은 밤에 도시 곳곳을 순찰하다 사건이 일어나면 1차 조사를 맡고, 다음 날 관할 경찰서 강력반에 사건을 인계하는 소규모 전담 형사팀이다.

"아뇨, 퀸즈에서 벌어진 사건 때문에 발이 묶인 것 같아요."

"그래요? 리오스, 당신 올해가 가기 전에 형사 배지를 달겠는데요? 멋진 사건이에요."

그는 웃으며 내게 사망자의 발끝에 부착할 태그를 건네주었다.

그 밖에도 두 건의 타잔 사건을 맡았는데, 둘 다 경찰의 마약 단속을 피해 달아나려던 남자들이었다. 두 사건 모두 마약을 움켜쥔 채 창문 밖으로 빠져나가, 한 손으로 케이블을 잡고 미끄러져 내려가면서도 끝내 마약을 놓지 않았다. 물론 결과는 둘 다 끔찍했다. 마약은 사람을 죽인다.

그들은 왜 이런 흥분을 필요로 할까? 왜 목숨을 담보로 하면서까지 스릴을 갈망할까? 이른바 아드레날린 중독자들에 대한 연구에 따르면, 그것은 그들의 신경생물학적 특성에 있다. 이들은 위험에 처했을 때 코르티솔(투쟁·도피 반응을 자극하는 호르몬)보다 도파민('어라, 이거 재밌는데'라고 느끼는 화학 물질)이 더 많이 분비된다. 어떤 이들은 스트레스 상황에서 편도체(뇌의 감정 중추)의 노르에피네프린 농도가 높아지며, 오히려 살아 있음을 실감한다고도 한다. 나도 그 기분을 모르는 것은 아니다. 나 역시 주위의 모든 걸 통제하려 애쓰고, 눈앞에서 벌어지는 기상천외한 일들에 즐거워하면서도 약간의 위험들을 감수하곤 했다. 물론 계산된 위험이었지만. 정말 내가 비상 대응팀(ESU)과 함께 쥐들이 들끓는 지하철 터널을 헤치고 들어가 지하철 서퍼의 신체 일부를 수습할 필요가 있었을까? 아니, 단순한 사고

사라면 그들에게 맡겼어도 됐다. 하지만 사건이 흥미로웠고, 그들과 함께하는 수사도 즐거웠다. 나는 보호받는 느낌이었고, 심지어 강해진 것 같았다. 헬리콥터에 탔을 때도 마찬가지였다. 정말 내가 일부러 헬기를 기울이며 겁주려던 항공대 친구들 옆에서, 시트벨트 하나에 몸을 의지한 채 열린 문가에 걸터앉아 있어야 했을까? 물론, 아니다. 하지만 전망이 끝내줬고, 동료들은 내 침착한 태도에 혀를 내둘렀다. 그런 기분이 정말 좋았다. 겁먹은 사람이 겁먹지 않은 척한다는 건 결코 작은 승리가 아니다. 죽음의 땅에서, 나는 살아 있음을 느꼈다.

제 7 장
모든 것이 타이밍

D씨는 화목한 대가족의 사랑받는 가장이었다. 어느 날, 큰딸이 밤늦게 집에 돌아와 보니 91세의 D씨가 침대에서 차갑게 식어 있었다. 그녀는 여동생에게 전화를 걸었고, 여동생은 남동생에게, 남동생은 사촌에게, 사촌은 이모에게 연락했다. 사랑하는 이를 잃은 그들은 모두 큰 충격과 슬픔에 빠졌고, 소식은 빠르게 퍼져 나갔다. 곧 그랜드 컨코스의 아파트는 스물두 명의 울음소리로 가득 찼다. 그곳은 더 이상 '브롱크스의 샹젤리제'라 불리던 시절의 화려한 아르데코 양식의 신식 아파트가 아니었다. 1960년대 후반까지는 유대인 중산층들이 살던 넓고 환한 아파트였지만, 그들이 롱아일랜드와 웨스트체스터 그리고 코업 시티로 떠난 뒤 그 자리를 푸에르토리코 출신 대가족들이 채웠다. 넓은 방을 갖춘 저렴한 아파트를 찾던 이들이었다. 그러나 이 건물은 저렴하기는 했어도 결코

넓진 않았다. 벽돌로 지어진 싸고 조잡한 건물로, 창문은 환기구를 향해 나 있고, 장식이라고는 전혀 없었다. 방은 작고 누추했으며, 천장도 낮았다. 그의 아파트가 친척들로 가득 차자 나는 숨이 막히는 듯했다. 차라리 시신과 단둘이 있는 편이 낫겠다 싶었다.

아파트 내부는 잘 관리되어 있었고, 안락하게 꾸며져 있었다. TV를 보기에 가장 좋은 자리에는 낡은 안락의자가 놓여 있었고, 복도 벽에는 그의 많은 자손들의 학교 사진이 천장에 닿을 듯 빼곡히 걸려 있었다. 남은 벽에는 십자가에 매달린 예수상과 가시관을 쓰고 얼굴에서 피를 흘리는 예수의 그림이 액자에 담겨 걸려 있었다. 서랍장 위에는 뺨에 눈물이 그려진, 높이 30센티미터 남짓한 성모 마리아상이 놓여 있었다.

그 깊은 신앙심에 압도되어, 평소와는 달리 경건한 마음이 들었다. 평소의 냉정하고 딱 부러진 태도, 직업적이고 공손한 태도가 이곳에서는 통하지 않았다. 그들의 깊은 상실감 앞에서 나는 자연스레 겸허해졌다. 이렇게 사랑받는다는 건 어떤 기분일까? 그는 어떻게 이토록 사랑받을 수 있었을까? 나이든 친척들은 주방에서 손을 맞잡고 신의 뜻을 받아들이게 해 달라며 기도하고 있었다. 홈드레스를 입고 검은 머리를 단단히 틀어 올린 온화한 부인들은, 조용한 남편들 곁에서 슬픔을 견뎌내고 있었다. 날씬한 체구의 소년들과 예쁜 소녀들도 있었는데, 친남매처럼 함께 자라온 사촌지간이었다. 충격과 의혹에 휩싸인 그들은 동요하며 서로에게 속삭였다.

"이게 대체 어떻게 된 일이지?"

경찰은 그의 아파트가 단단히 잠겨 있었다고 했다. 즉, 현관문이 단순히 닫혀 있던 것이 아니라 열쇠로 잠겨 있었고, 창문도 모두 잠겨 있었다는 것이다. D씨가 의사가 곁에 없는 상태에서 홀로 사망했기 때문에, 의심스러운 점이 없는지 확인할 필요가 있었다. 성급한 가족들이 자연의 섭리를 앞당기는 경우도 있고, 재택 간병인의 탐욕스러운 남자친구가 그렇게 하기도 했다. 나는 스페인어로 짧게 애도를 표한 뒤, 본격적으로 일을 시작했다.

"그의 건강 상태에 대해 누가 말씀해주시겠어요?"

첫 번째 실수였다. 가족 전체에 질문하고 만 것이다. 모두가 한꺼번에 말하기 시작했고, 서로 목소리를 높이며 어떤 의사가 그의 건강 상태에 대해 잘 알았는지, 어떤 의사가 그를 거의 죽게 만들 뻔했는지, 어떤 병원을 고소해야 하는지 등을 두고 다투었다. 그의 막내딸에게서 겨우 병력에 대해 들을 수 있었다.

"당뇨, 고혈압, 심장병⋯아, 그리고 신장도 더는 기능하지 않는 상태였어요. 하지만 지난 주 병원에 갔을 땐 괜찮다고 했어요! 그런데 어떻게 이렇게 갑자기 돌아가실 수 있죠?"

나는 종종 사람들에게 인간의 사망률은 100퍼센트이며, 노화 자체가 정당한 사망 원인이라는 것을 상기시켜 주어야 했다. 우리 모두 언젠가는 죽는다. 예외는 없다. 하지만 사랑만으로 살 수 있다면, 이 노인은 영원히 살았을 것이다.

내가 D씨를 검안하고, 그 결과를 알려주겠다고 설명하자 머리에 두건을 쓴 스무 살 가량의 청년이 앞으로 나섰다.

"알겠습니다. 저와 제 동생들이 같이 들어가겠습니다."

"죄송하지만, 그건 안 돼요. 입회할 수 있는 건 경찰관뿐이에요."

"왜요? 할아버지에게 무슨 짓을 하려고요? 제가 직접 봐야겠어요."

그의 뒤에서 술렁임이 일었다. 젊은 친척들이 그를 보호하려는 듯 적대감을 내보였다. 나는 그들에게 이 죽음이 전적으로 자연사인지, 누군가 할아버지의 죽음을 앞당긴 것이 아닌지 확인해야 한다는 말을 차마 할 수 없었다. 그랬다가는 살아서 나가지 못할지도 모른다. 그렇다고 '규정'만 내세우면 오히려 그들의 분노를 더 키울 위험이 있었다.

빨리 생각해내야 한다.

"품위 있는 분이셨던 것 같은데, 이런 모습은 보이고 싶지 않으실 거예요. 사람이 임종을 맞을 땐 여러 가지 일이 일어나거든요. 저희가 먼저 살핀 후, 고인의 존엄을 지켜드리는 게 좋을 것 같아요. 이해하시죠?"

청년이 고개를 끄덕이자 그의 형제들도 긴장을 풀었다. 뭔가를 하고 싶고, 고치고 싶어 하는 그들의 마음을 충분히 이해할 수 있었다. 아무것도 하지 않고 그저 슬픔을 참는 건 힘든 일이다.

그때 조용히 있던 둘째 딸이 앞으로 나와, 그가 언제 돌아가셨는지 알려 달라고 부탁했다.

"아버지가 돌아가신 시간에 특별 미사를 드리고 싶어서요."

"네, 물론이죠."

침실로 들어가자, 침대에 누운 비쩍 마른 고인의 머리 위에 걸린 교황의 초상화가 그를 굽어보고 있었다. 얼굴은 깨끗하게 면도되어 있었고, 백발의 머리도 깔끔하게 빗어 넘겼으며, 종잇장처럼 얇은 피부에는 로션이 발라져 있었다. 그는 정성껏 보살핌을 받고 있었다. 사랑받았던 것이다. 조사는 금방 끝났다. 작은 체구 덕분에 뒤집는 것도, 다시 가지런히 눕히는 것도 수월했다. 외상도, 이상한 점도 전혀 없었다. 그저 평온하고 자연스러운 죽음처럼 보였다.

다음은 사망 시각을 확인할 차례다.

내가 하는 대부분의 일이 그렇듯, 사망 후 경과 시간(혹은 사망 추정 시각)을 추정하는 것은 과학인 동시에 기술이기도 하다. 보통 사후 경직, 시반, 사후 체온 저하의 세 가지 요소를 측정해, 각각의 경과 시간을 바탕으로 사망 시각을 몇 시간 범위로 추정한다.

사후 경직은 누구에게나 익숙한 개념일 것이다. 사람이 죽은 뒤 근육이 뻣뻣하게 굳는 현상이다(영화 제목으로도 잘 알려진, 쉽게 죽지 않는다는 뜻의 다이 하드[die hard]란 영어 표현에 빗대 농담처럼 쓰이기도 한다). 살아 있을 때는 산소의 화학 반응에 의해 근육이 수축하거나 이완한다. 그 반응의 부산물이 근육에 쌓였다가 분해되는 것이다. 하지만 죽은 사람의 경우는 다르다. 호흡과 심장 활동이 멈추면 산고 공급이 끊기고, 화학 반응이 멎으며 근육은 서서히 굳어 간다.

사후 경직은 머리에서 시작해 발끝으로 진행되는 것처럼 보이지만, 실은 작은 근육이 먼저 굳기 때문에 그렇게 보이는 것이다. 턱과 손가락부터 시작해 목, 손, 팔, 발로 진행되며 마지막은 커다란 다리 근육이다. 12시간쯤 지나면, 시신은 목과 발뒤꿈치만 받치면 탁자로 써도 될 만큼 단단히 굳는다. 정 그렇게 하고 싶다면 말이다. 시신은 처지거나 구부러지지 않는다. 실제로는 주변 온도, 근육량, 발열 여부, 직전 활동 같은 요인에 따라 달라지지만, 보통 12시간 정도 더 유지된다. 코카인을 흡입한 보디빌더가 800미터쯤 달리다 동맥류로 갑자기 길에서 쓰러져 사망했다면, 그의 시신은 곧바로 경직이 시작될 것이다. 반면 암으로 오랫동안 누워 지내던 노인은 경직이 거의 나타나지 않을 수도 있다.

조직이 분해되고 다른 효소 반응이 일어나면, 경직이 일어날 때와 마찬가지로 작은 근육부터 큰 근육의 순서로 경직이 풀린다. 이 과정은 약 12시간에 걸쳐 점진적으로 일어난다. 우리는 시신의 팔다리와 몸을 구부려 굴곡을 확인하며, 1에서 4까지의 단계로 수치를 매긴다. 4가 완전한 경직이다. 테니스 서브 자세까지 팔을 들어 올릴 수 있다면 경직 정도는 2, 가볍게 건드렸을 때 축 늘어진다면 0이다. 사지를 모두 확인한 후, 각 단계에 도달하는 데 걸린 시간을 바탕으로 사망 시각을 추정한다. 만약 사망자의 턱, 목, 팔에서 3단계 이상의 경직이 있고, 다리에서는 2단계 이상(구부릴 수 있음) 경직이 관찰된다면, 그는 약 8시간 전에 사망했으며 여전히 경직이 진행 중임을 알 수 있다. '구부릴 수 있음'은 근육이 어느 정도 구부러지거나 펼 수 있다는 뜻이다. 턱이 너무 굳어서 입을 전혀 열 수 없을 때도 있다. 신원 확인을 위해 치아를 확인해야 할 경우에는, 턱 근육을 잘라야만 한다. 목, 팔 발목은 쉽게 구부러지지만 대퇴

사두근이 여전히 2단계 이상으로 뻣뻣하다면, 경직이 풀려가는 단계로 보고 사망한 지 28~30시간 정도 지났을 것으로 추정한다.

사후 경직을 조사한 후에는 시반을 평가한다. 시반은 혈액이 중력에 의해 몸의 아래쪽으로 가라앉아 생기는 현상이다. 혈액 순환이 멈추면, 체액이 중력에 의해 조직 속으로 가라앉아 피부가 자주색으로 변한다. 이는 사망 후 약 1~2시간 이후부터 나타나 6~8시간에 가장 강하게 나타난다. 피부를 세게 누르면 붉은 변색 부위가 일시적으로 하얗게 옅어지지만, 시간이 흘러 혈액이 완전히 가라앉아 피부에 스며들면 더 이상 없어지지 않는다. 시반이 고정되기까지 약 8~12시간이 걸린다.

사후 경직과 시반은 시신이 사망 후 옮겨졌는지를 판단할 때도 사용된다. '사후 경직이나 시반의 위치가 부자연스러운' 경우, 시신의 사망 당시 자세가 현재의 환경과 달랐음을 의미한다. 한 번은 러브호텔(2시간에 30달러. 현금 결제)에서 등을 대고 팔과 다리를 공중으로 뻗은 채 죽어 있는 남자를 본 적이 있다. 대부분의 사람은 그렇게 죽지 않는다(경찰학교 강의에서는 '운 좋은 사람들만 그렇게 죽는다'며 농담 삼아 이야기하곤 했다). 몸 앞부분이 검붉은 색으로 변해 있고, 구겨진 침대 시트에 눌린 자국은 하얗게 남아 있었다. 그는 좁은 침대 위에서 사지를 양옆으로 늘어뜨린 엎드린 자세로 사망했을 것으로 보인다. 구급대원들이 규정을 따르지 않고 그를 뒤집어 놓은 채 방치한 것이었다.

다음은 사후 체온 저하를 측정하는 것으로, 더욱 정밀한 판단이

가능하다. 시신은 섭씨 약 22도의 실내에서 매시간 약 0.8도씩 체온이 떨어져, 결국은 실내 온도에 도달한다. 추위, 물, 바람은 체온 저하를 더욱 빠르게 하고, 열기나 옷 등으로 덮여 있으면 속도가 늦어진다. 가장 좋은 방법은 직장 체온계를 사용하는 것으로, 같은 체온계로 실내 온도도 측정한다. 이 작업에는 섬세한 주의가 필요하다.

미국 대학입학시험(SAT) 문제로 내도 손색이 없을 것이다.

【문제 3】

체중 68kg의 성인 남성이 실내복을 입은 채 사망했다. 실내 온도는 섭씨 23도, 사망자의 직장 온도가 28도라면, 시후 몇 시간이 경과한 것일까? 발견 시점 이후 다른 조건은 변하지 않았다.

(A) 4시간   (B) 6시간

(C) 10시간   (D) 15시간

정답은 (C) 10시간이다. 사망 당시 평균 체온을 약 36도라고 하면, 현재 직장 온도 28도는 약 8도가 떨어진 상태다. 이를 0.8로 나누면 답은 10 즉, 사망 후 10시간이 경과했음을 뜻한다. 다만, 경찰에게 시신 발견 후 창문을 열거나 닫은 적이 있는지 먼저 확인해야

한다. 주위 온도의 변화는 체온 저하 속도에 영향을 주기 때문이다.

이제 해석만 남았다. 고인의 사망 시각은 사후 경직을 바탕으로 추정하면 8~10시간 전, 시반은 6~8시간, 사후 체온 저하는 8시간 전을 나타낸다면, 각 시간 범위의 중간 값을 계산하는데, 이 경우는 8시간으로 본다. 여기에 약간의 오차 범위를 더해, 사망 시점은 대략 6~8시간 전 즉, 검안 시점에서 약 8시간 전으로 추정한다. 과학적인 방식이지만, 현장마다 수많은 변수가 존재하고, 죽음의 방식은 모두 다르다. 결국은 모든 정황을 종합적으로 고려해야 한다.

나는 D씨의 시신을 살펴보고 이런저런 '과학적' 계산을 해본 끝에 사망 시각을 약 4시간 전으로 추정했다. 당시 시각은 새벽 3시였다. 나는 유족들 앞에 나서서 엄숙하게 선언했다.

"D씨는 밤 11시에 돌아가셨습니다."

그의 두 딸이 비명을 질렀고, 사위 하나는 가슴을 움켜쥐었다.

"하지만 셸리아가 자정에 아버지와 얘기했어요! 말도 안 돼, 설마 당신은……"

젠장.

나는 사망 시각을 추정할 때 가장 중요한 질문을 잊고 있었던 것이다. '마지막으로 고인과 대화를 나누었거나 살아 있는 모습을 본 시각이 언제였는가?'를 물었어야 했다.

나는 계산 실수라는 변명으로 간신히 그 상황을 모면할 수 있었고, 이후로는 다신 그런 실수를 하지 않았다.

＊

　업무상 나는 어쩔 수 없이 사망 시각에 집착할 수밖에 없었다. 여러 가지 이유가 있다. D씨의 사례에서 알 수 있듯, 사망 시각은 유족이 일종의 마음 정리를 하는 데 도움이 된다. 많은 사람에게 사망 시각은 고인의 마지막 순간으로 기억된다. 또 사랑하는 사람의 죽음을 이해하는 데에도 도움이 된다. 누군가의 발자취를 더듬는 일은, 상실을 받아들이기 위해 이야기를 구성하고 이해하려는 또 다른 방식일 수 있다. 나는 이해할 수 있었다. 결국 내가 하는 일은, 누군가의 마지막 순간을 이야기로 만들어내는 것일지도 모른다.

　또 다른 이유로, 민사 사건과 범죄 수사도 있다. 사망 시각은 상속 재산 분배를 다루는 검인 법정에서 결정적인 요인이 되기도 한다. 가령 부부가 유언장도 남기지 않고 교통사고로 세상을 떠났는데, 각자 이전 결혼에서 얻은 자식이 있는 상황이라면? 미국의 많은 주에서 생존한 배우자가 상대의 재산 일부를 자동으로 상속받는다. 단지 1, 2분 더 오래 살아남았을 경우에도 그렇다. 그렇기 때문에 만약 아내가 먼저 죽었다면, 남편 쪽 자식들이 그녀의 몫을 상속받게 되고, 누군가는 크게 불만을 품게 될 것이다. 살인 사건의 경우, 사망 시각은 경찰이 용의자를 좁히는 데 큰 도움이 된다. 피해자가 일요일 오후 7시에서 9시 사이에 사망한 것으로 추정되는(우리는 항상 범위를 제시한다) 경우, 그 시각 보스턴행 기차에 타고 있던 여자 친구는 용의선상에서 제외된다. 혼자 집에서 TV를 보고 있었다는 별거 중인 아내라면 이야기가 달라진다.

한 번은 아파트에서 작은 화재가 발생해, 진화가 끝난 현장에 불려간 적이 있다. 연기가 걷히자, 구조대원들은 피범벅이 된 침대 위에서 흉기에 찔려 죽은 남자의 시신을 발견했다. 작은 원룸 아파트로, 침대 하나와 옷장이 간신히 들어가는 크기였지만 간이 주방과 욕실도 있었다. 청록색으로 칠해진 벽은 수족관 같은 분위기를 풍겼다. 옷장 서랍이 모두 열려 있고, 물건들이 흩어져 있었다. 방 곳곳에 커다란 양초 십여 개가 놓여 있었는데, 그 중 일부가 다 타서 옷장에 불이 옮겨 붙으며 화재가 난 것이다. 시반과 사후 경직 상태로 보아 피해자는 사망한 지 한참이 지난 것으로 보였지만, 화재 때문에 체온이 37도 이상으로 올라가 있어 정확한 계산이 어려웠다. 이웃들 말에 따르면, 그는 '오는 사람은 마다하지 않는 주의의 매춘부'였다고 한다. 그렇기 때문에 그의 살인 사건을 해결하는 데에는 사망 시각이 특히 중요했다. 사망 시각을 알면 어떤 손님이 그를 죽였는지, 어떤 손님이 그의 죽음을 이용해 절도를 했는지, 또 어떤 손님(혹은 손님들)이 시신을 보고 겁에 질려 달아났는지를 밝혀줄 것이다.

양초는 모두 크기가 달랐다. 연소 시간이 6시간, 4시간, 2시간짜리도 있었다. 양초가 사망 시각을 추정하는 데 도움이 될까? 만약 범인이 6시간짜리 커다란 양초에 불을 붙였고, 그게 거의 바닥까지 다 탔다면 남자는 약 5시간 전에 사망했다고 추정할 수 있었을 것이다. 그러나 양초가 이전에도 사용된 적이 있는지 확인할 수 없으므로, 그것들은 큰 도움이 되지 않았다. 만약 범인이 수사에 혼란을 주기 위해 양초를 사용했다면? 치밀한 살인자라면 사망 시각 계산에 혼란을 주기 위해 실내 온도를 일부러 바꾸었을지도 모른다. 자신이 떠난 후 불이 붙도록 일부러 옷장 가장자리에 양초를 놓았을지도 모른다. 그러면 그는 멀리 도망칠 시간을 벌고, 범행 증거도 모두 불에 타버릴 것이다. 다만, 시신만은 예외이다. 교활한 범인이 우리를 혼란에 빠뜨리려 한 게 이번이 처음은 아니었다. 나는 피해자의 오른쪽 하복부에서 녹색 변색을 발견했다. 그 부위는 장이 피부와 가장 가까워 부패가 일찍 드러나는 곳으로, 사망 경과 시간이 더 길다는 것을 의미했다. 시신의 다리에는 피부가 벗겨지고 물집이 잡히는 등의 다른 부패 징후도 있었지만, 화재로 인한 결과일 수도 있었다. 모든 요인을 종합했을 때, 그는 사망 후 최소 24시간 이상이 지난 것으로 보였다.

일상적인 물건들도 사후 경과 시간을 추정하는 데 도움이 된다. 예를 들어, 한 여성이 매일 아침 8시에 현관에 배달된 신문을 가져가곤 했는데, 우리가 도착했을 때 일요일과 월요일 신문이 그대로 놓여 있다면 그녀는 아마 토요일쯤 사망했을 가능성이 높다. 식탁 위에 놓인 중국 음식점의 배달 봉투에는 종종 구입한 날짜와 시간이 인쇄된 영수증이 붙어 있기도 하고, 컵에 따른 맥주 한 잔은 4시간 정도면 탄산이 빠진다(따뜻한 곳에서는 더 빠르다). 커피 테이블에 위에 여전히 거품과 탄산이 남아 있는 맥주잔이 있다면, 범인은 막 떠났다는 뜻이다. 양초로 가득한 방에서 발견된 그 남성의 사건은 끝내 해결되지 않았다. 워낙 많은 사람이 드나든 데다 이름조차 모르는 사람이 많았기 때문이다.

내 업무의 대부분은 하루나 이틀 사이에 발견된, 사후 경과 시간이 짧은 경우가 많았다. 하지만 사망 후 몇 주 혹은 몇 개월이 지나 발견되는 경우도 많다. 누군가 안부를 물어줄 사람조차 없는 이들에게 뉴욕은 고독한 도시였다. 허시 박사는 '익명으로 살고 싶다면, 뉴욕으로 가면 된다'는 말을 하곤 했다.

나는 부패 과정에서 나타나는 흔적들을 단서로, 장기적인 사후 경과 시간을 추정하는 방법도 배웠다. 따뜻한 계절에는 파리가 시신의 축축한 구멍이나 상처에 알을 낳는다. 알은 하루 만에 희끗한 구더기가 되어 꿈틀거리다 6~7일 동안 살을 찌운 뒤 기어 나와 번데기로 변한다. 6일이면 쌀알처럼 생긴 갈색 번데기에서 파리가 부화한다. 즉, 2주면 알에서 파리로 성장하는 것이다. 현장에 흩어진 번데기 껍질의 분포를 세어보면 사망 후 몇 주가 지났는지 추정할 수 있다. 법곤충학자는 며칠 단위까지 더 정밀하게 추정할 수 있다. 파리가 너무 많아 마치 검은 눈보라처럼 보이는 현장에도 가본 적이 있다. 이런 '해충 파티'가 벌어지면 바퀴벌레, 쥐, 생쥐, 파리가 우글거리며 번식한다. 유기 화합물과 미네랄을 대지로 되돌리는 신의 방식이기도 하다.

또 시랍화도 일어난다. 비누화라고 불리는 화학 과정에 의해 체지방이 역한 냄새가 나는 흰색 왁스와 같은 물질로 바뀌는 것이다.

이는 시신이 따뜻하고 습한 환경 속에 매장되어 있었음을 보여준다. 이런 조건에서는 3개월 정도면 시랍이 형성되므로, 시랍화가 발견되었다는 건 시신이 한동안 땅속에 묻혀 있었다는 뜻이다.

몇 년 전, 교외에서 몰려온 청년들이 크리스토퍼 스트리트 인근의 모턴 스트리트 피어에서 어울리곤 했다. 그곳은 게이 남성들에게 인기 있는 장소였다. 어떤 이들은 술을 마시거나 약에 취해 허드슨 강에 빠지기도 하고 '러프 트레이드(rough trade)'라 불리던 위험한 남자들과 어울리기도 했다. 그들은 돈을 받고 성관계를 맺었지만, 때로는 자기혐오에서 비롯된 폭력성을 터뜨리며 갑작스레 상대를 공격하기도 했다. 사고로 혹은 다른 이유로 사망하는 경우도 있었다.

웨스트체스터 경찰 간부의 아들이 그런 상황에서 사라진 적이 있었다. 아마 부두에서 강물로 떨어진 듯했다. 그리니치빌리지의 제6 관할서 경찰들이 청년의 수색에 동원되었다. 일주일 뒤, 브루클린 다리 아래 이스트리버 기슭에서 남성의 시신이 발견되자, 제1 관할서의 리 형사는 혹시나 하는 마음에 전화를 걸어 동료들에게 알렸다. 위치는 다르지만, 그들이 찾던 청년일지도 모른다고 생각한 것이다.

내가 현장에 도착한 건 날이 밝기 직전이었다. 떠오르는 태양이 강에 서린 안개를 밝게 비추고, 복숭앗빛 하늘을 배경으로 어스름한 석조 다리의 윤곽이 드러나 있었다. 탑 사이를 잇는 철제 케이블은 황금빛 햇살에 비쳐 검은 레이스처럼 드리워져 있었다. 내 눈앞에 있는 인간의 잔해와는 극명한 대조를 이루는 아름다운 광경이었다. 그것은 엉덩이와 다리뼈가 붙어 있는 남성의 하반신이었다. 지독한 악취가 풍겼고, 갈기갈기 찢긴 속옷 조각이 매달려 있었다. 나는 곧바로 시랍화를 확인했다. 두껍게 덩어리진 흰색 왁스가 둔부를 덮고 있었다. 물고기나 게가 뜯어먹은 흔적이 없는 걸보면, 물에서 떠밀려온 것은 아니었다. 이는 시신이 한동안 땅에묻혀 있었음을 알려주었다. 그런데 왜 지금은 강기슭에 누워 햇볕을 쬐고 있는 걸까?

강을 따라 100미터쯤 위쪽을 보니, 노란색 굴착기가 보였고 강가에서 인부들이 준설 작업을 하고 있었다. 아마 시신은 강기슭에묻혀 있다, 물살의 변화로 드러난 듯했다. 영안실로 돌아와 발견된하반신을 보관 중이던 다른 상반신들과 맞춰 보았지만, 아무 성과도 없었다. 이 시신이 실종된 웨스트체스터 경찰 간부의 아들은 아닐 것이다. 사망 시각이 그의 실종 시기와 맞지 않았다.

부패 과정은 사망 시각을 추정하는 데 도움이 되지만, 동시에 방해가 되는 경우도 있다. 외상처럼 보이는 흔적이 실은 부패나 설치류에 의한 손상과 같은 환경적 요인의 결과일 수도 있기 때문이다. 세상에 부패한 시신만큼 지독한 악취도 없고, 무전실에서 부패한시신이 발견됐다는 연락만큼 달갑지 않은 소식도 없다.

"안녕, 바버라. 나예요, 시시. 32관할구에서 부패한 시신이 발견됐어요. 상태가 심각한가 봐요, 미안해요, 자기."

법의조사관들은 여름에 퇴근 후 곧장 외출할 계획을 세우지 않는다. 여름은 부패의 계절이었고, 악취는 더러운 담요처럼 머리카락이나 피부 그리고 옷(특히, 천연 소재의 옷)에 달라붙었기 때문이다. 나는 6~8월까지는 폴리에스터 옷만 입고 일했다.

사람이 죽으면, 우리 몸속의 세균이 자유롭게 풀려난다. 면역 체계와 자연 방어 기능의 제약이 사라지면, 세균은 마음껏 증식하며 냄새 나는 가스를 만들어낸다. 그 결과, 복부가 부풀어 오르고, 눈꺼풀과 음낭도 압력으로 팽팽해진다. 효소에 의해 조직이 분해되고 세포가 파열되면서 '퍼지(purge)'라 불리는 적갈색의 코를 찌르는 악취가 나는 액체가 온몸의 구멍에서 흘러나와 역겨운 웅덩이를 만든다. 피부는 칼로 베인 듯 갈라지는데, 이는 가스의 압력으로 피부가 팽창한 결과다. 이후 피부는 잿빛으로 변해 떨어져 나간다. 살은 단단하고 윤이 나는 검은색으로 변하고, 눈과 혀는 가고일상처럼 튀어나온다. 입이 움직이는 것처럼 보여 가까이 다가가 확인하면, 구더기들이 꿈틀대는 입안에서 쏟아져 나온다. 하지만 그 냄새, 세상에 그보다 끔찍한 건 없다. 썩은 고기, 병든 개의 배설물, 썩은 달걀, 양배추, 시든 마늘을 믹서기에 넣고 갈아도, 부패한 시신에서 풍기는 구역질나는 단내에 비하면 훨씬 향기로울 것이다.

부패 시신에 비하면 미라화된 시신은 악취가 덜하고, 퀴퀴하면서도 자연적인 묘하게 흥미로운 냄새를 풍긴다. 한 번은 빈민들이 불법 거주하는 건물의 침대 위에서 마른 나뭇잎과 가죽 조각 무더기를 발견한 적이 있다. 임대료를 내지 않지만 가스, 전기, 수도도 들어오지 않는 곳이었다. 그런데 그 나뭇잎 더미가 새 것처럼 보이는 팀버랜드 부츠를 신고 있었다. 자세히 들여다보니 그것은 해골이었고, 장기들은 녹슨 난로 뒤에 숨어 있던 큰 쥐들에게 갉아 먹힌 후였다. 따뜻하고 건조한 기후와 통풍이 잘 되는 환경 탓에 시신이 건조되어 미라화가 일어난 것이다. 남은 조직이 거의 없어, 내가 팔을 들어 올리자 그대로 떨어져 나갔다. 그것은 그저 얼룩덜룩한 갈색의 마른 피부, 힘줄, 뼈만 남은 빈 껍데기에 불과했다. 그럼에도 나는 덜컥 겁이 났다. 흥미로운 건, 텅 빈 갈비뼈 안에서 덜거덕거리며 굴러다니던 탄환이었다. 이게 사인이었을까? 아니면 과거의 싸움이나 전쟁에서 입은 부상으로 몸속에 남아 있던 오래된 탄환이었을까? 아무도 알 수 없었다. 모든 증거가 사라져 버렸기 때문이다.

부패의 흔적은 노련한 이들마저 혼란스럽게 할 수 있다. 한 번은 노인이 구타로 숨진 사건을 맡은 적이 있었는데, 경찰관들이 몹시 흥분해 있었다. 그들은 부어오른 얼굴에 난 자줏빛 멍, 코에서 흘러나오는 피와 체액, 턱에 남은 담뱃불 자국을 가리켰다.

"노인을 이토록 잔인하게 폭행하다니, 반드시 범인을 잡아서 대가를 치르게 할 겁니다."

그들이 분개하며 말했다. 그러나 그 모든 것은 사실이 아니었다. 부은 얼굴과 자줏빛 변색은 시신이 엎드린 채 바닥에 놓여 있는 동안 혈액이 아래쪽으로 가라앉으면서 생긴 시반과 조직 내에 가득 찬 가스 때문이었다. 코에서 흘러나온 체액은 부패 과정에서 나온 분출물이었으며, 담뱃불 자국으로 보였던 것은 사실 바퀴벌레가 문 자국이었다. 모두 사후에 일어난 현상이었던 것이다. 영아 돌연사로 죽은 아기들의 몸에서 바퀴벌레나 쥐가 갉아먹은 작은 상처가 발견되어, 부모가 아동학대로 의심받는 일도 드물지 않았다.

우리 모두는 일하면서 나름의 두려움을 안고 있었다. 그 중 가장 큰 두려움은, 죽은 줄 알았던 사람이 갑자기 살아나는 것이었다. 브루클린 사무소의 대릴도 실제 그런 일을 겪었다. 발륨(신경안정제)을 과다 복용해 자살을 시도한 여성이었다. 대릴이 그녀의 몸을 뒤집었을 때, 갑자기 눈을 뜨고 신음을 내뱉은 것이다. 그는 거의 기절할 뻔했다. 당황한 구급대원들이 다시 불려왔고, 불쌍한 대릴은 덜덜 떨며 사무실로 돌아갔다. 아마 그녀의 심박과 호흡이 (급하게 검사하던)구급대원들도 감지하지 못할 정도로 느려져 있었던 모양이다.

나 역시 그런 두려움을 느낀 적이 있다. 어느 날, 혼자 검시국 밴에 올라탔을 때 뒤칸에는 부풀어 오른 부패 시신이 놓여 있었다. 내가 시신을 뒤집는 순간, 그가 크게 신음을 내뱉었다. 나는 비명을 지르며 밖으로 뛰쳐나가, 웃고 있는 경찰의 품에 안겨 버렸다. 그건 단지 가스가 목구멍을 타고 솟구쳐 나온 결과일 뿐이었다. 아코디언의 주름상자를 누르면 소리가 나는 것처럼 말이다. 몇 주 뒤, 그 경찰에게 복수할 기회가 찾아왔다. 우리는 위를 보고 죽어 있는 알몸의 남성 시신을 발견했다.

"잘 됐군요. 이거면 간단히 사망 시각을 알 수 있겠어요."

내가 말했다.

"잠깐, 지금 뭐라고 했어요?"

그는 경찰 특유의 회의적인 표정으로 한쪽 눈썹을 치켜 올렸다.

"음경을 시계의 시침이라고 생각해 봐요. 배꼽을 12시, 발을 6시, 양쪽 겨드랑이가 각각 3시와 9시예요. 자, 음경이 어느 쪽을 가리키고 있죠?"

"대략 4시쯤 되는 것 같네요."

그가 대답했다.

"좋아요, 그런데 오전인가요, 오후인가요? 잘 봐요, 음낭의 오른쪽이 더 처져 있으면 오전이고, 왼쪽이 더 처져 있으면 오후예요. 즉, 이 남자는 대략 오전 4시쯤 사망한 거죠. 이제 경직 상태를 확인해보죠."

나는 진지하게 말하다……결국 웃음을 터뜨렸다. 이 농담은 자주 써먹을 수는 없었다.

지독한 악취에도 불구하고, 가스로 인해 시신이 부풀어 오르는 데에는 의외의 장점이 있다. 바로 뉴욕에 봄이 왔다는 것을 알려준다는 것이다. 시신이 강에 던져지거나 사람이 익사하면, 처음에는 바닥으로 가라앉는다. 물이 차가울 때는 그대로 강바닥에 가라앉아 물고기들의 먹이가 되지만, 봄이 오고 수온이 높아지면 추위로 잠들어 있던 몸속의 세균들이 활동을 재개한다. 그 결과, 가스가 발생하고 세포가 팽창하면서 급기야 펑! 강바닥에 가라앉았던 시신이 데이지 꽃이 흙을 뚫고 올라오듯 수면 위로 떠오른다. 그리고 사람들은 봄이 왔음을 실감한다.

제 8 장
앳된 살인자들

　나는 종교적인 사람이 아니다. 적어도 남들 앞에서는 그렇다. 나는 오히려 신앙을 잃었거나, 회복 중인 기톨릭 신자에 가깝다. 동성애자, 여성, 원죄 등에 대한 교회의 입장을 받아들일 수 없기 때문이다. 나와 같은 사람들이 많다. 그래도 교회의 가르침 중 일부는 지금도 기억하고 있다. 부모에게 거짓말하지 말라거나, 먼저 돌을 던지지 말라는 가르침 같은 것들 말이다. 또 '작위의 죄(해선 안 될 일을 한 죄)'와 '부작위의 죄(해야 할 일을 하지 않은 죄)'의 차이도 잊지 않았다. 비록 내게는 그 모든 것이 빠져나갈 구멍처럼 들렸지만.

　나는 늘 해답을 찾아왔고, 세상에는 어떤 질서나 만인이 공유하는 대의와 같은 것이 있다고 믿고 싶었다. 내가 의지할 무언가가 필요했는데, 아마 그래서 알코올 중독자 모임의 '초월적 존재'라는 개념에 이끌렸던 것 같다. 우주 어딘가에 나보다 훨씬 강하고 현명하며 선한 존재가 모든 것을 지켜보고 있다고 생각하면 마음이 놓였다. 계획을 가지고 있으면서도, 가수 내트 킹 콜처럼 차분하고 편안한 바리톤 목소리로 말해주는 존재.

안심은 되지만, 아름다운 공원에서조차 시신이 발견되는 현실을 생각하면 믿기 어려웠다. 나는 센트럴 파크 숲속의 작은 텐트 안에서, 침낭째 수차례 칼에 찔려 죽은 여자를 조사했다. 피에 젖은 오리 깃털이 사방에 흩날려 나무에 들러붙어 있었다. 이제 나는 센트럴 파크 안의 노스 우즈나 램블스를 산책할 때마다, 숲속에 감춰져 있을지도 모를 시신을 떠올리지 않을 수 없었다. 때로는 공공연히 드러나 있기도 했다. 대부분 벤치에 앉아 따뜻하고 달콤한 공기를 들이마시며 약에 취해 있다가 조용히 과다 복용으로 죽는 헤로인 중독자들이었다. 그들이 죽은 채로 몇 시간째 방치되는 동안, 뉴요커들은 무심히 지나쳐 갔다.

모닝사이드 파크의 벤치 위에서 한 남성이 불타고 있다는 911 신고가 들어왔다. 그곳은 모닝사이드 하이츠와 할렘의 경계를 이루는, 맨해튼 편마암으로 이루어진 가파른 절벽에 인접한 아름다운 녹지 공간이었다. 내가 현장에 도착한 것은 경찰이 소화기로 불을 끈 지 얼마 되지 않은 시점이었다. 나는 마침 인근에서 몸값을 노린 납치 사건의 피해자가 감금되어 고문당했던 옷장을 조사하고 있었다.

남자는 고개를 숙인 채 축 늘어져 앉아 있었고, 왼손에는 라이터를 쥐고 있었다. 무릎 부분이 심하게 타고, 바지와 나일론 재킷은 검게 그을려 너덜너덜해져 있었다. 몸의 일부가 소화기에서 나온 흰 가루에 덮여 있었기 때문에, 화상의 형태를 알아보기 어려웠다. 나는 그가 코카인을 흡입하다 실수로 몸에 불이 붙은 것이 아닐까 생각했다. 전에도 비슷한 사고가 있었다. 내가 그날 지나친 희망을 품고 있었는지도 모른다. 누군가 고의로 타인에게 불을 질렀다고 는 믿고 싶지 않았다.

당시는 일을 시작한 지 5년 남짓 흐른 때였다. 5년 동안 살인, 자살, 사고와 같은 흔한 비극들을 수없이 목격했다. 나는 이미 지쳐 있었고, 이유를 찾고 있었다. 아이들은 왜 그렇게 무참히 죽어야 했을까? 여성들은 왜 쾌락을 위해 살해되었는가? 사람들은 왜 굶주리고, 고통 받고, 외로워야 했는가?

왜?

짧고 간단한 질문이지만, 그 안에는 상처와 후회 그리고 혼란이 담겨 있다. 나는 확실성이 주는 안도와 목적이 있다는 사실에서 오는 위안을 원했다. '모든 일에는 이유가 있다'는 말을 곧이곧대로 믿고 싶었다. 나는 답을 원했다.

그러나 이 일은 내게 답을 주지 않았다.

1997년 5월, 통신실의 멘디로부터 연락을 받았다. 그가 늘 하던 절차대로 설명하는 동안, 나는 참을성 있게 기다렸다.

"뉴욕시 검시국의 호르헤 멘데스입니다. 바버라 부처 조사관 맞으신가요?"

"나예요, 멘디. 무슨 일이에요?"

"사건입니다."

"알아요, 멘디. 어딘데요? 무슨 사건이죠?"

"센트럴 파크 관할서에서 연락이 왔습니다. 호수에서 발견된 남성 시신, 명백한 살인사건으로 보입니다."

"알겠어요. 감식반은 언제쯤 도착하죠?"

"지금 가는 중입니다. 운전기사를 보낼까요?"

"부탁해요, 멘디. 기사에게 서둘러 달라고 해줘요."

"알겠습니다. 기사에게 요청을 전달하겠습니다. 사건 개요서도 출력해드리겠습니다. 이상입니다."

멘디는 일은 잘했지만, 훈련 매뉴얼을 통째로 외운 것처럼 대응했다. 그는 규정을 지키려 노력했다. 잊은 게 있어서 30초 만에 다시 전화를 걸어와도, 자신의 이름과 소속을 비롯한 모든 과정을 처음부터 끝까지 다시 읊었다. 자기 일에 자부심을 가진 다정한 사람이었지만, 가끔은 신경을 거슬리게 했다.

우리는 금방 현장에 도착했다. 야간 근무를 자주 하지 않는 미스터 웰스와 함께여서 더 반가웠다.

"잘 지냈어요, 바버라?"

"네, 잘 지냈어요. 그나저나 자정부터 아침 8시까지는 완전히 다른 세계일 거예요. 당신도 알다시피 나쁜 일은 밤에 일어나잖아요."

"맞아요. 악마가 놀러 나오는 시간이니까."

우리는 72번가 입구의 웨스트드라이브에 차를 세웠다. 호수 쪽으로 걸어가자, 감식반 형사 할이 길에 떨어진 혈흔을 따라가고 있는 것이 보였다.

"바버라, 잘 지냈어요? 여기, 이 피 좀 봐요. 아마 도망칠 때 범인이 흘리거나, 흉기에서 떨어졌을 거예요. 방향성이 보이죠? 범인이나, 피해자의 것일 수도 있어요. 아니면 둘 다일 수도 있고요. 어떻게 생각해요? 보도블록 몇 개를 떼어서 증거물로 가져갈까? 아니면 그냥 샘플만 채취할까요?"

내가 대답하려는 순간, 그가 혼잣말을 하고 있다는 걸 깨달았다.

"그래, 표시를 해두고, 사진을 찍은 뒤 샘플을 채취하는 게 좋겠어. 오케이, 그러면 되겠네."

할은 빠르게 말하며, 생각을 소리 내어 정리했는데 나는 그게 법의학 수업처럼 즐거웠다. 그는 처음으로 내게 혈흔이 움직임에 따라 어떻게 달라지는지 보여준 사람이었다. 가만히 서 있는 사람이 흘린 피는 동그란 자국을 남기며, 그 주변에 작은 핏방울이 튀어 있다. 움직이고 있다면, 혈흔의 윗부분이 앞으로 끌려 나가며 이동 방향을 가리키는 뾰족한 형태를 남긴다.

나는 할을 뒤로한 채, 호숫가 정자 앞에 서 있던 나이트 워치 형사와 경찰관들에게 다가갔다. 센트럴 파크 호수는 뉴욕에서 가장 낭만적인 장소로, 보트를 타거나 인적이 드문 호숫가를 거닐기에 안성맞춤인 곳이다. 호수를 가로지르는 보 브리지는 연인들이 프로포즈하는 장소로 유명하다.

형사는 호수 가장자리에 뒤집힌 보트처럼 둥둥 떠 있는 커다란 흰색 물체를 가리켰다.

"저기예요, 바버라. 도살이나 다름없이 난자당했어요. 한 소녀가 신고했는데, 아직 어린애 같더라고요. 나머지는 그 소녀의 집에 가서 진술을 받고 있어요. 긴급 대응팀(ESU)이 곧 도착할 거예요. 그들이 시신을 건져 올리면 더 자세히 알게 되겠죠."

그런 시신을 보게 되다니, 어린 소녀가 그 충격을 감당하기는 쉽지 않을 것이다.

한 경찰이 손전등을 비추자 섬뜩한 광경이 드러났다. 물은 피로 붉게 물들었고, 남자의 벌어진 배에서는 장기가 흘러나와 갈대와 수초 사이에 떠다니고 있었다. 법의학적으로는 '내장 적출'이라고 표현하지만, 정육점 진열대에 걸린 고기처럼 벌어진 사람의 몸을 마주했을 때의 참혹함을 담아내기에는 턱없이 부족했다. 나는 더 자세히 보기 위해 한 발 다가섰다. 상처의 가장자리가 매끈하고, 찢긴 흔적이 없는 것으로 보아, 날카로운 칼에 의한 것임을 알 수 있었다. 무기의 특성을 정확히 파악하기 위해서는 부검을 기다려야 했다. 밖이 너무 어두워 제대로 보이지 않았다. 나는 시신의 위치를 기록하고, 전체 현장을 보여주는 사진을 몇 장 찍은 뒤, 할이 발견한 다른 것들을 확인하기로 했다. 긴급 대응팀이 시신을 끌어 올리면 그때 조사를 시작하면 된다.

새벽 5시 30분경, 떠오르는 햇살이 어두운 숲 사이로 비쳐 들었다. 호수는 은은한 주황과 분홍빛으로 물들고, 잔물결이 햇살을 받아 일렁였다. 멋진 광경이었다. 달력 사진을 연상케 하는 황금빛 풍경 속에, 처참히 훼손된 남자의 창백한 시신이 놓여 있었다. 영화 속 한 장면 같은 극적인 상황 속에서, 나는 내가 맡은 역할을 자각했다. 금발의 젊은 여자가 베이지색 트렌치코트에 검은색 터틀넥을 입고 태연한 얼굴로 서 있다. 영화 속 진부한 장면 같지만, 실제였다. 모든 것이 너무나 생생했다.

덤불 속에서 들려온 소리에 나는 정신이 번쩍 들었다. 가까이 있던 경찰을 슬쩍 찔러 건너편 호숫가를 가리켰다. 새벽 5시 30분에 덤불을 뒤지는 남자라니, 수상하기 짝이 없었다. 하지만 곧 카메라 플래시가 번쩍이는 것을 보고 그가 타블로이드 기자임을 알았다 (〈뉴욕 타임스〉 기자라면 덤불 속을 기웃거리진 않을 것이다). 한 경찰이 대충 손을 휘저으며 그를 내보내려 했지만, 소용없다는 걸 알고 있었다. 피해자의 존엄을 지켜줄 수 있다면 좋겠지만, 기자가 수사에 직접 방해가 되는 건 아니었기에 달리 대응할 방법이 없었다.

긴급 대응팀이 조심스럽게 남자를 물에서 끌어내 호숫가에 눕혔다. 그의 얼굴이 보였다. 거의 잘려나간 코 아래로 짙은 콧수염이 있었고, 입 안에는 붉은 핏덩어리가 고여 있었으며, 목은 깊게 베여 있었다. 나는 클로즈업 사진을 몇 장 찍고, 장갑을 낀 채 그를 살폈다. 한 손은 깊게 베여 손가락이 겨우 매달려 있었고, 손바닥에는 칼자국이 나 있었다. 다른 손은 거의 잘려나가 손목에 힘없이 매달려 있었다. 가해자의 공격을 막으려다 생긴 방어흔이었다. 몸집이 큰 피해자를 쓰러뜨리는 것은 쉽지 않았을 것이다. 이 가엾은 남자는 무자비한 공격에 필사적으로 저항했을 것이다. 그의 팔, 가슴, 등, 복부까지 난도질당한 상태였다. 상처가 너무 많아 셀 수조차 없을 지경이었다.

나는 시신의 벌어진 복부에 가까이 다가갔다. 술 냄새를 맡고, 순간적으로 안도했다. 술에 취해 고통과 공포를 느끼지 못했기를 바라는 마음이 들었지만, 그렇지 않다는 걸 나는 잘 알고 있었다. 신경이 찢기며 타들어가는 듯한 극심한 통증이 덮치고, 살아남기 위해 몸부림치는 순간에는 술기운마저 사라진다. 말 그대로, 목숨을 건 싸움이다. 권투 선수인 친구에게 들은 적이 있는데, 한창 싸우는 중엔 본능적인 뇌가 지배해서 고통이 차단된다고 한다. 그게 진짜인지는 알 수 없다. 그가 느꼈을 공포가 떠올랐지만, 애써 밀어냈다.

나는 시신의 체온을 확인하고, 물과 공기의 온도와 비교했다. 사후 경직은 긴급 대응팀이 시신을 호수에서 끌어올렸기 때문에 정확하지 않을 터였다. 사망 후 오랜 시간이 흐른 것 같진 않았다. 기껏해야 두어 시간 정도가 아닐까. 물에 있었음에도 시신이 차갑게 식지 않은 걸 보고 알 수 있었다. 나는 시신의 양손을 봉투로 감싼 뒤 개봉 방지 테이프로 단단히 밀봉했다. 손톱 밑에서 누군가의 살점이나 모발이 발견될지도 모른다. 우리는 피해자와 관련된 것을 찾기 위해 호수와 그 기슭을 수색한 뒤, 찢어진 그의 옷을 모아 두었다. 증거가 아니라고 판명되기 전까지는, 모든 것이 증거물로 취급된다.

수사를 마치고 센트럴 파크를 떠나는데, 기자 한 명이 나를 막아세우고는 피해자와 그의 상태에 대해 말해줄 수 있냐고 물었다. 나는 미안하지만 안 된다고 대답했다. 그는 뭐든 알려줄 수 있는 게 없느냐고 끈질기게 물었다. 그때 허시가 늘 말하던 게 떠올랐다. '기자를 상대하는 유일한 방법은 모자를 쓰는 것이다. 모자를 쓰고, 자리를 떠나면 된다.' 나는 그 말대로 했고, 차에서 기다리던 미스터 웰스를 보고 안도했다.

그 사이, 몇 블록 떨어진 센트럴 파크 웨스트의 고급 아파트에서는 중요한 일이 벌어지고 있었다. '더 마제스틱'은 배우 프레드 아스테어와 럭키 루치아노 같은 유명인들이 살던 웅장한 아르데코 양식의 건물이다. 사건이 일어난 그날 밤, 경찰은 '더 마제스틱'에서 걸려온 두 건의 신고 전화를 받고 출동했다. 첫 번째 신고자는 열다섯 살 다프네 압델라의 아버지로, 딸이 실종된 것 같다는 전화였다. 경찰이 로비에 도착하자 야근 중인 도어맨이 다가와, 아파트 주민인 다프네 압델라와 크리스토퍼라는 젊은 남자친구가 피투성이가 된 채 돌아와 건물 뒤쪽의 설비실에서 씻고 있다는 사실을 알렸다.

경찰은 두 사람이 벌거벗은 채 욕조에 앉아 피를 씻어내고 있는 것을 발견했다. 그들은 센트럴 파크에서 인라인스케이트를 타다 넘어져서 다쳤다고 주장했다. 경찰은 두 사람을 위층 아파트로 데려갔다. 다프네는 옷을 빨면서 아버지에게 '당장 꺼져'라고 말했다고 한다. 얼마 후 다프네가 911에 전화를 걸어(이게 경찰에 걸려온 두 번째 신고 전화였다) 72번가 근처 호수에서 시체가 떠있는 걸 봤다고 말했다. 형사들이 다프네를 공원으로 데려가자 그녀는 시신을 가리키며 '구하려고 했어요'라며 흐느꼈다. 형사들이 그들의 진술에서 허점을 찾아내자, 곧 진실이 드러났다.

호수에서 발견된 시신은 마이클 맥모로라는 44세의 남성으로 밝혀졌다. 다프네는 약물 중독 재활 프로그램에서 맥모로를 만난 적이 있었다. 사교적이지만 폭음하는 버릇이 있던 그는 저녁이면 센트럴 파크에서 사람들과 어울리곤 했다. 특히 존 레넌을 기리기 위해 조성된 작은 추모 공간인 '스트로베리 필즈'에 자주 왔다고 한다. 낮에는 관광객과 존 레넌의 팬들로 붐비는 곳으로, 촛불을 밝히거나 꽃을 장식하곤 했다. 그러나 해가 지면 분위기가 달라졌다. 그날 밤, 다프네와 그녀의 남자 친구 크리스토퍼 바스케스는 스트로베리 필즈에 갔다. 그들은 그곳에서 인라인스케이트를 타는 젊은 무리와 라디오를 들으며 술을 마시던 8명 정도의 성인들을 마주쳤다. 다프네는 '하이네켄' 맥주를 들고 와서는 기꺼이 나눠주었다고 한다. 〈뉴욕 타임스〉는 그녀를 '맥주의 요정'이라고 표현했다. 그녀는 거구의 중년 남자에게 맥주를 건네며, 그가 재활 프로그램에서 만난 사람임을 알아보았다고 한다. 두 사람은 이야기를 나누다, 곧 맥모로가 아이들을 따라 인적이 드문 공원 깊숙한 곳으로 들어갔다.

세 사람이 무슨 이야기를 나눴는지는 아무도 모른다. 살인을 유발한 것이 무엇이었는지도 알 수 없다. 다만, 그날 밤 기분이 몹시 언짢았던 다프네가 '오늘 안에 누군가를 죽일 거야'라고 말했다는 것뿐이다. 실제로는 '썰어버릴 거야'라고 했지만. 피해자를 호수로 데려가기 전, 그녀는 공원에 있던 다른 사람들에게 싸움을 걸기도 했다고 한다. 다프네는 살인 현장에 있었음을 인정했다. 또 그녀가 맥모로의 다리를 걷어차 넘어뜨리고, 크리스토퍼의 공격을 부추겼으며, 심지어 그를 해치라는 지시까지 했다고 시인했다. 보도에 따르면 '뚱뚱하니까 분명 가라앉을 거야'라고 말했다고 한다. 하지만 살해에는 직접 가담하지 않았다고 주장했다.

크리스토퍼와 다프네는 어울리지 않는 한 쌍이었다. 그녀는 프랑스 출신 모델과 이스라엘 출신 기업 간부의 딸이었다. 이 부유한 부부에게 입양된 다프네는 문세 많은 소녀로 자라났다. 열다섯 살 무렵 이미 술에 의존하게 된 그녀는 돈으로 받을 수 있는 온갖 치료와 중독 재활 프로그램을 시도했다. 반면 크리스토퍼 바스케스는 어퍼이스트 사이드의 소박한 동네에 살았다. 그는 교회에서 복사를 했으며, 떠돌이 개들에게 주인을 찾아주는 걸 좋아했다고 한다. 이웃들은 그를 조용하고, 종종 우울해 보일 때도 있지만 학교 비서였던 어머니와 매우 사이가 좋았던 소년으로 기억했다.

과연 누가 살인을 저질렀을까? 부잣집 딸일까, 노동자 계급의 소년일까? 다프네는 크리스토퍼가 죽였다고 주장했고, 크리스토퍼는 다프네가 했다고 주장했다. 전형적인 책임 전가였다.

나는 다프네를 만나진 못했지만, 주임 형사의 요청으로 혈액 샘플을 채취하기 위해 찾아간 관할서에서 크리스토퍼를 만났다. 작은 사무실에서 소년과 조용히 앉아 기다리는 동안, 그는 겁먹은 어린아이처럼 주위를 두리번거렸다. 그는 뺨에 솜털이 남아 있는 마르고 앳된 얼굴의 소년이었다. 잔혹한 살인을 저지를 수 있는 사람처럼 보이지 않았다. 그 무렵, 나는 이미 사람의 겉모습만으로 살인자를 판단할 수 없다는 사실을 알고 있었다. 그럼에도 크리스토퍼를 보았을 때의 첫 인상은 '살인자처럼 보이지 않는다'였다.

법원 명령을 기다리던 중, 크리스토퍼가 경찰을 향해 말했다.

"배고파요. 햄버거 주세요. 고기는 덜 익힌 걸로, 케첩은 많이요."

그가 경찰관에게 주문하는 걸 듣는 순간, 서늘한 전율이 온몸을 훑고 지나갔다.

나는 다른 용의자들과 마찬가지로 내가 무엇을 할 것인지, 어떻게 그의 혈액을 채취할 것인지 정중히 설명했다. 살짝 미소를 지었던 것 같기도 하다. 아이를 안심시키기 위해 자동적으로 나오는 보호 반응처럼. 눈앞에 있는 것은 교회에서 보았던 복사 소년의 얼굴이었다. 갑자기 마이클 맥모로의 난도질당한 손이 떠올라 순간적으로 혼란스러워졌다. 정말 보호가 필요한 건 누구였을까? 나는 정신을 가다듬고 그에게 혈액 채취를 진행해도 될지 물었다. 그는 고개를 끄덕이며 괜찮다고 했고, 야구 모자를 눈 위까지 끌어내렸다. 자신의 피를 보는 게 거슬렸던 것일까?

재판이 시작되었을 때, 나는 검찰 측 증인으로 출석했다. 나는 그저 아름다운 공원 한 구석에서 벌어진 끔찍한 사건을 묘사하기 위해 불려 나온 것이라 생각했다. 지방 검사의 요청으로 나는 배심원단들 앞에서 크리스토퍼가 했던 말을 그대로 전했다. 그의 식사 주문이었다. 증언대에 앉아 있던 크리스토퍼는 나를 바라보며 '그게 뭐가 잘못이죠?'라고 말하는 듯 당혹스러운 표정을 지었다.

언론의 대대적인 보도에도 불구하고 법정 안은 고요했다. 뉴요커들은 센트럴 파크에서 벌어진 살인 사건에 분노했으며, 가해자가 아이들이라는 사실에 경악했다. 신문들은 '앳된 얼굴의 도살자들'이라거나 '센트럴 파크의 어두운 이면' 같은 자극적인 제목의 보도를 쏟아냈다.

다프네의 아버지는 마이클 잭슨의 변호사였던 벤저민 브래프먼을 딸의 변호사로 선임했다. 그녀는 유죄 협상을 받아들여 1급 과실 치사 혐의를 인정했다. 법정에서 그녀는 이렇게 말했다.

"밤에 공원에 있었던 것이 잘못이었습니다. 미성년자인데 술을 마신 것도, 그런 행동을 한 것도 잘못이었습니다. 과거로 돌아갈 수 있다면 좋겠지만, 지금은 그 결과를 최선을 다해 감당하고 있습니다."

이것은 과연 부작위의 죄였을까?

살인 사건이 일어나기 전, 다프네는 종종 웨스트 63번가 YMCA 지하에서 열리는 알코올 중독자 모임에 참석했다. 나도 그랬다. 놀랍진 않았다. 그 모임에는 정신질환자부터 정신과 의사까지, 다양한 사람들이 모여 있었기 때문이다. 다프네를 마주친 적은 없었을 테지만, 설령 그랬다 해도 나는 그녀를 기억하지 못했을 것이다.

불안과 분노, 다른 사람이 되고 싶은 열망에 휩싸여, 술로 고통을 잊으려는 사춘기 소녀 중 하나였을 뿐이니까.

선고 전, 두 피고인 중 누구도 미적지근한 발언 이상의 후회나 반성의 기미를 보이지 않았다. 크리스토퍼는 '자신은 불운한 희생자일 뿐'이라는 입장을 고수했다. 다프네는 맥모로를 구하려고 심폐소생술을 시도했다고 여러 번 주장했다. 그게 사실이라면 최소한의 죄의식은 있었을지 모르지만, 말이 되지 않았다. 코가 거의 떨어져 나가고 얼굴과 입에서는 피가 쏟아져 나오고 있었으니, 심폐소생술은 거의 불가능한 일이었을 것이다.

나를 괴롭힌 것은 이 아이들의 행동이 끝내 설명되지 않았다는 점이었다. 어떤 이유도 제시되지 않았고, 우리가 이해할 수 있도록 도와줄 단서도 없었다. 아무런 이유도 없었다. 그것은 오직 악일 뿐이었고, 그래서 더더욱 두려웠다. 악은 아무런 이유가 없었고, 나는 그걸 납득할 수 없었다. 그것은 오직 파괴만을 목적으로 하는 힘이었다. 이런 말은 하고 싶지 않았지만, 세상에 악이 존재한다는 사실을 받아들이는 것만이 유일한 답일 때가 있다. 그러지 않고서야 앞서 이야기한 모닝사이드 파크에서 남자에게 불을 지른 열두 살, 열세 살 소년들을 어떻게 설명할 수 있겠는가? 그들은 '그날 밤 달리 할 일이 없어서'라고 진술했다. 그게 아니면 인라인스케이트를 타다 한 남자를 잔혹하게 살해한 두 아이, 다프네와 크리스토퍼를 어떻게 설명할 수 있겠는가?

제 9 장
또 하나의 뉴욕

나는 업무 시간의 많은 부분을 로어이스트 사이드에서 보냈다. 그곳에는 매우 젊거나, 매우 늙었거나, 매우 가난한 사람들이 살았다. 알파벳 시티(푸에르토리코 이주민들을 기리는 의미에서 '로이사이다[Loisaida]'라고 부르는 사람도 있다)에는 여전히 동유럽 출신들의 흔적이 남아 있었다. 가까운 차이나타운에는 미국에 온 지 얼마 안 된 이민자들이 사방 벽마다 2층 침대가 놓인 방 하나에 8명씩 모여 살았다. 어떤 칩은 침대 기둥 사이에 해먹을 매달아 두 명을 더 구겨 넣기도 했다. 그곳에 사는 남자들은 지역 식당에서 테이블을 치우거나 설거지 등을 하며 하루 16시간씩 일했다. 그렇게 한 푼 두 푼 모아 가족을 데려올 비용을 마련했다. 개인주의의 땅에서 살아온 내게 그런 희생은 경이롭게 다가왔다. 분명한 목적의식, 누군가를 위해 기꺼이 자신을 희생하는 확신이 부러웠다. 나 또한 갖고 싶었던 것이다. 리틀 이탈리아에서도 똑같은 생활양식을 볼 수 있었다. 그러나 이 지역 이민자들은 성공했고, 사회에 동화되면서 스태튼아일랜드나, 뉴저지, 롱아일랜드 교외로 이주했다. 그들이 떠나자 젊은 전문직 종사자들이 들어왔고, 동네는 점점 축소되어 이제 그 일부는 '노스 오브 리틀 이탈리아(North of Little Italy)'를 줄인 '노리타(Nolita)'라고 불리었다. 여행 안내서에는 '세련된 분위기의 매력적인 고급 주택가'라고 쓰여 있다.

나는 프린스 스트리트에 있는 '레이스 피자' 앞에 차를 세우고 피자 한 조각과 콜라로 배를 채우며 이런 변화들을 곱씹고 있었다. 그때 무전기가 울리더니, 샤를린이 리빙턴 스트리트에서 사건이 발생했음을 알렸다. 약물 과다 복용으로 보인다고 했다.

"젠장, 찰리. 나 지금 식사 중이었다고요. 소화되긴 글렀군요."

"서두를 필요 없어요, 바버라. 사망자가 어디 가는 것도 아니고."

그녀는 자신의 농담에 한참 웃다가 주소를 불러주었다. 미스터 웰스도 웃으며 말했다.

"잘됐군요. 마침 저도 비우고 오려던 참이었어요."

내가 전에 화장실에 가면서 '비우고 오겠다'고 하자, 그도 종종 그 말을 따라 쓰곤 했다.

우리가 도착한 곳은 반쯤 버려진 불법 점거 건물이었다. 창문은 콘크리트 블록으로 막혀 있었고, 정문에는 무거운 쇠사슬이 감겨 있었다. 전에도 이런 비슷한 상황을 본 적이 있다. 노숙자들이 버려진 건물에 들어가 거처를 마련한 것이었다. 그들은 가로등 밑에 전선을 연결해 전력회사에서 공급되는 전기를 훔쳤다. 수도관은 이미 누군가 뜯어내 팔아버렸을 수도 있어서, 물은 소화전이나 식료품점 뒤편 싱크대에서 양동이에 받아왔다. 이스트 빌리지의 일부 불법 점거 건물에는 조직화된 공동체가 있어서, 물을 나르거나 음식점 쓰레기통을 뒤져 먹을거리를 구하는 일을 분담하기도 했다. 하지만 시내 다른 지역의 불법 점거 건물은 무법자 방식으로, 각자의 힘으로 살아갔다. 나는 오랫동안 사람들의 죽음에 관심이 있었지만, 불법 점거자들의 생활 방식도 궁금했다. 겨울에는 어떻게 추위를 견뎠을까? 용변은 어디서 해결할까? 서로 친하게 지낼까? 경찰이 나타나면 늘 뿔뿔이 흩어져 버렸기 때문에 물어볼 기회조차 없었다.

나는 경찰의 안내를 받아 좁은 골목을 지나, 건물 뒤편의 얼린 나무문으로 다가갔다. 그가 손전등을 비추자 세로 60, 가로 90센티미터 남짓한 낮은 구멍 속에 쓰레기가 가득 차 있었다. 알록달록한 쓰레기가 어지럽게 뒤엉켜 있었다. 새빨간 플라스틱 컵, 짙은 파랑색 스파게티 상자, 새하얀 포장 용기 등 분명 쓰레기였지만, 다채로운 색조가 놀라울 만큼 아름다웠다. 예술은 어디에나 있는 법이다.

나는 그 구멍을 기어 들어가 쓰레기더미 위에 누워 있는 파란색 재킷을 입은 마른 남자에게 다가갔다. 남자의 갈색 눈동자가 천장을 멍하니 응시하고 있었다. 입과 코 주변에는 하얗게 말라붙은 거품이 끼어 있었다. 약물 과다 복용으로, 폐에서 흘러나온 거품이었다. 고무 지혈대가 여전히 팔에 감겨 있었지만, 주사기, 바늘, 스푼 같은 투약 도구는 사라지고 없었다. 그를 발견한 이웃이 가져갔다 한들 놀랄 일은 아니었다. 나는 중독자들이 약물 과다 복용으로 사망한 친구를 보고도 바로 그 헤로인을 사러 달려가는 모습을 여러 번 본 적이 있다. '사람을 죽일 정도라면, 분명 대단한 물건'일 것이라는 괴상한 논리였다.

남자의 팔과 다리에는 주사 자국이 가득했다. 손가락 사이에도 있었을 테지만, 쥐들이 그 부분을 모조리 갉아먹었기 때문에 확인할 수 없었다. 나는 경찰에게 최근 조사한 미라화된 알몸 시신에 대해 이야기했다. 그때도 쥐들이 손가락이나 얼굴은 건드리지 않고 내장만 먹어 치웠다고 말했다. 경찰은 그가 죽었을 때 날씨가 얼어붙을 만큼 추웠을 것이고 그래서 쥐들이 따뜻한 몸속으로 파고들어가 편안하게 파티를 벌였을 거라고 설명했다.

우리는 쓰레기더미 위에 쭈그리고 앉아 쥐의 생태에 대해 이야기를 나누었다. 그리고 주변에 널린 형형색색의 쓰레기가 묘하게 아름답게 보이지 않느냐고 물었다. 그는 전혀 그렇지 않다고 대답했다. 그냥 쓰레기일 뿐이라고. 하지만 나는 5번가의 고급 주택에서 명작을 감상한 이후로 사물을 보는 시선이 달라졌다. 사실 그보다 먼저, 훈련 초기에 만난 한 법의학자에게 '아름다운 것들을 찾아보라'는 조언을 들은 이후부터였다. 그녀가 이런 상황을 염두에 두고 한 말은 아니었겠지만, 나는 폐허 속에서도 아름다움을 찾아내는 데 능숙해지고 있었다. 그것은 내게 기쁨을 주었고, 내 세계를 넓혀 주었으며, 나와는 다른 삶의 존재를 깨닫게 했다.

대부분의 뉴요커들처럼 나도 높은 아파트에 살며, 내 발밑 깊숙한 곳에 또 다른 도시가 있다는 사실을 전혀 의식하지 못했다. 소위 '두더지 인간'들이 살아가는 지하 도시 말이다. 내가 처음으로 목격한 지하 세계는 웨스트사이드 철도 차량 기지 아래였다. 미드타운 사우스 소속 형사 롭이 동굴 속 유골 수색을 위해 작은 수색대를 꾸리고 있다는 연락을 받고 출동했을 때였다. 당연히 나는 자원했다. 허클베리 핀의 모험만큼 흥미로운 일이 아닌가. 우리는 10번가와 서쪽 30번가 근처의 버려진 암트랙 터널 밖에서 만났다. 부서진 철제 울타리를 통과해, 순찰 경찰들과 두 명의 형사 그리고 그들의 호위를 받듯 서 있는 예쁘고 어린 여성과 합류했다. 스물한 살쯤으로 보이는 그녀는 세련된 옷차림과 예쁘게 단장한 머리를 하고, 의미심장한 미소를 짓고 있었다.

"바버라, 이쪽은 제시카예요. 그녀가 동굴 속 살인 사건 피해자가 있는 곳까지 안내해줄 거예요."

긴급 대응팀이 먼저 도착해 기다리고 있었다. 그들이 탐조등을 들고 우리를 선로 끝에 있는 어두운 터널 안으로 안내했다. 터널 양옆에는 절벽과 바위 턱이 이어져 있었다. 긴급 대응팀은 뉴욕시 경찰국 소속의 맥가이버들이었다. 이들은 전술적·기술적 구조와 특수 작전을 위해 만들어진 팀이다. 그들은 어떤 상황에서도 즉석에서 도구와 해결책을 찾아낸다. 브루클린 브리지 꼭대기에 고립된 사람을 구하기 위해 로프를 이용해 교각을 기어 올라가거나, 이스트 리버에 버려진 흉기를 스쿠버 다이빙으로 찾아내는 일 같은 것들이다. 그들은 하나같이 건강하고 매력적인 데다 자신감이 묻어나는 여유로운 미소를 짓고 있었다. 그들과 함께 있으면 마음이 편했다. 설령 터널 안에서 바위가 떨어진대도, 그들이 본능적으로 나를 감싸줄 것이라는 확신이 있었기 때문이다. 위압적인 기색 없이, 그저 묵묵히 동료를 지켜주는 모습이었다.

굴 속으로 들어서자, 그들의 탐조등이 주변의 반들반들한 회색과 검은색 바위를 비추었다. 이 섬의 기반암인 맨해튼 편마암이었다. 폐쇄된 터널과 통로들이 사방으로 뻗어 있었다. 우리는 맨해튼의 중심부로 이어지는 주 경로를 따라 더 깊이 들어갔다. 함께 걷는 동안, 롭이 제시카가 이번 지하 공간 탐험에 참가하게 된 경위를 들려주었다.

"그녀는 매춘부예요. 듣기로는 꽤 유명한가 보더라고요. 잘나가는 부자들과 여기저기 여행도 하고, 도쿄에서 일한 적도 있어서 일본어도 잘한대요. 그러던 어느 날, 어떤 부자의 아파트에서 마약 단속에 걸린 거예요. 남자가 코카인 밀매업자였죠. 그녀도 함께 현행범으로 체포되었어요. 그러자 그녀가 대니에서 '살인 사건에 대한 정보를 갖고 있고, 시신까지 보여주겠다'며 거래를 제안한 거예요. 내 말이 맞지?"

그는 대니 쪽을 가리켰다. 대니는 젊고 잘생긴 형사로, 제시카의 팔을 붙잡고 우리 앞에서 걷고 있었다. 두 사람은 매력적인 커플처럼 보였다.

터널이 좁아지면서, 벽 안쪽에 공간이 나타났다. 지름 3미터 남짓한, 천장이 높은 둥근 공간이었다. 안에는 촛불이 켜져 있었고, 가구도 놓여 있었다. 흔들리는 그림자 사이로 노란 체크무늬 이불이 덮인 좁은 침대, 푹 꺼진 안락의자, 종이책으로 가득 찬 축 늘어진 책장이 보였다. 바위벽에는 '두보네(프랑스산 식전주)' 광고 포스터가 액자에 걸려 있었다. 나도 같은 포스터를 가지고 있었다.

"주인은 어디 있죠? 여기 사는 사람을 만나보고 싶은데."

"그건 힘들 것 같군요."

롭이 대답했다.

"우릴 보면 도망치기 바쁠 거예요. 여긴 전부 암트랙의 소유지입니다. 암트랙 측에선 그들을 내쫓고, 불법 침입으로 경찰에 신고를 하거든요."

"안 됐군요. 나쁜 짓을 저지를 것 같진 않은데."

"하긴, 남한테 피해를 주는 건 아니니까. 어떤 사람들은 도시에 있는 이런 동굴과 터널에 2천 명 가까이 산다고도 하더군요. 쥐처럼 사는 사람도 있고, 나름대로 편안하게 꾸미고 사는 사람도 있죠."

사람이 머문 흔적이 있는 다른 굴 두 개를 더 발견했다. 처음 본 굴만큼은 아니었지만 꽤 쓸 만했다. 바닥에는 여러 겹의 담요가 깔려 있고, 접이식 탁자와 소지품이 든 상자가 몇 개 놓여 있었다. 동굴 중 하나에는 달력이 있었는데, 날짜마다 표시가 되어 있었다. 그는 무엇을 기다리고 있었을까?

우리는 집회 장소처럼 보이는 널찍한 공간 앞에 멈춰 섰다.

긴급 대응팀이 바위를 오를 장비를 준비하는 동안, 나는 제시카에게 어디 출신이냐고 물었다. "여기저기."

그녀는 어깨를 으쓱하며, 작은 미소로 대답했다.

"일본어를 할 줄 안다면서요? 어렵지 않아요?"

"그렇게 어렵진 않아요. 일본에 사는 동안 영어를 못 하는 사람들을 많이 만나서 배워야 했어요."

제시카는 매력적인 여성이었다. 상대에게 온전히 집중하며 이야기하는 태도에 매료되었다. 그녀는 일본 생활에 대해서도 이야기했다. 긴자 거리는 대부분의 미국 도시보다 더 나은 상점과 클럽이 있었지만, 뉴욕만은 예외라고 했다. 뉴욕은 모든 것이 더 낫다고 말했다.

나는 그녀를 이해할 수 없었다. 이 여성은 똑똑하고 활기차며 누가 봐도 미인이었다. 뭐든 할 수 있고, 뭐든 될 수 있었던 사람이다. 무엇이 그녀를 지금 여기, 우리와 함께 있게 만든 걸까? 무엇이 그녀를 성매매로 내몰았을까? 설령 고급 매춘부일지라도 힘들고 위험한 삶이었다.

대니는 그녀에게 매료되어 있었고, 그녀도 그걸 알고 있었다. 그녀는 그와 가볍게 농담을 주고받으며, 미소 짓고, 작은 목소리로 말해 그가 자신에게 더욱 집중하게 만들었다. 그녀는 대니에게 담배를 청했고, 그가 불을 붙여주는 동안 그의 눈을 올려다보았다. 매우 효과적이었다.

그녀가 앞장서 우리를 안내했다. 우리는 벽에 쌓인 쓰레기와 빈 와인병, 음식 용기, 플라스틱 우유 상자들이 흩어져 있는 꺼진 모닥불 옆에 멈춰 섰다.

"여기에요."

마침내 그녀가 말했다.

"여기서 파티가 열렸어요. 뼈는 여기저기, 저쪽 벽 뒤며 높은 바위 턱 같은 데 숨겨져 있어요."

긴급 대응팀은 곧 몇 개의 갈비뼈가 붙어 있는 흉골을 발견했다. 흉골 한 가운데에는 완벽한 원형 구멍이 뚫려 있었고, 둘레에는 자잘한 홈이 나 있었다. 이런 뼈는 본 적이 없었다.

"설마, 총알 자국인가?"

나도 모르게 소리 내 말했더니 모두가 관심을 보였다. 헛걸음한 것은 아닐지도 몰랐다. 바위 턱에서도 긴 뼈 몇 개를 발견했는데, 거기에는 내가 본 것 중 가장 굵은 대퇴골도 있었다. 몸집이 크고 신체적으로 기형을 가진 사람의 뼈일까? 아직 신참이었던 나는 인류학자를 불러야겠다고 생각했다. 아무리 봐도 기이한 뼈들이었다.

그때 제시카가 대니를 향해 사랑스러운 미소를 지으며 말했다.

"화장실이 급해서, 더는 못 참겠어요. 저쪽에서 해결할게요."

그녀가 옆쪽 통로를 가리켰다. 대니는 그녀를 데려다주었고, 그녀는 모퉁이 너머로 사라졌다. 나는 긴급 대응팀과 함께 사진을 찍고, 발견한 뼈들을 노란색 방수 시트 위에 늘어놓았다.

잠시 후 대니가 외치는 소리가 들려왔다.

"멈춰! 돌아와! 젠장!"

그가 소리치며 통로 속으로 사라졌고, 경찰 두 명이 그 뒤를 따랐다. 그들은 돌아오지 않았다. 나중에 들은 이야기로는, 제시카가 볼일을 보는 동안 대니에게 돌아서 있으라고 부탁했고 신사였던 그는 그렇게 해주었다. 터널 지리에 익숙했던 그녀는 쉽게 달아났지만, 사흘 뒤 10번가의 '트래블 인'에서 손님과 함께 발견되었다. 불쌍한 대니는 징계를 받았고, 나는 민망한 경험을 했다. 기형을 가진 몸집이 큰 사람의 뼈라고 생각했던 게, 실은 송아지의 뼈였던 것이다. 나는 한동안 '이름이 부처(Butcher, 도축업자)인데, 소뼈도 못 알아본 거야?' 같은 농담을 들어야 했다.

그 후로 나는 도시 아래의 다른 지하 공간들도 방문하게 되었다. 허드슨 강가의 '컬럼비아 프레스비테리언 메디컬 센터' 근처에도 그런 곳이 있었다. 그곳에서는 이미 두 건의 살인 사건을 조사한 적이 있었다. 그곳 주민들은 책장이나 양초 혹은 빈티지 포스터 같은 걸 두는 유형은 아니라고 들었다. 그래도 그들은 머물 곳, 세상으로부터 숨을 은신처가 있었다. 하지만 도시 전역의 수많은 노숙자들은 그렇지 않았다. 실직이나 화재 혹은 건강상의 문제 등으로 안정망을 잃고 거리로 나오게 된 사람들도 있다(솔직히 말해, 많은 사람들이 안전망 없이 그저 월급에 의존해 근근이 살아간다). 정신질환이나 중독 문제로 일과 집을 유지하기 위한 노력조차 할 수 없는 사람들도 있다.

삶은 고된 여정이다. 때로는 발을 헛디뎠을 뿐인데 끝없는 낭떠러지로 떨어지기도 한다. 많은 사람들이 다시 일어서는 것을 불가능하게 여기고 포기한다. 10대 시절, 나는 주방에서 엄마와 이웃들이 커피와 페이스트리를 먹으며 수군거리는 소리를 들었다.

"그 사람은 그냥 게으른 부랑자일 뿐이야. 마음만 있으면 직장도 구할 수 있을 텐데, 게을러서 안 하는 거라니까."

"모르겠어, 게일. 어쩌면 베트남전 후유증으로 정신이 이상해진 걸지도 몰라. 그런 사람들이 한둘이 아니라잖아."

"그럼 병원엘 가야지. 나도 정신적으로 엉망이지만, 그렇다고 버스 정류장에서 부랑자처럼 죽치고 있진 않잖아."

그들의 말에 동의하는 건 쉬웠을 것이다. 그러면 적어도 남의 불행 때문에 죄책감을 느낄 필요는 없었을 테니까. 어쩌면 그들도 나처럼 두려웠는지 모른다. 우리 모두는 모든 것이 한순간에 뒤바뀔 수 있다는 것, 불시에 들이닥친 운명이 모든 것을 빼앗아갈 수 있다는 사실을 알고 있다. 교외의 가정주부도 예외는 아니다. 세제나 치약을 사러 가는 지극히 평범한 일상을 보내다 갑자기 그들 중 하나가 되어버리기도 한다. 열심히 일하고, 올바르게 살면 극복할 수 있는 도덕적 결함쯤으로 치부하면 편하지만, 불운을 피할 방법은 없다.

우리 동네 어른들은 대공황을 겪은 세대로, 그것을 스스로 극복했기에 다른 사람들도 당연히 그래야 한다고 생각했다. 나는 수군거리던 이웃 아줌마들이 틀렸다고 생각했지만, 내 결점을 드러내 그들의 평가가 내게로 향할까 두려워 입을 다물었다. 인생은 불공평하다. 그건 누구나 아는 사실이다.

물론, 세상에는 일부러 주류에서 벗어나 살기를 선택하는 사람들도 있다. 전력망을 벗어나 야외에서 자기만의 규칙에 따라 사는 이들이다. 나는 1970년대 후반부터 80년대 초반, 허드슨 강가의 버려진 부두들이 주류 사회에서 벗어난 사람들의 캠프로 쓰였던 것을 기억한다. 내가 가장 좋아하던 집단은 웨스트 빌리지 크리스토퍼 스트리트 근처의 황폐한 부두에 살았다. 나는 밤이 되면 웨스트 빌리지의 구불구불한 거리를 걸으며, 따뜻하게 불을 밝힌 브라운스톤 아파트를 바라보고, 저렇게 멋진 가구와 예술품에 둘러싸인 집에서 산다면 어떤 기분일지 상상하곤 했다. 그러다 허드슨 강에 다다르면, 버려진 '웨스트사이드 고속도로' 아래 녹슨 기둥 사이로 늘어선 작은 오두막과 천막에서 드래그 퀸(화려하게 치장한 여장 남성)들이 외출 준비를 하는 모습을 바라보곤 했다. 여름밤이면 그들은 화려한 꽃무늬 드레스를 걸치고, 우유 상자 위에 널빤지를 얹어 만든 작은 화장대 앞에 앉아, 마네킹 머리에 씌운 가발을 빗질했다. 때때로 강바람을 타고 그들의 목소리가 들려오기도 했다.

　"부탁이야, 메리!"

　허드슨 강 위로 해가 저물면, 어두운 주황빛 하늘을 배경으로 라디오 카세트에서 흘러나오는 음악에 맞춰 춤을 추거나 치장을 하는 실루엣으로 바뀌었다. 그들은 작은 무리 속에서 즐겁게 지냈고, 나는 그 모습을 기쁘게 바라보았다. 하지만 여장을 한 남자들의 삶은 결코 쉽지 않았다. 일부는 거리에서 성매매를 하며, 뉴저지 번호판을 단 세단을 몰고 웨스트와 워싱턴 스트리트를 배회하는 손님들을 상대했다. 그들은 종종 경찰의 단속에 걸려, 심한 취급을 당했다. 외곽 지역에서 몰려온 10대들이 차에 가득 타고 와서는 재미삼아 그들을 폭행하기도 했다. 여장 남자라는 것을 알고 놀란 손님이나 '러프 트레이드'라 불리는 위험한 남자들에게 살해당하는 일도 있었다. 하지만 그들은 고가도로 밑에서 트럭 운전수들을 상대로 매춘을 하는 여성들과 힘을 합쳐, 브래지어 안에 칼을 숨기거나 풍성한 가발 안에 면도칼을 감추는 등의 방법으로 스스로를 지켰다.

머지않아 웨스트사이드 고속도로와 버려진 부두가 철거되고, 강변을 따라 멋진 공원이 들어섰다. 여자들과 드래그 퀸 그리고 그들의 손님들은 부동산 개발업자와 투자자들의 손에 밀려나, 그들의 터전을 지켜내지 못했다. 나는 종종 그들이 어디로 갔을지, 여전히 함께 지내고 있을지 생각하곤 했다. 그들은 나의 이웃이었고, 나는 그들을 그리워했다.

수년 후, 법의조사관이 된 나는 이스트리버의 'FDR 드라이브' 고가 밑에 자리 잡은 부랑자 무리를 보고 또다시 그들을 떠올렸다. 강에서 발견된 시신을 수습하기 위해, 회색 콘크리트 고가도로 아래를 지나 강가로 내려갈 때마다 골판지 상자와 폐자재로 만든 천막에 웅크려 있는 남자들을 보았다.

한 번은 12월 중순의 어느 추운 오후, 이스트리버에서 발견된 중년 부부의 시신을 조사하고 있었다. 돈 문제로 아들이 부모를 목졸라 죽인 후, 산업용 쓰레기봉투에 시신을 넣고 간조 때 방파제에 던진 것이다. 사건 자체는 간단했다. 다만, 추위에 떨며 방금 지나처 온 남자들을 떠올리지 않을 수 없었다. 그들은 너덜너덜한 옷에 몸을 감싸고, 얇은 천막 뒤에서 바람을 피하고 있었다.

마침 크리스마스가 가까운 때라, 좋은 생각이 떠올랐다. 그들에게 따뜻한 울 담요와 장갑을 선물하고 싶었다. 그들을 위해 할 수 있는 일이 있다고 생각하니 기쁘고 들떴다. 근무가 끝난 뒤, 나는 34번가의 '메이시스 백화점'에 들렀다. 종을 울리는 산타들, 장난감과 반짝이는 크리스마스 조명이 가득한 진열창 모든 것이 눈부시게 밝고 행복한 분위기에 싸여 있었다. 그러나 괜찮은 담요를 찾아 가격표를 보는 순간, 기분이 확 식어버렸다. 한두 명도 아닌데, 도저히 내가 감당할 수 있는 가격이 아니었다.

다음 날, 사무실에서 나는 랜디에게 괜찮은 울 담요 50장 정도를 저렴하게 살 수 있는 곳이 있을지 물었다. 루벤이 신문 너머로 고개를 내밀었다.

"소매가로 그 정도 양을 사는 건 아니지, 도매업자를 찾아봐요."

그렇게 말하고는 다시 신문 뒤로 사라졌다. 이후 그는 의료업에 종사하는 삼촌 솔의 연락처를 알려주었고, 그 삼촌은 다시 로드아일랜드의 한 제조업체 번호를 알려주었다. 전화를 걸어 담요 50장이 필요한 이유를 설명하자, 친절한 영업 사원이 가격을 깎아주었고, 사무실로 두꺼운 회색 군용 담요 두 상자를 보내주었다. 회사 로고가 들어간 작은 빨간색 태그가 달려 있어, 크리스마스 분위기가 났다.

토요일 오전, 보안팀 직원이 운전하는 차를 타고 이스트리버를 따라 다운타운으로 향했다. 우리는 FDR 드라이브를 빠져나와, 고가도로 밑에 차를 세우고 반쯤 무너진 벽 뒤쪽으로 갔다. 거기에는 강바람을 피하려고 폐자재로 만든 천막에 사는 사람들이 있었다. 우리는 그들이 놀라지 않게 천천히 다가가 밝게 인사했다. 남자들은 경계의 눈빛으로 우리를 살폈다. 경찰인지, 사회복지사인지 가늠하는 듯했다. 우리는 천막에 사는 남자들에게 따뜻한 담요와 장갑을 나누어 주었다. 그들은 놀라면서도 기뻐했고, 어떤 이는 친구 몫으로 하나 더 달라고 했다. 모두가 '메리 크리스마스!'라고 말했고, 우리는 기뻤다. 행복한 크리스마스가 될 것 같았다.

　2주 뒤, 나는 미스터 웰스와 함께 저녁 근무를 나갔다. 크리스마스가 끝나고 정신없는 새해가 시작되기 전 잠깐의 한가한 시기였다. 우리는 연말 쇼핑으로 늘어난 지출을 메우기 위해 초과 근무를 하고 있었다. 그날 밤 9시 반쯤, 우리는 살인 사건 현장으로 출동했다. 사무실에서 가까운 42번가 진입로 아래 FDR 드라이브에 도착했다. 지독한 추위 탓에, 차를 세우고 현장으로 걸어가는 동안에도 몸이 덜덜 떨렸다. 고가도로 밑에 손전등 불빛에 둘러싸인 경찰 무리가 보였다. 두 형사가 남루한 차림으로 흐느껴 울고 있는 남자와 이야기하고 있었다. 그는 제대로 서 있지도 못할 만큼 술에 취한 상태에서도 필사적으로 무언가를 설명하려 하고 있었다.

"몰라요, 기억이 안 나요. 앤 내 친구라고요, 친구. 알겠어요?"

　그는 흐느끼며 외쳤다. 형사들은 회의적인 눈빛을 교환한 뒤 내게 시선을 돌렸다.

"안녕하세요, 검시국에서 나온 부처입니다. 이 사람 친구는 어디 있어요?"

형사들이 골판지 상자 밑으로 드러난 딱지투성이 다리를 가리켰다. 우리는 그리로 걸어가 사진 몇 장을 찍고, 상자를 치웠다. 카메라 셔터도 추위에 얼어붙은 듯 느릿하고 둔탁한 소리를 냈다. 남자의 시신은 빨간색 태그가 달린 두꺼운 회색 군용 담요에 싸여 있었다. 칼에 찔린 목과 얼굴에서 흘러나온 피가 담요의 섬유에 스며들어 진홍색 얼룩으로 번지고 있었다. 나도 모르게 숨을 삼켰다.

"내 담요."

"뭐라고요? 무슨 말이에요?"

검은색 파카를 입은 형사가 물었다.

"아니에요, 신경 쓰지 마세요. 무슨 일이 있었던 거죠?"

"저기 울고 있는 남자 말로는 자기들이 친구 사이이고, 둘 다 고가 밑에서 살았다고 합니다. 몸을 녹이려고 하루 종일 술을 마셨는데, 결국 그 술 때문에 싸움이 난거예요. 그리고 깨어나 보니 손에는 깨진 하이네켄 병이 들려 있고, 친구는 죽어 있더랍니다. 자기는 아무것도 기억나지 않는다는데, 거짓말일 거예요."

감식반 형사가 깨진 맥주 병 위에 몸을 굽히고, 클로즈업해 사진을 찍고 있었다. 우리는 알고 있었다. 흐느껴 울던 남자의 지문이 발견될 거라는 걸. 그리고 그 남자가 진실을 말하고 있다는 것도 알았다. 나는 알코올성 블랙아웃에 대해 잘 알고 있었다. 그는 자신이 한 짓을 평생 기억하지 못할 것이다.

제 10 장
다양한 인생

　나는 좋은 사람들과 함께 일했다. 병원처럼 검시관을 정점으로 영안실 직원이 맨 아래에 있는 위계 없이, 편안한 동료애를 나눴다. 우리는 다른 사람에게 말할 수 없는 경험을 공유했고, 그것이 우리를 가깝게 만들었다. 물론 살인과 혼란만 있었던 건 아니다. 살인이나 살인 음모를 알아냈다고 확신하는 이들의 전화를 받는 일도 많았는데, 그건 제법 재미있었다. 어떤 남자는 링컨이 암살당한 게 아니라며, 탄도학과 총상의 각도를 근거로 사고였다는 걸 입증할 수 있다고 전화를 걸어왔다. 또 어떤 날은 이른 아침부터 한 여자가 당장 조사가 필요하다며 전화를 걸어왔다. 그녀는 강한 퀸스 억양으로 이렇게 말했다.

　"창틀 밑에 죽은 파리가 있어요. 어젯밤엔 없었는데."

　"네, 부인. 정말 죽은 게 맞나요?"

"네. 다리가 위로 뻗어 있고, 숨도 쉬지 않아요."

나는 사무실 동료들이 들을 수 있게 스피커 버튼을 눌렀다.

"그렇군요. 집에 죽은 파리가 있다는 거죠? 저희가 어떻게 도와 드리면 될까요?"

"파리가 죽은 이유가 있을 거잖아요, 그게 아직 공기 중에 있을지도 몰라요. 나도 당할 수 있다고요!"

"흠, 파리는 보통 몇 주 살다 죽으니 아마 자연사일 겁니다."

"젠장, 당신이 뭘 안다고 그래! 당장 사람을 보내서 확인해줘요! 독가스라면 어떡해요?"

"이상한 냄새가 나나요?"

"당신 바보야? 위험한데 내가 왜 거기 있겠어요?" "부인, 죄송하지만 저흰 곤충은 다루지 않아요. 사람만 다루죠. 이웃에게 집을 확인해 달라고 부탁해 보시죠."

"당신 조사관이잖아. 당장 와서 조사해달라고요! 그게 당신 일이 잖아!"

"지금 어디 계시죠?"

"리고 파크예요."

"아, 거긴 퀸스 사무소 관할이군요. 그쪽으로 연결해드리겠습니다."

새로 들어온 조사관 다이앤이 웃음을 터트렸다. 그녀는 이곳에 잘 적응할 것 같았다.

직원이 늘면서 여성 조사관이 더 들어오자 검시국은 한층 따뜻하고 편안한 분위기가 되었다. 남자들 특유의 터프가이식 분위기에 휩쓸리기 쉬웠던 터라 다른 여성 동료들이 곁에 있다는 게 무척 반가웠다. 나는 점점 무감각해져, 예전 같으면 마음에 걸렸을 10대의 약물 과다 복용 사망이나 수없이 반복되는 보행자 교통사고 같은 일도 이제는 대수롭지 않게 넘기고 있었다. 사무실에 다른 여성들이 들어오면서 서로를 놀려대는 일도 줄어들고, 누가 가장 끔찍한 시신을 봤는지 경쟁하는 일도 사라졌다. 그렇다고 크게 달라진 건 아니었다.

처음 들어온 사람은 다이앤이었다. 젊고 자신감 넘치며 유머 감각까지 갖춘 여성이었다. 별다른 환영식은 없었지만, 루벤이 이렇게 말했다.

"잘 됐군. 여자가 더 늘었으니 말조심해야겠어."

"잠깐, 내가 잘못 들었나? 뭐가 더 늘었다고요? 똑똑한 사람이?"

내가 그렇게 받아치자 다이앤이 웃음을 터트렸다.

조사 과장 리처드가 내게 다이앤의 훈련을 맡기자 랜디가 화를 냈다. 선배인 자기가 신참의 교육을 맡아야 한다고 생각했던 것이다. 다이앤과 내가 현장으로 나가려는데, 랜디가 빈정대며 말했다.

"여성분들끼리 재밌게들 보내요. 도움이 필요하면 전화하고."

다이앤이 걸음을 멈추며 말했다.

"랜디, 실은 당신에게 조언을 구하고 싶었어요."

그는 미소를 지으며 나를 힐끗 보았다.

"물론이죠."

"제 피부색에는 갈색 계열이 어울릴까요, 파스텔이 어울릴까요?"

우리가 문을 나서자, 루벤과 신참 조이가 웃음을 터트리는 소리가 들려 왔다. 나는 그녀와 친구가 될 거라는 걸 알았다.

사무실에 여자 동료들이 생기자, 나는 예전보다 일보다는 내 개인적인 이야기를 더 많이 하게 되었다. 남자 동료들과는 좀처럼 털어놓지 못했던 이야기였다. 랜디나 루벤에게 속내를 드러내는 건 마치 닌자에게 단검을 쥐어주는 것이나 다름없었기 때문이다. 하지만 그들은 나약한 여성이 아니었다. 미키는 할리 데이비슨을 타고 다니는, 장난꾸러기 두 아들의 엄마였고, 다이앤은 NGO 단체 소속으로 동남아시아의 정글을 누비며 의료 봉사활동을 했었다. 지금은 구조한 새끼 고양이를 사무실에 몰래 데려와 다 같이 우유를 먹이며 돌보곤 했다.

어느 날 저녁, 나는 허시 박사의 사무실에 앉아 그녀들이 얼마나 뛰어난지 이야기했다. 다이앤은 이미 단독으로 수사를 맡아도 될 정도였다.

"그럴 줄 알았지. 난 여성이 남성보다 더 훌륭한 조사관이 될 수 있다고 생각하네."

"왜 그렇죠, 국장님?"

내가 물었다.

"여성은 남자들처럼 자신이 옳다는 집착이 덜하기 때문에 열린 마음을 갖고, 성급하게 판단하지 않거든. 좀 더 직설적으로 말하면, 여자들은 경찰과의 힘겨루기 따윈 하지 않아."

그 말은 일리가 있었다. 허시는 이전에도 여성이 더 뛰어나다고 말하곤 했다. 찰스 허시는 여성을 사랑했지만, 그 이상으로 그들을 인정하고 존중했다. 그는 남성 특유의 자기중심적인 태도보다 여성들의 사고방식과 대화방식을 더 선호했다.

*

나는 늘 심하게 신경증적인 사람들과 그들의 집에 흥미를 느꼈다('끼리끼리' 알아본다는 말처럼). 그들이 처음부터 온 창문을 알루미늄 호일로 덮는 것은 아니다. 그렇게까지 되는 데는 과정이 있다. 어느 날, 퇴근하고 돌아오면 문에 세 번째 잠금 장치를 달고, 몇 주 뒤에는 문에 방범용 철제 안전바까지 설치한다. 옆집 남자가 이상하게 쳐다보면 문구멍을 테이프로 가린다. 이웃의 눈에 띄지 않게 자정이 넘어서야 쓰레기를 내다버리고, 초인종이 울려도 응답하지 않는다. 결국 스스로 세상에서 사라지는 것이다.

창문에 알루미늄 호일을 붙이는 건 그 다음이다.

내가 처음 본 살인 광선 차단 아파트는 심장마비 증세로 911에 전화를 걸었던 한 여자의 집이었다. 경찰이 구급대원들을 위해 문을 부수고 들어갔지만, 여자는 이미 사망한 후였다. 집은 전부 잠겨 있었고, 외상의 흔적도 없었다. 문틀이 부서지거나 유리가 깨지거나 창문이 억지로 열린 흔적도 없었다. 피나 멍도 보이지 않고, 팔다리가 기괴하게 뒤틀려 있지도 않았다. 집 안에는 널려 있는 심장병 약이 그녀가 스스로 내린 진단을 뒷받침하는 듯했다. 겉보기엔 모든 게 지극히 정상 같았지만, 5월의 한낮인데도 집 안이 묘하게 어두웠다.

그곳은 흰 벽돌로 지은 미드타운 이스트의 평범한 아파트였다. 흰 벽으로 둘러싸인 네모난 방마다 침실 하나와 흰 타일이 딸린 욕실 하나 그리고 좁은 복도식 주방이 있었고 식당은 따로 없었다. 가짜 마룻바닥. 남향이라 원래대로라면 밝고 환해야 했다. 하지만 창문마다 알루미늄 호일이 덮여 있었고 가장자리는 테이프로 단단히 고정되어 있었다. 문 안쪽도 호일로 덮여 있었는데, 창문에 붙인 것보다 더 매끄럽고 광택이 있었다. 붉은 리본만 달면 선물 상자처럼 보일 정도였다.

"이게 다 뭐죠?"

나는 가까이 있던 경찰에게 물었다.

"살인 광선이에요. 그걸 차단한답니다."

그가 농담하는 줄 알았다. 경찰에게 늘 장난을 치던 나를 되레 놀리려는 것이라 생각했다.

"진지하게요, 대체 왜 이런 거래요? 추위나 더위를 막으려고 한 건가요?"

봄이 끝나갈 무렵이었고, 날씨도 쾌적했지만 그렇게 물어볼 수밖에 없었다.

"나도 진지해요."

그는 무표정하게 말을 이었다.

"저게 방사선이나 살인 광선을 차단한대요. 게다가 다른 사람들이 자기 생각을 읽는 것도 막아주고요."

그리고 경찰이 얼마나 자주 그런 전화를 받는지 설명했다. 누군가 방사선으로 자신을 죽이려 한다거나, 이웃이 자기 생각을 훔치려 한다는 식이었다. 도시 전설에 따르면, 이런 차단 방식은 반복되는 민원에 시달리던 어떤 영리한 경찰이 생각해낸 해결책에서 시작되었다고 한다.

"그렇군요. 이렇게 해보면 어때요? 튼튼한 알루미늄 호일 몇 개하고 덕트 테이프를 사와서 창문을 덮고 단단히 붙이는 거예요. 그러면 광선이 그대로 반사될 겁니다. 광선은 금속을 통과하지 못하잖아요? 문도 똑같은 방식으로 해두면 더 안전할 거예요. 알겠죠?"

그 뒤로는 더 이상 신고가 들어오지 않았다고 한다.

나는 수년간 그런 아파트들을 여럿 보았다. 어떤 집은 사이가 좋지 않은 이웃과 맞닿은 벽 전체를 호일로 덮기도 했다. 70년대였다면 화려한 장식처럼 보였을지 모르지만, 문에는 '훔쳐보지 마'라거나 '경찰에 신고할 거야'라고 쓰인 쪽지가 붙어 있었다. 또 어떤 집은 벽에 고정되어 있는 조명 기구와 전기 콘센트 위에도 알루미늄 호일을 붙여 놓았다. 죽은 남자의 여동생은 그가 전기가 새어 나오는 것을 걱정한 나머지 모든 입구를 꽁꽁 막아놓았다는 것이다. 그녀는 그가 매우 똑똑했으며, 전기에서 새어 나오는 이온이나 전류를 둘러싼 자기장이 뇌파에 간섭을 일으킨다고 믿었다고 했다. 그것은 물리적 사실에 근거한 매우 구체적인 공포였다. 우리가 항상 광선과 방사선에 둘러싸여 있으니, 어쩌면 그들의 말이 맞을 수도 있었다. 그것이 그들의 두려움을 조금이라도 덜어주었다면, 해가 될 건 없었다. 나는 그들이 틀렸다고 증명할 수 없었다. 나는 사망자들이 어떻게 살았는지, 그들이 두려움으로부터 자신을 지켜내려 애쓴 노력에 대해 결코 판단하지 않았다.

삶이 두려울 때가 있다. 나는 오래 전부터 그 사실을 알고 있었다.

*

나는 브루클린의 파크 슬로프 지역에서 태어났다. 지금은 젊은 전문직 가정과 1,300달러짜리 '버가부' 유모차 행렬이 이어지는 세련된 동네지만, 그때는 아일랜드와 이탈리아 출신의 경찰, 소방관, 가게 주인 같은 노동자들이 모여 살던 곳이었다. 1950년대 초, 아이들이 보도에서 뛰어놀고, 아이 엄마들은 돌층계에 앉아 담배를 피우며 수다를 떨던 시절이었다.

아직도 그들이 다리를 꼬고 치맛자락을 살짝 올린 채 앉아 있던 모습이 생생하다. 그 모습이 멋지면서도 어딘가 이상하게 보인 것은 모두가 똑같은 느긋하면서도 우아한 자세를 취하고 있었기 때문이다. 왼팔은 가슴에 끼고, 오른 팔꿈치를 받쳐 담배를 든 손이 멋스럽게 연기를 그리며 휘두를 수 있도록. 마치 모두가 어떤 포즈를 취할지 미리 약속이라도 한 듯했다.

그리고 그들의 대화에는 금기가 없었다.

"앨리스가 허리가 안 좋은 것도 무리는 아냐, 남편의 덩치를 보라고."

"저 여자 좀 봐, 저런 싸구려 구두를 신고 뭘 어쩌자는 거야."

"진통만 22시간을 했다니까. 내가 볼 때, 저 사람은 한동안 소파에서 자야 할걸."

나는 그 시끄럽고 너저분한 동네에서 행복했다. 하지만 상황은 변하고 있었다. 여자들의 목소리에 내가 이해하지 못하는 불안이 번지고 있었다. 나는 창밖으로 초등학교 운동장을 바라보며 언제 학교에 다니게 되냐고 엄마에게 물었던 기억이 난다. 그때 엄마는 '저긴 못 가, 상황이 너무 안 좋아'라고 말했다.

그 후, 부모님은 도시를 떠나 교외의 주택으로 이사했다. 주급 45달러를 받던 뉴욕 경찰이었던 아버지가 급여를 모아 이사 자금을 마련한 것이다. 내가 다섯 살 때였다. 우리는 완전히 지어지지 않은 롱아일랜드 매사피콰 파크의 주택 단지로 이사했다. 새로 이사한 동네에는 역사가 없었다. 한때는 바다였다가, 사막이 되었고, 빙하가 녹으며 생긴 퇴적지를 거쳐, 이제는 주택 단지가 된 곳이었다. 중학교 1학년 때, 나는 매서피그 인디언들이 더 나은 곳을 찾아 이 지역을 지나갔다는 것을 배웠다.

새 동네는 우리 가족에게도 '더 나은 곳'이 될 예정이었지만, 내게는 공포였다. 거리는 쓸데없이 넓고 휑해서 마치 거대한 모래벌판 위에 주택 단지가 덩그러니 내려앉은 듯했다. 우리가 사는 작은 목조 주택은 다른 모든 집들과 마찬가지로 칙칙한 흰색이었고, 다른 점이라면 창문에 달린 장식 덧문의 색깔 정도였다. 거리 표지판도, 집 번호도 없었고 그저 집집마다 초라한 묘목 한 그루가 심어져 있을 뿐이었다. 나는 그렇게 넓고 끝없는 파란 하늘을 처음 보았다. 끝없이 똑같은 풍경 속으로 사라져 버릴까 두려워, 마치 광장공포증에 떠는 아이처럼 현관 계단을 꼭 붙들고 있었다.

손을 놓고 집에서 멀어지면, 영원히 돌아오지 못할 것만 같았다. 우리 집처럼 검은 덧문이 달린 집이 한 블록에 네 채나 있는데, 어떻게 다시 집을 찾을 수 있을까? 경계선을 표시할 울타리조차 없는 뒷마당에서 어떻게 놀 수 있을까? 만약 내가 그 보이지 않는 선을 넘어가 버린다면?

뉴요커들은 그 보이지 않는 선에 대해 잘 알고 있다. 선을 긋는 방식이 사람마다 다르다는 것도. 우리는 설명되지 않는 불안을 받아들이고, 평가되지 않는 두려움도 받아들인다. 뉴욕에서는 아무도 13층에 살지 않는다. 12층 다음은 14층이다. 괜히 불운을 자초할 필요는 없다. 신문더미 맨 위에 있는 첫 신문을 집어 드는 사람도 없다. 반드시 그 아래에 있는 걸 가져간다. 원래 그런 것이다. 우리는 지하철 승강장에서, 눈앞에 텅 비고 깨끗한 객차가 멈췄는데도 굳이 끝에서 세 번째 칸에 타겠다고 사람들을 밀치고 가는 남자를 봐도 놀라지 않는다. 그렇게 해서 하루를 버틸 수 있다면, 그걸로 된 것 아닌가. 뉴욕에 산다는 건, 이런 사람들과 함께 살아간다는 것이다. 우리 모두 다르지 않다.

나는 일상 속에서 이런 도시의 독특한 일면을 받아들였다. 직업적으로는 그것을 받아들이고, 관찰하고, 분류하는 법을 배웠다. 세상에 질서를 부여하고, 보이지 않는 관계를 찾아 연결 지으며 이해하려는 것은 대부분의 사람들이 지닌 본능이다. 조사관이라는 직업 덕분에 나는 다양한 삶의 방식들을 만날 수 있었다. 나는 모든 것을 이해하려 애썼다. 나는 버려진 건물과 아파트에 들어선 예술가 공동체와 산테리아(쿠바의 민속 종교) 예배를 위한 다채로운 성화와 제단이 가득한 교회도 보았다. 그곳에는 작은 동물을 제물로 바친 흔적도 남아 있었다. 헤로인 중독자들의 아지트에서는 누군가가 죽어 며칠을 같은 자리에 누워 있어도 아무도 눈치채지 못했다. 좋은 것이든, 나쁜 것이든 혹은 별 의미 없는 것이든 간에 그 모두가 사람들을 하나로 모아주었다.

뉴욕에는 친구도 없이, 혼자 고독하게 사는 사람들이 많다. 어떤 이들은 은둔자이고, 혼자 있기를 원하지만 외진 숲속에서 살기에는 불안한 사람들도 있다. 적어도 도시에서는 비명을 지르면 누군가 달려온다. 하지만 고독하게 죽는 사람들은, 시신 썩는 냄새가 이웃을 괴롭힐 때까지 아무도 눈치채지 못한다. 허시 박사는 그걸 '고독의 악취'라고 불렀다. 한 번은 그렇게 혼자 세상을 떠난 남자를 조사한 적이 있었다. 작은 아파트에 살던 50세의 독신 남성이었다. 집 안은 정돈되어 있었고, 간소한 가구들이 놓여 있었지만 꼭 필요한 것만 있을 뿐 장식은 전혀 없었다. 냉장고에는 핫도그 한 봉지와 인스턴트 커피 한 병이 있었다. 약장엔 약도, 술도, 마약도 없었다. 외상도 발견되지 않았다. 그의 특징을 알만 한 것이 아무 것도 없었고, 그가 살던 공간만큼이나 공허했다. 자연사로 보였지만, 부검을 위해 데려가야 했다. 신분증을 찾던 중, 새 지갑에 들어 있는 작은 신분증 카드를 발견했다. 그러나 '비상 연락처'란에는 형제나 친구의 이름이 아닌 '911'이라고 적혀 있었다. 복잡한 기분이 들었다. 정말 주변에 아무도 없었던 걸까? 직장 동료나 수요일마다 함께 카드놀이를 할 상대도? 그는 어쩌다 이런 최후를 맞게 된 걸까?

나는 위험을 피할 수 있는 방법을 많이 알고 있다. 화재경보기 배터리를 갈고, 밤늦게 위험한 동네는 가지 않았다. 하지만 이렇게 홀로 죽음을 맞는 일만은 어떻게 피해야 할지 알 수 없었고, 그게 나를 두렵게 했다.

이런 외로운 삶의 흔적을 마주할 때면, 그들이 늘 그렇게 살아온 것이라 생각하곤 했다. 하지만 그건 사실이 아니다. 세상은 변하고, 상황도 변한다. 친구는 멀리 떠나고, 배우자는 세상을 떠난다. 나는 외로운 죽음을 마주할 때마다 그 사실을 스스로에게 되새겨야 했다. 모두의 이야기는 시간이 지나며 변한다. 그리고 나는 늘 마지막에야 그 현장에 도착했다.

*

어느 날, 머레이 힐 이스트 36번가의 한 아파트 주민이 심한 악취가 난다고 신고해 경찰이 출동했다. 집 안으로 들어가자, 60대 여성이 소파에 앉아 사망한 상태로 발견되었다. 서늘한 날씨 덕분에 부패는 많이 진행되지 않았다. 마르고 창백한 모습의 그녀는 빛이 바랜 푸른색 실내복을 입고 있었다. 죽은 지 대략 일주일쯤 된 듯했다.

아파트는 잠겨 있었고, 내부는 거의 비어 있었다. 텅 빈 바닥과 벽, 어두운 녹색 소파 하나, 불편해 보이는 의자 두 개가 딸린 갈색 접이식 식탁 하나. 얇은 녹색 셰닐 커버가 씌워진 싱글 침대와 작은 협탁 그리고 서랍장이 전부였다. 사진도 없고, 연필로 일정이 적힌 달력이나 빈 꽃병조차 없었다. 약장도 비어 있었다. 한때는 흰색이었을 벽은 세월에 찌들어 탁한 회색으로 변해 있었다. 감옥 같은 방이었다.

나는 그녀가 왜 잠긴 아파트에서 고독사했는지 이유를 알아내기 위해 집 안을 살폈다. 하지만 복용하던 약이나 병원의 진찰권도 없었고, 일산화탄소가 샌 흔적도 없었다(집 안에 있는 경찰과 조사관들이 두통을 호소하면, 우리는 곧장 온수기의 불완전 연소나 가스레인지 고장을 의심한다). 어쩌면 그녀는 외로움 때문에 사망했을지도 모른다.

다음으로 주방을 살폈는데, 놀랍게도 조리 기구나 음식이 없었다. 대부분의 집 주방에는 뚜껑 주변이 끈적하게 굳어 있는 '로그 캐빈'의 팬케이크 시럽이나 개봉하지 않은 '라구' 스파게티 소스 혹은 절반은 유통기한이 지난 향신료 등이 있게 마련이다. 하지만 그녀의 주방에는 아무것도 없었다. 그런데 냉장고에서 금광이 발견되었다. 9×4센티미터 크기의 작은 흰색 봉지 수백 개가, 각각 고무줄로 가로와 세로로 단단히 감겨 있었다. 이런 봉지가 싱크대 아래 찬장에도 더 있었다.

"여기 좀 봐요!"

나는 현관에 서 있던 따분해 보이는 두 경찰에게 소리쳤다.

"이거 마약상이 감춰둔 것 같은데요?"

흰색 봉지가 가득 든 냉장고를 보여주었다. 음식은 전혀 없고, 저장 공간도 남아 있지 않았다. 완전히 마약 공장이었다. 그래서 이 집에서 생활감이 느껴지지 않았던 것일까. 나는 흥분했다. 이렇게 큰 마약 사건을 맡게 될 줄이야. 봉지 하나가 1그램이라면, 백만 달러어치의 마약일 수도 있었다. 어쩌면 그녀는 카르텔의 일원이자 국제 조직의 유통책이었을지도 모른다. 마약 단속국 요원들이 내가 찾아낸 걸 보면 무척 기뻐할 터였다. 머레이 힐 같은 조용하고 범죄율 낮은 주거 지역에서 이런 걸 발견하다니, 놀라운 일이었다. 이곳은 마약상이 있을 만한 동네가 아니었다. 아마 그녀는 손님들이 수시로 드나드는 소매상이 아니라 도매상이었을 것이다.

"아무거나 하나 열어봐야 할까요, 아니면 수색 영장이 필요할까요?"

내가 물었다. 경찰 중 한 명이 어깨를 으쓱하며 대답했다.

"확인해보죠. 괜히 호들갑 떨 필요는 없으니까."

그는 별로 신나 보이지 않았다. 이런 광경을 여러 번 봤던 것일지도 모른다. 하지만 이 정도 양이라면 분명 큰 사건이었다. 법의 조사관들은 기소 증거가 아니라 의료 정보나 사망 원인을 찾기 때문에 일반적으로 수색 영장이 필요하진 않다.

혹시 가공되지 않은 순도 높은 코카인일지도 몰라, 장갑을 낀 채 고무줄을 풀고 조심스럽게 봉지를 열었다. 두꺼운 흰색 랩으로 여러 번 싸여 있던 봉지를 열자 그 안에는 오리 소시, 간장, 매운 겨자가 들어 있었다. 다른 봉지도 계속해서 열어 보았지만, 전부 똑같은 것이 들어 있었다. 중국 음식점의 포장용 소스였다. 천 개가 넘었다. 그녀는 포장 음식만 먹었던 것이다. 접시나 은식기가 없었던 게 설명되었다. 하지만 왜 소스를 모아둔 걸까? 왜 버리지 않았을까? 언제 필요할지 모른다고 생각했을 것이다. 당장은 아니더라도, 언젠가 쓸모가 있을지 모른다. 좋은 걸 괜히 버릴 필요가 없었던 것이다.

나는 실제 보기 전에도 이미 저장 강박증 환자들에 대해 알고 있었다. 어릴 때 엄마는 내게 '네가 무슨 콜리어 형제(맨해튼에 살았던 저장 강박증으로 유명했던 형제)라도 된 줄 알아?'라고 잔소리를 했다. 내가 옷장 뒤에 숨겨둔 작은 장난감들을 찾아낸 것이다. 형제들의 눈에 띄면 망가질 게 뻔했기 때문이다. 그래봤자 동네를 돌아다니는 이동식 놀이기구를 타고 받은 싸구려 장난감이었다. 5센트를 내면, 칠이 벗겨진 빨강과 노란색 금속 카트를 타고 5분간 빙글빙글 돌 수 있었다. 시간이 다 되면, 종이 낙하산에 달린 종이 인형이나 플라스틱 피리 혹은 '그린 아미 맨(녹색의 작은 장난감 병정)'을 받았다. 싸구려 장난감이었지만, 내게는 보물 같은 것이었기 때문에 감춰둔 것이다. 저장 강박증 환자들에게 공통적으로 나타나는 특징 중 하나이다. 자신이 버리지 못하고 쌓아두는 물건들을 보물처럼 여기며, 실제로도 가치나 쓰임새가 있다고 믿는 것이다. 저장 강박은 특정 직업이나 소득 계층에 국한되지 않는다. 그리고 뉴욕에서 악명 높은 콜리어 형제 즉, 호머와 랭글리만큼 심각해지는 경우는 드물다. 그들이 살던 할렘의 브라운스톤 주택은 120톤에 이르는 잡동사니에 파묻혀 있었다. 그 안에는 피아노 14대, 책 25, 000권, 포드의 T형 자동차의 차대까지 포함되어 있었다고 한다.

한 번은 잘나가던 신경과 의사의 집을 방문한 적이 있었다. 그는 온갖 통신 판매 카탈로그를 구독했으며, 발행된 모든 광고 전단지를 받아 보았지만 단 한 통도 열어보지 않았다. 나는 거의 60센티미터 높이까지 쌓인 우편물 더미를 헤치고 집 안으로 들어갔다. 그는 그것들을 아무렇지 않게 밟고 지나쳐 의자와 TV 혹은 식탁으로 갔다. 고급 아파트에, 비싼 가구가 놓여 있었지만 우체국의 반송 불능 우편물을 모아둔 창고처럼 보였다. 나는 그가 왜 우편물을 열지 않았는지 이해할 수 있었다. 나 역시 그런 시기를 겪었기 때문이다. 회피는 불안을 대처하는 하나의 방식이다. 하지만 왜 이렇게 많은 카탈로그와 광고 전단지였을까? 어릴 적 매년 도착하던 '시어스'의 대형 카탈로그가 떠올랐다. 그걸 들춰보며 흥분했던 기억이……라곤 해도 잠시 동안이었지만. 한 번 카탈로그를 주문하면, 멈출 수가 없다. 당신의 이름은 다른 업자들에게 계속해서 팔려 나가며 결국 통제 불능이 된다.

어떤 이들은 과거에 살며, 행복했던 시절을 떠올리게 하는 물건을 도저히 버리지 못한다. 몸에 맞지 않는 오래된 옷, 빛바랜 사진, 부서진 장난감, 편지, 책, 쓸모없는 가구, 턴테이블이 없는데도 레코드판을 간직한다. 아무리 낡아서 못 쓰게 된 물건이라도, 그들에겐 하나하나가 추억이 깃든 보물이었다. 저장 강박증 환자에게 무언가를 버린다는 건 감정적으로 큰 고통이다. 마치 사랑했던 사람의 기억을 훼손하는 것처럼 느껴지기 때문이다. 행복했던 시절의 기억 말이다. 또 어떤 사람들은 언젠가 쓸모 있을지 모르는 물건들을 보관한다. 이가 빠진 잭나이프라도, 잠긴 지하실 문을 열고 빠져나올 때 요긴한 도구가 될 수 있다.

나도 안 쓰는 전선 따위가 든 상자가 두 개나 있지만, 전혀 쓰지 않는다. 그래도 버리기는 겁난다. 하나같이 그럴 듯하고 중요해 보였다. 한 번은 전선 몇 개를 버렸는데, 알고 보니 그 중 하나가 프린터 팩스용 케이블이었다. 실제로 팩스를 사용한 적은 없었지만, 함부로 버리면 안 된다는 교훈을 얻었다. 나는 저장 강박증 환자는 아니지만, 버리는 것에 대한 두려움은 가지고 있다.

그럼에도 나는 항상 조심한다. 혹시 집에서 죽게 될 경우를 대비해 늘 침대를 정리하고, 아주 사적인 물건들은 숨겨둔다. 내 사망 보고서에는 이렇게 쓰여 있길 바랐다. '사망자는 깔끔하고 단정하게 정돈된 아파트에서 발견. 문은 잠겨 있었으며, 약물이나 술은 발견되지 않았음.' 또한 법의조사관으로서 '부디 부패한 시신으로 발견되지 않게 해주세요'라고 기도하기도 했다. 나는 내 직업을 사랑했고, 그것을 통해 다른 사람들의 삶과 그들의 공간을 들여다볼 수 있었지만, 결국은 내 작은 공간과 소박한 삶으로 돌아오는 것이 좋았다. 안전한 공간에 머물고 싶다는 유혹이 늘 나를 강하게 끌어당겼다. 일종의 가벼운 광장공포증 같은 것이다. 나는 내 소유물들을 좋아했다. 미키 마우스 피규어 전부, 커프스 단추, 언젠가 고쳐 신으려 했던 굽이 망가진 부츠까지도. 내 저장 강박이 악화되지 않은 건 신의 가호와 뭐든 잘 버리는 파트너 덕분이었다.

시작은 늘 그럴 듯하지만, 어떤 사람들에게는 도가 지나친 집착으로 이어진다. 젊을 땐 욕망이 우리를 움직이지만, 나이가 들수록 두려움이 우리를 움직인다. 인생에서 마음의 상처를 몇 번 겪고 나면, 사람보다 물건에 집착하는 것이 더 쉬워지는 것일지도 모른다. 어느 쪽이든, 물건을 쌓아두는 것은 저장 강박증 환자들에게 안도감을 주고, 고통스러운 현재로부터 자신을 지켜준다. 나는 그 마음을 이해한다.

내가 직접 본 최악의 경우는 '월리'라는 별명을 가진 남자였다. 그의 시신이 좀처럼 나오지 않자 한 경찰이 『월리를 찾아라』처럼 줄무늬 모자와 스웨터를 찾아보자고 농담을 던진 것이다.

집 안에는 천장 가까이까지 잡동사니가 쌓여 있어 현관문이 열리지 않을 정도였다. 긴급 대응팀이 도착해 나를 화재 비상구 쪽으로 데려갔다. 그들이 창문 하나를 떼어내자 일부 쓰레기가 튀어 나와 땅으로 떨어졌다. 도대체 그는 어떻게 천장까지 쓰레기로 가득 찬 공간에서 살 수 있었을까?

긴급 대응팀은 언제나 이런 기괴한 문제들에 즉각적인 해결책을 찾아냈다. 과연 쓰레기로 가득 찬 아파트에 들어가 죽은 사람을 찾으려면 어떻게 해야 할까? 그들은 약 60×120센티미터 크기의 합판을 가져와 창문에 끼운 뒤, 그걸 쓰레기더미 위에 올려놓았다. 그리고 한 요원이 합판 위에 올라타 쓰레기더미 위를 서핑하듯 이동해 문까지 갔다. 그가 문 앞에 쌓인 쓰레기를 치우고, 문짝을 경첩에서 떼어낼 수 있을 만큼의 공간을 만들었다. 그러자……짠!

죽은 남자는 현관 문 바로 안쪽에서, 자기 물건들에 깔려 질식해 있었다. 그의 소유물은 아파트의 거의 모든 공간을 메우고 있었다. 단, 욕실과 침대로 가기 위해 만들어둔 통로만은 예외였다. 그는 자신의 소유물이 도둑의 표적이 될 정도로 가치 있다고 여겼는지 통로 곳곳에 함정을 설치했다. 누군가 줄에 걸리면 잡동사니가 한꺼번에 쏟아져 내리도록 해둔 것이다. 마치 콜리어 형제에게 바치는 헌사처럼, 그는 스스로 만든 함정에 걸려 자신이 사랑하던 물건들에 깔려 숨지고 말았다. 물건은 사람을 죽인다.

겉으로는 저장 강박처럼 보이지만, 실제로는 다른 심리적 문제를 안고 있는 경우도 있었다. 한 건물 관리 회사가 협동조합 아파트 소유주에게 계속해서 연체 통지서를 보냈다. 소유주는 소호의 세련된 로프트(공장 등을 개조한 주거 공간) 밀집 지역에서 혼자 살던 젊은 여성이었다. 70년대, 예술가들이 휴스턴가 남쪽의 폐공장들을 작업 공간으로 활용했다. 예술가들이 가는 곳에는 부자들이 따라왔다. 몇 주 동안 그녀와 연락이 닿지 않자 누군가 경찰에 확인을 요청했다. 건물 관리인이 경찰을 위해 문을 열어 주었고, 소유주가 죽은 채 발견되면서 내가 현장에 출동한 것이다. 크고 탁 트인 로프트 안에는 '디어파크'사의 빈 생수통과 '랜드 오레이크스'의 휘핑버터의 용기가 가득 든 투명한 대형 쓰레기봉투 수십 개뿐이었다. 주방에는 바퀴가 달린 금속 옷걸이가 있었고 '로라 애슐리'의 꽃무늬 원피스 11벌이 걸려 있었다. 전부 2사이즈였다. 집 안에는 이 물건들 말고는 아무것도 없었기 때문에, 처음에는 내가 본 것 중 가장 특이한 저장 강박증 환자라고 생각했다.

주방 안쪽으로 들어가자, 빈 생수통더미 뒤로 죽은 집주인이 바닥에 쓰러져 있었다. 극도로 야윈 그녀는 거의 미라에 가까운 상태였으며, 피부는 탁한 푸른색을 띠고 있었다. 긴 은회색 머리칼이 그녀의 머리를 감싸며 장엄한 후광처럼 펼쳐져 있었다. 전체적으로 꽤 인상적인 광경이었지만, 그녀의 곁에 함께 죽어 있는 작은 흰색 개의 존재가 모든 것을 비극으로 물들였다. 그 개 역시 극도로 야위어, 털은 엉겨 붙고, 눈은 움푹 꺼져 있었다.

형사들은 이웃들의 문을 두드려 마침내 그녀를 아는 사람을 찾아냈다. 물론 그녀가 자신을 내보인 범위 안에서만 말이다. 그는 그녀가 늘 체중 감량에 대해 이야기했고, 유행하는 다이어트가 있으면 무엇이든 시도했다고 했다. 이미 상당히 마른 체형이었음에도 말이다. 나는 그에게 가구와 소지품이 거의 없는 이유를 물었고, 그도 나처럼 의아해했다. 그녀는 무척 부유했기 때문이다. 그녀는 세계에서 가장 비싼 도시의, 가장 부유한 동네에서, 굶어 죽은 부유한 여성이었다.

더 충격적인 건 그녀가 자신의 작은 개도 굶겨 죽였다는 사실이었다. 집 안에는 버터를 제외하고는, 개 사료는 물론 어떤 음식도 없었다. 작은 은색 개 밥그릇 옆에는 오래 전에 핥아 깨끗이 비워진 '랜드 오레이크스' 버터 용기가 놓여 있었다.

경찰들은 몹시 화가 나 있었고, 특히 오르티즈가 분노를 감추지 못했다.

"어떻게 저 작은 동물한테 이런 짓을 하지? 잔인한 여자 같으니라고. 왜 개가 주인을 먹지 않았을까?"

"정말이지, 나도 화가 나요."

내가 말했다.

"전에도 이런 걸 본 적이 있어요. 개는 주인을 먹기보단 굶어 죽는 걸 택하죠. 반면에 고양이는 주인의 코, 입술, 손가락 같은 쉽게 뜯어먹을 수 있는 건 다 먹어요."

"하지만 이 개는 굶주렸다고요! 살고 싶지 않았을까요?"

"그렇죠, 하지만 개는 무리지어 사는 동물이라 대장을 지키기 위해서라면 죽음도 마다하지 않아요. 반면에 고양이는 자립적인 사냥꾼이에요. 살기 위해서라면 뭐든 하죠. 그게 본성이에요. 하지만 개는……끝까지 충직하죠."

우리는 모두 그 불쌍한 강아지 곁에 서서 저마다 생각에 잠겼다.

"사람보다 낫군요."

오르티즈가 그렇게 말하며 자리를 떴다.

나는 보통은 그런 말에 동의하지 않았지만 '수집가' 사건 같은 걸 맡게 되면 생각이 달라진다. 수집가와 저장 강박은 혼동되기 쉽다. 어떤 사람들은 물건에 병적으로 집착한 나머지, 놓아둘 공간이 없어도 사들이는 걸 멈추지 못했다.

내가 본 수집가의 집은 놀라울 정도로 정리정돈이 잘 되어 있었다. 집 안에는 끝없이 이어진 선반과 차곡차곡 쌓여 있는 상자 안에 물건들이 가지런히 보관되어 있었고, 비디오, 사진, 책 등 모든 것이 큰 바인더에 체계적으로 분류되어 있었다. 상자마다 깔끔하게 라벨이 붙어 있었고, 그 안에는 표지마다 코드 번호가 적힌 서류철이 들어 있었다. 컴퓨터 옆에는 플로피디스크가 든 파일이 차곡차곡 쌓여 있었다. 그것은 모두 아동 포르노였다. 내가 직접 보지 않았다면 결코 믿지 못했을 것이다. 영상에 나오는 이들은 어려 보이는 성인도, 체구가 작은 사람도, 십대 청소년도 아니었다. 어린 아이들이 그것도⋯⋯음, 거기까지만 하겠다. 지금도 차마 떠올리기 힘들다.

그 수집가는 책상 위에 놓인 비디오 모니터 앞에 앉아 바지를 열어젖힌 채, 성기를 손에 쥔 상태로 죽어 있었다. 다행이었다. 나는 그의 다리를 천으로 덮고, 이웃을 불러와 신원을 확인하게 했다. 그녀는 그가 조용하고, 무척 좋은 사람이었다고 했다. 그는 아파트에 사는 아이들에게 막대 사탕을 나눠줄 정도로 친절했다고 했다. 세상에. 나는 시신 운구차를 불러 그를 데려가게 하고, 그 지옥 같은 곳을 서둘러 떠났다. 나는 그 끔찍한 현장을 특별범죄수사대 형사들에게 맡겨둔 채 사무실로 돌아와, 파리 시체 때문에 불안에 떨던 부인에게서 전화가 걸려오기를 간절히 바랐다.

제 11 장
살인자와 피해자

1997년 9월, 나는 이스트 할렘의 공공 주택단지 '조지 워싱턴 하우스'로 향했다. 계절은 여름에서 가을로 접어들고 있었고, 그날 오후 기온은 24도 정도로 쾌적했다. 자연사 사건 하나를 막 끝낸 뒤라, 다음 사건에 대해서는 아는 것이 거의 없었다. 내가 아는 것은 세입자가 건물 맨 위층 계단참에서 불이 났다며 911에 신고했다는 것뿐이었다. 소방관 프레드 즈비니스가 현장에 출동해, 쓰레기더미에 난 불로 생각했던 화재를 진압했다.

미스터 웰스와 함께 현장에 도착해 소방차 근처에 차를 세웠다. 그리고 쓰레기가 널린 골목을 지나 똑같이 생긴 건물들이 미로처럼 늘어선 공공 주택단지 속에서 해당 주소를 찾아냈다. 나는 관리인 호출 벨을 눌렀지만 응답이 없어 문 앞에서 이런저런 번호를 눌러 보았다. 곧 잠금장치가 고장 나 있다는 걸 깨달았다. 미스터 웰스가 팔을 뻗어 나를 막으며 문을 열었다.

"잠깐만, 내가 먼저 안을 살펴볼게요."

그는 머리를 먼저 들이밀어, 녹색 타일이 깔린 어두운 로비를 살폈다. 약자를 노리는 강도가 숨어 있는지 살피며, 내게 들어오라는 신호를 보냈다.

나는 그의 눈을 보며 말했다.

"고마워요, 미스터 웰스."

그는 고개만 끄덕였다.

우리는 주민들 사이에서 '이동 변소'라고 불리는 승강기를 타고 15층에 도착했다. 긴 복도는 칙칙한 황갈색으로 칠해져 있었고, 윙윙거리며 깜빡이는 형광등은 절반은 꺼져 있었다. 미스터 웰스는 나를 경찰이 있는 곳까지 데려다주고는 차로 돌아갔다. 나는 짧은 계단을 올라가 옥상 출입구로 향했다.

눈앞에 펼쳐진 끔찍한 광경에 나는 숨을 깊게 들이켰다. 잠시 고개를 돌려 정신을 다잡으려 애썼다. 불에 탄 시신은 흉측하고, 인간의 형체를 알아보기 어려울 정도로 이질적인 모습이었다. 불에 타 죽는다는 것은 너무나 끔찍하고 공포스러워, 생각만 해도 정신이 아찔해졌다. 나는 결코 이런 끔찍함에 익숙해질 수 없을 것이다. 인간성을 유지하고 싶다면 말이다. 나는 어깨를 펴고 마음을 다잡으며 일을 시작했다. 강해져야만 했다.

현장을 살펴보았다. 시멘트 블록 벽에 반쯤 기대 선 소녀. 작고 뒤틀린 몸은 불에 타 부분적으로 까맣게 그을리고 숯처럼 변해 있었다. 이 불쌍한 소녀가 앉아 있던 자리를 둘러싸듯 그을음 자국이 남아 있었다. 열기에 의해 근육이 익으며 사지가 오그라들고 뒤틀려 있었고, 한쪽 발은 불에 타 떨어져 나간 상태였다.

매캐한 공기를 들이마시자 목구멍을 파고드는 석유의 기름진 냄새가 느껴졌다. 가연성 물질의 흔적이었다. 무뚝뚝한 얼굴의 형사가 창턱에 놓인 라이터 기름통을 가리키며 고개를 끄덕였다. 작은 방은 텅 비어 있었고, 벽은 시멘트 블록이 그대로 드러나 있었으며, 시멘트 바닥은 온통 먼지투성이였다. 기름때 낀 회색 창문이 하나 있고, 천장에 달린 녹아내린 플라스틱 갓이 씌워진 전구 하나가 시신을 간신히 비추고 있었다.

평소처럼 인사하는 사람은 없었다. 오늘 날씨에 대한 이야기도, 양키스나 메츠 이야기도 없었다.

'바버라, 잘 지냈어요?' 같은 말도 없었다. 담당 형사의 간단한 보고뿐이었다.

"신원 미상의 여성, 나이는 약 18세. 이웃의 911에 신고 후 소방관에 의해 화재 현장에서 발견. 살인 사건으로 추정."

옆에서는 한 소방관이 바닥에 쓰러져 있는 소녀를 피해 호스를 감느라 애쓰고 있었다. 그는 얼굴을 벽 쪽으로 향한 채, 어깨에 대고 기침을 하고 있었다. 감식반 형사들이 도착해, 현장을 조사하기 위해 추가 조명을 설치하고 있었다. 경찰은 현장을 봉쇄하고 계단 입구에 경찰관을 배치했다. 우리는 모두 조용히 일하며, 작은 시신과 먼지 쌓인 방을 촬영했고, 화상을 입지 않은 허벅지에 남아 있는 이상한 격자무늬를 보고는 고개를 갸웃했다. 불에 탄 얼굴은 으스스한 미소를 띤 채 굳어 있었고, 입술은 바짝 당겨져 하얀 치아가 드러나 있었다. 이것은 불에 의해 외형이 왜곡된 결과였다. 고열로 근육과 힘줄에서 수분이 빠져나가고 오그라든다. 소녀의 사지는 뒤틀리고 구부러졌으며, 등은 둥글게 말려 있었다. 양손은 주먹을 굳게 쥐고, 팔은 위로 구부러지며, 무릎이 꺾여 있다. 마치 싸우는 모습처럼 보이기 때문에 '복서 자세(pugilistic stance)'라고 부른다. 그러나 이 소녀는 싸운 게 아니었다. 애초에 기회도 없었다.

"이봐, 바버라."

형사가 헛기침을 한 뒤 입을 열었다.

"이런 짓을 당했을 때, 그녀가 살아 있었을까?"

질문은 했지만, 대답은 원치 않는 눈치였다.

"일부 화상은 사후에 생긴 것 같아요."

내가 말했다.

"하지만 콧속과 입 안에 그을음이 있어요. 호흡을 하고 있었던 거죠. 내일 부검에서 더 확실히 드러날 거예요."

"이런 짓을 하다니, 쓰레기 같은 자식."

한 경찰이 낮게 중얼거렸다.

살아 있는 사람의 피부가 손상되거나 화상을 입으면 생체 반응이 일어난다. 혈액과 림프가 손상 부위로 몰리면서 발적, 부종, 수포, 출혈, 염증 등이 발생한다. 죽은 사람은 불에 타도 몸의 방어 기제가 반응하지 않는다. 사후에 입은 화상은 외관상으로도 다르며,

대개 황갈색의 가죽처럼 보인다. 불이 나는 동안 피해자가 숨을 쉬고 있었다면, 그을음은 콧구멍이나 입으로 들어가 후두, 기관, 폐까지 내려간다.

레니가 스케치 패드를 꺼내 그림을 그리기 시작했는데, 메트로폴리탄 미술관의 미술학도처럼 이질적으로 보였다. 감식반은 기록용 사진 외에도 현장을 스케치해 방 안에 있는 물건들의 위치를 기록한다. 그리고 관할서로 돌아가 실제 크기에 맞게 완성된 도면을 작성한다. 이렇게 하면 사진을 보는 사람이 상황을 이해하기 쉽고, 배심원이 현장을 머릿속에 재구성하는 데 도움이 된다.

감식반이 현장을 측정하려면 자리를 비켜줘야 했다.

나는 몇몇 경찰들과 함께 옥상으로 나갔다.

"근무 끝나고 다 같이 한 잔하러 가려고요."

한 경찰이 말했다.

"오늘은 술이 꼭 필요할 것 같아서요. 조사관님도……함께 가시겠어요?"

진심으로 함께 가고 싶었다. 어두운 술집에서 그들과 함께 어울리며 이 끔찍한 장면을 씻어내고 싶었다. 술을 마시고 싶어서가 아니었다. 내가 본 것을 똑같이 본 사람들과 함께 있고 싶었던 것이다. 우리가 방금 목격한 그 사악하고……비인도적인 잔혹함 그리고 인간성의 배신하는 행위. 너무나 무자비한 짓이었다. 경찰들과 함께 있는 것만으로도 위안이 될 것이다. 그렇다고 우리가 사건에 대해 이야기하는 건 아니다. 늘 그렇듯 서로를 놀리거나 이 '일'에 대해 투덜대는 식이다.

"우리 부서에서 제일 똑똑하긴 하지만, 그 사실을 누구보다 먼저 떠벌린다니까."

"웃기지 마라 그래. 내사과에서 일할 일 없어. 거긴 죄다 쥐새끼 들이야."

"그 사기꾼 같은 녀석이 자기 여자친구 사진을 보여주는데, 맙소 사. 필, 네가 지미네 파티에 데려왔던 그 여자랑 똑같이 생겼더라 고. 아직도 그 여자랑 만나?"

그런 잡담이 내게 웃음을 주었고, 그런 웃음이 정말 필요했지만 이런 공포 앞에서 내 의지를 시험해볼 생각은 없었다. 나는 6년 동 안 꾸준히 금주를 이어왔다. 예전처럼 모임에 자주 나가진 않았지 만 여전히 그 프로그램을 유지하고 있었다. 주변 사람들이 술을 마 시는 건 상관없었다. 하지만 이런 참혹한 현장을 보고 나면, 술로 감각을 마비시키고 싶은 유혹이 들 것 같았고, 그런 위험은 감수하 고 싶지 않았다. 나는 마음을 다잡았다. 술집은 가지 않을 것이다. 오늘만큼은.

나는 옥상 난간으로 걸어가 도시를 내려다보며 기도했다. 소녀 가 불에 타기 전에 이미 사망해, 고통받지 않았기를. 내가 맨 정신 으로 버틸 수 있기를 기도했다. 이럴 때마다 나는 내 몸에서 빠져 나와 내가 본 것을 보지 않은 듯 지워버리고 싶었다. 술에 취하면 도움이 되겠지만, 잠시뿐일 것이다. 이전에도 비극적인 사건들을 접하며 비슷한 감정을 느꼈지만, 이 소녀의 죽음은 어느 때보다도 내 마음을 무겁게 짓눌렀다.

　소녀의 신원은 발목에 차고 있던 검게 탄 금속 발찌로 확인되었다. 반쪽짜리 하트 장식이 달린 그 발찌는 로사 카스트로가 딸 요할리스에게 선물한 것이었다. 컴퓨터 공학을 전공한 19세의 대학생 요할리스는 가족의 자랑이었다. 아름답고 생기 넘치던 소녀는 이제 영영 과거형으로만 불리게 되었다.

　부검 결과, 요할리스는 성폭행을 당한 뒤 목을 졸려 질식사했고, 그 후 불태워진 것으로 드러났다. 화상은 생전의 것과 사후에 생긴 흔적이 섞여 있었는데, 이는 요할리스가 불길 속에서 여전히 살아 있었다는 것을 의미했다. 의식이 있었을까? 그렇다면 견딜 수 없는 고통을 느꼈을 것이다. 살이 타들어 가는데, 가만히 앉아 있었을 리 없다. 우리 몸은 스스로를 지키기 위해 고통을 경고의 신호로 삼는다. 고통은 '멈춰! 도망쳐! 뭐든 해!'라고 외치는 몸이 보내는 무시무시한 경고인 것이다. 손상이 클수록, 고통은 더 극심해진다. 고통의 목적은 생존이다.

　그녀의 피부에 남아 있던 붉은 격자무늬 자국에 대해서도 단서가 발견되었다. 경찰이 CCTV 영상을 확인하자, 한 남자가 쇼핑 카트에 커다란 짐을 싣고 건물 안으로 들어오는 모습이 찍혀 있었다. 시트로 덮여 있어 보이지 않았지만, 그 안에는 의식을 잃은 요할리스가 몸이 접힌 상태로 실려 있었고, 카트에 눌린 팔과 다리에 자국을 남겼다. 이는 생전에 나타나는 반응이었다. 그녀는 거의 죽기 직전까지 목이 졸린 후, 쓰레기처럼 불태워졌다.

살인자는 여전히 잡히지 않았다.

나는 그날 하루를 간신히 버티고, 다음 날도 무사히 보냈다. 술에 손대지 않고, 내 일을 했다. 용의자가 잡혔기를 기대하며, 요할리스의 사건 기사를 찾아보았지만 헛된 일이었다. 만약 피해자가 파크 애비뉴에 사는 소녀였다면, 그 사건은 도시 전역의 신문 헤드라인을 장식했을 것이다. 사람들은 경악하고 분노했을 것이다. 하지만 공공 주택단지에 사는 아름다운 유색인종 소녀에게는 그런 관심조차 주어지지 않았다.

몇 달 후, 사건 현장에서 돌아온 랜디가 내 책상 옆에 가방을 탁 내려놓으며 내 주의를 끌었다.

"공공 주택단지 계단에서 사망한 십대 소녀 사건을 조사한 게 자네였지?"

"맞아요. 104번가에서 불에 탄 소녀. 왜요?"

"방금 112번가 공공 주택단지에서 비슷한 사건이 있었어. 똑같이 강간당한 뒤 목이 졸려 죽었어. 불태워진 건 아니지만. 그녀도 맨 위층 계단참에 기대어 있더라고. 레니도 거기 있었는데, 당신 사건도 맡았다고 하더군. 현장 상황을 보고 그때 그 사건이 떠올랐다면서."

이번 피해자는 라시다 워싱턴, 부티크에서 일하는 패션학도였다. 그녀는 열여덟 번째 생일을 맞은 지 사흘 만에 살해당했다.

그 후에도 사건은 이어졌다. 14세의 소녀 한 명과 15세 소녀 두 명 그리고 머리에 빨간색 머리핀을 꽂은 13세 소녀도 있었다. 그녀는 자신이 비명을 지르며 저항하자 범인이 '여자답게 받아들여'라며 위협했다고 진술했다. 또 다른 소녀는 범인이 '이렇게 잘생긴 남자에게 당한 건 행운'이라고 말하며 칼로 위협했다고 했다. 그보다 앞서 13세의 소녀 파올라 이에라가 살해된 사건도 있었다. 왜소한 체구에 창백한 피부, 곱슬거리는 암갈색 머리를 가진 파올라는 학교에서 돌아와 건물 입구의 초인종을 눌렀다. 그녀의 어머니가 문을 열어주자, 파올라는 집으로 올라가는 승강기에 탔다. 그 승강기에는 범인도 함께 타고 있었던 것이다. 그녀의 시신은 FDR 드라이브 근처에서 조깅하던 사람에 의해 발견되었다. 강간당한 뒤, 칼에 찔려 살해된 것이다. 그녀는 뉴 키즈 온 더 블록의 손목시계를 차고 있었다.

피해 소녀들의 몸에서 발견된 정액은 모두 동일한 가해자에게서 나온 것이었다. 그는 대체 누구인가? 1997년 당시는 모든 강력 범죄자의 DNA를 의무적으로 등록하는 제도가 아직 마련되기 전이라 데이터베이스 자체가 부족했다. 현장에서 확보한 DNA도, 일치하는 대상이 없으면 쓸모가 없었다.

1991년부터 1998년까지, 이스트 할렘 같은 지역에서 최소 7건의 유사한 사건이 있었다. 모두 한 잔혹한 남자와 연관되어 있었다. 피해자는 장래가 촉망받는 어린 소녀들이었고, 모두 난폭하게 강간당하고, 그 중 세 명은 잔혹하게 살해당한 뒤 아무렇게나 버려졌다. 왜 이런 사건이 신문에 실리지 않았을까? 왜 시민들에게 경고하거나 대규모 수사가 필요하다고 목소리를 높이지 않았던 걸까?

공공주택 단지를 전담하던 경찰이 뉴욕시 경찰국에 편입되는 과정에서 묻혀버린 것일까? 그렇다고 해도 이런 사건들이 이렇게 무관심하게 다뤄진 이유가 설명되지는 않는다. 피해자들의 부모는 지역에 도움을 요청하는 전단지를 붙였지만, 아무 일도 일어나지 않았다. 허시 박사는 늘 '우리는 유족을 위해 일한다'고 말했다. 나는 이 부모들의 고통을 덜어줄 수도, 어린 소녀들을 지켜줄 수도 없었다. 내가 할 수 있는 건 증거를 수집해 범인을 찾는 데 도움을 주고, 내가 본 것을 증언하는 것뿐이었다. 하지만 괴물은 여전히 밖에서 자유롭게 활보하고 있었다.

첫 사건으로부터 8년이 지난 1999년, 경찰은 마침내 몽타주와 고작 1만 1천 달러의 보상금을 내건 수배 전단을 내걸었다. 모욕적인 액수였다. 그럼에도 그 전단 덕분에 25세의 아론 키라는 남자가 용의자로 떠올랐다. 그는 파올라 이에라와 같은 건물에 살고 있었다. 기록에 따르면, 그는 1991년 첫 살인 사건 때 조사를 받은 적이 있었지만 당시에는 다른 이름을 댔던 것으로 드러났다. 제보자는 '에이스 키'라는 수상한 남자를 지목했지만, 아론은 그날 어머니의 성을 사용했다. 그 작은 실수 탓에 포식자는 공공 주택단지의 비옥한 사냥터를 자유롭게 활보할 수 있었다.

1945년, 뉴욕시는 저소득층 가정을 위한 수천 개의 주택을 제공하려는 목적으로, 빈민가를 철거하고 그 자리에 거대한 고층 건물을 짓기 시작했다. 그러나 그것들은 영혼 없이 고립되었으며, 사람들이 공동체를 이루던 거리와 동네의 삶과는 동떨어져 있었다. 급기야 예산이 고갈되면서 건물은 방치되었고, 인력이 부족한 뉴욕시의 공공 주택 경찰은 거의 치안을 제공하지 못했다. 헤로인과 크랙이 만연하면서, 공공 주택은 범죄의 온상이 되었으며 그들은 거리낌 없이 마약을 팔고, 약자를 공격했으며, 영역 다툼을 벌였다. 아론 키는 그곳에서 활개치며, 어두운 계단을 달려 집으로 향하는 여학생들을 뒤쫓았다.

새로운 제보에 의해, 키는 다시 경찰의 조사를 받았으나, 석방되었다. 그에 대한 확실한 증거가 없었기 때문이다. 지문이나 목격자 진술도 없고 단지 몽타주와 닮았다는 것뿐이었다. 그러나 경찰은 계속 그를 주시했고, 얼마 지나지 않아 그는 컴퓨터 하드 드라이브를 훔친 혐의로 체포되었다. 형사들은 그에게서 DNA 샘플을 받아내려 했지만, 그는 거부했다. 자신이 여호와의 증인이고, DNA 채취가 교리에 반한다는 이유에서였다. 경찰은 그가 경범죄 혐의로 풀려나기 전 유치장에서 사용한 물 컵을 확보해 분석을 맡겼다 (TV를 보는 사람이라면 알겠지만, 용의자가 버린 물건에서 채취한 DNA 샘플은 법원의 영장 없이도 사용할 수 있다). 그 샘플은 지난 8년에 걸친 모든 강간과 살인 사건의 DNA 증거와 일치했다.

석방된 후, 키는 브루클린에 사는 15세 소녀 앙젤리크와 함께 플로리다로 도망쳤다. 그녀는 그가 친절했으며, 선물을 사주거나, 숙제를 도와주기도 했다고 말했다. 그녀는 그를 사랑했고 그가 자신과 결혼할 거라고 생각했다. 다행이 앙젤리크의 부모가 '풀려난 연쇄 살인범!'이라는 신문 기사에서 그의 얼굴을 보고 경찰에 신고하면서, 그의 도주가 발각되었다. 키의 또 다른 여자친구는 그가 다른 여자와 달아났다는 것을 알고 화가 나서 경찰에 그의 위치를 알려 주었다. 그는 '마이애미 선 호텔' 6층의 초라한 방 침대 밑에 숨어 있다가 체포되었다.

키를 심문한 수사관들은 그가 지적이고 말솜씨가 좋다는 사실을 알게 되었다. 그는 단정하고 제법 잘생긴 편이었으며 컴퓨터에도 능숙했다. 통화 기록을 조사하자, 요할리스 카스트로가 살해되기 전 며칠 동안 두 사람 사이에 수십 건의 전화 통화가 오갔다는 사실이 밝혀졌다. 공부를 도와주겠다고 했을까? 그녀를 무참히 살해하기 전에 달콤한 말로 유혹하고, 칭찬하고, 데이트를 청했던 걸까?

나는 이런 일이 어떻게 일어날 수 있는지 알고 있었다. 내가 요할리스와 비슷한 나이였을 때, 한 술집에서 나보다 나이가 많은 남자를 만난 적이 있었다. 그는 턱선이 선명하고 자신감이 넘치는 대학생이었다. 그는 내게 이것저것 물으며 웃었고, 내 팔을 살짝 스치며, 모든 관심을 내게 집중했다. 일종의 포식자 같은 매력이었다. 그는 분명 내 수준을 넘어서는 사람이었기에, 그가 술을 사준다고 했을 때는 놀랐을 정도였다. 나는 심지어 인기 있는 여자애들이 내게 미소 지으며 인정하는 듯한 모습을 본 것 같았다. 마치 내가 그들 중 하나라도 된 것처럼. 사실 가짜 신분증과 짝퉁 위전즈 구두를 신고 있는 건 나였다. 마음속 깊은 곳에서 느껴지는 어렴풋한 불안감을 억누르고, 그 순간을 즐겼다.

그는 내 번호를 물었고, 언젠가 데이트를 하자고 말했다. 나는 아무런 기대도 하지 않았다. 예전에도 '언젠가'라는 말은 많이 들어봤다. 그래도 혹시 그가 전화를 하거나 그와 사귀게 될지도 모른다는 생각에 설렜다. 친구가 묻기 전까지, 내가 그에 대해 아는 것이라곤 이름과 나이뿐이라는 사실조차 깨닫지 못했다. 하지만 그가 워낙 예의 바른 사람이라 그랬을 것이라 생각했다. 예의 바른 사람은 자신에 대해 시시콜콜 떠들지 않는다는 글을 어디선가 본 적이 있었던 것이다.

그런데 그가 정말 전화를 했고, 우리는 자동차 극장에 갔다. 그는 팝콘을 먹고 싶으냐고 묻더니, 맥주도 함께 권했다. 그는 뒷좌석에 있던 아이스박스에서 맥주 두 캔을 꺼내왔다. 그는 우리가 제임스 본드 영화를 보는 동안 그 두 캔을 다 마셨고, 영화 속에서 누군가 얻어맞을 때면 재미있다는 듯 소리내 웃었다. 그는 뒤에서 맥주 두 캔을 더 꺼내더니, 내 옆으로 바짝 다가와 어깨에 팔을 둘렀다. 그의 입에서 풍기는 익숙한 맥주 냄새가 좋았다. 그는 내게 두어 번 키스를 하고는 다시 영화로 눈길을 돌렸다. 그의 턱수염이 닿은 얼굴이 따끔거렸다.

잠시 후, 우리는 본격적으로 서로 껴안고 키스를 하기 시작했다. 그는 격렬히 키스하며 내 입을 억지로 벌리려 했다. 나는 마음에 들지 않아 몸을 뺐지만 그는 집요했다. 갑자기 그가 내 허리 아래쪽에 손을 밀어 넣더니 내 위로 올라탔다. 그의 체중에 짓눌려 꼼짝할 수 없었다. 그는 허리를 격렬히 움직이며 내 블라우스를 헤치며 브래지어를 잡아당기고, 무릎으로 내 다리를 벌리려 했다. 모든 일이 너무 순식간에 벌어져서 숨이 가쁘고 혼란스러웠다. 대체 무슨 일이 일어난 거지? 그의 이에 눌려 입술이 부어오르고, 턱수염에 쓸려 얼굴이 화끈거렸다. 나는 몸부림치며 그를 밀쳐내려고 했다. 그만, 그만 해. 그는 '괜찮아'라고 속삭이며 내 바지를 잡아당겼다. 그의 커다란 몸에 짓눌린 나는 공포에 질렸다. 소리를 지르려하자 그가 입으로 내 입을 덮쳤다. 나는 팔을 휘저으며 그를 밀어냈고 그때, 내 손이 문손잡이에 닿았다. 살았다! 나는 손잡이를 힘껏 당겼고, 문이 벌컥 열렸다.

그가 놀라서 얼굴을 드는 순간, 나는 몸부림치며 그에게서 빠져나왔다. 머리가 차 문 바깥으로 빠져나오는 순간, 무릎을 굽혀 뒤꿈치로 의자를 힘껏 밀었다. 그가 몸을 일으켰을 때, 나는 차문 밖으로 빠져나와 땅에 떨어졌다. 나는 황급히 몸을 일으켜 여자 화장실로 뛰어 들어갔다. 공포와 수치심 그리고 분노에 휩싸여 울부짖는 나를, 화장실 안에 있던 다른 여자들이 물에 적신 종이 타월로 터진 입술과 상처 난 얼굴을 닦아 주며 위로해 주었다.

"강간당할 뻔 했어요."

나는 스물다섯쯤 되어 보이는 한 여자에게 말했다.

"하지만 넌 도망쳤잖아. 괜찮아, 잘했다."

그녀와 그녀의 남자친구가 나를 집에 데려다 주었고, 나는 조용히 분노의 벽으로 자신을 둘러쌌다.

그날 나는 운이 좋았다. 하지만 모두가 그런 것은 아니다.

요할리스는 아니었다.

*

아론 키는 두 명의 형사와 함께 유족 대기실에 있었다. DNA 샘플을 채취할 수 있는 장소가 그곳뿐이었던 것이다. 그는 수갑을 차고 탁자 앞에 앉아 있었다. 무척 조용하고 침착했다. 그는 호감 가는 외모에, 한때 다이애나 비가 매력을 발산하는 데 큰 효과를 발휘했던 것과 같은, 고개를 숙인 채 올려다보는 수줍은 미소를 지었다. 수많은 소녀들이 그에게 속은 것도 무리는 아니었다. 그는 길 잃은 강아지처럼, 돌봐주고 싶은 매력을 가진 사람이었다.

나는 그의 혈액과 모발 샘플을 채취하기 위해 그곳에 있었다. 열세 살 소녀 파올라가 살해되었을 때, 범인의 음모가 발견되어 8년간 증거물로 보관되어 있었다. 마침내 그의 DNA와 대조해볼 수 있는 기회가 온 것이다. 나는 그 불쌍한 소녀들을 위해 무언가 할 수 있다는 사실이 기뻤다.

"키 씨, 이제부터 당신의 음모를 뽑아야 해요. 불편할 수 있겠지만, 최대한 빨리 끝낼게요, 알겠죠?"

형사들이 그의 바지를 내려주자, 그는 마치 내게 그런 모습을 보이는 게 미안한 듯 머쓱한 웃음을 지었다.

"네, 알겠습니다. 하셔야 할 일을 하세요."

그는 순순히 협조했고, 수갑을 차고 끌려가면서 내게 인사까지

했다.

나는 사람을 꿰뚫어 볼 수 있다고 생각했다. 나는 그가 어린 소녀들에게 한 짓을 보았다. 그의 잔혹함, 순수함을 짓밟는 악의적이고 무자비한 욕망의 결과를 똑똑히 목격했다. 그러나 그의 행동에서는 그런 잔혹함이 전혀 드러나지 않았다. 어쩌면 연쇄 살인범 조지 코보 때처럼, 상황이 달랐다면 그를 매력적인 사람으로 여겼을지 모른다.

그의 본모습은 훗날 법정에서 드러났다. 그는 증인석에 앉아, 자신이 검시관들의 장기 밀매 음모를 밝혀냈다며 고래고래 소리를 지르고 소란을 피웠다. 그는 법정에서 웃었다 울었다 하다가 급기야 '전부 다 꺼져 버려'라고 소리쳤다. 나는 2001년 1월, 검찰 측 증인으로 출석해 그를 법의 심판대에 세우는 데 일소할 수 있었다.

법정에 도착했을 때, 나는 키의 변호사가 내가 아는 실은 혐오하는 사람이라는 사실에 경악했다. 형사 변호사 조지 골처는 실력 있는 변호사였다. 나는 이미 그 쓴맛을 본 적이 있었다. 1998년, 코리 아서가 브롱크스의 교사 조너선 레빈을 살해한 혐의로 기소된 재판에서, 그는 증인석에 선 나를 가차 없이 몰아세웠다. 레빈은 타임워너 사의 CEO 제럴드 레빈의 아들이자, 방과 후에도 학생들을 챙기고 졸업한 뒤에도 그들의 길잡이가 되어주는 훌륭한 교사였다. 코리 아서도 그에게 도움을 받은 학생 중 하나로, 친구와 함께 조언을 구한다며 레빈의 아파트를 찾았다. 그러나 그들은 교사의 친절에 보답하기는커녕, 그의 계좌 비밀번호를 알아내기 위해 스테이크 나이프로 고문한 뒤 총으로 쏴 살해했다. 고작 800달러 때문이었다. 이 사건은 전국적인 언론의 주목을 받았다. 당연한 일이었다. 반면에 요할리스 카스트로의 살해 사건이 전혀 보도되지 않은 것은, 부당한 일이었다.

조너선 레빈 살해 사건의 직접 심문에서, 나는 체포 당시 경찰이 찍은 코리 아서의 손바닥 상처에 대해 설명했다. 그의 손바닥에는 스테이크 나이프와 같은 톱니 모양의 칼에 베인 상처가 남아 있었으며, 칼날이 손바닥에서 엄지손가락 쪽으로 향하는 방향성도 확인되었다. 나는 아서가 레빈의 몸에 칼을 찔러 넣을 때 뼈 같은 단단한 것에 부딪혀 손이 칼날을 따라 미끄러지면서 생긴 상처일 것이라고 설명했다(「뉴욕 타임스」에 실린 법정 스케치에는, 내가 배심원들 앞에서 이 과정을 시연하는 모습이 담겨 있었는데, 그 모습은 마치 내가 제정신이 아닌 살인마처럼 보였다).

반대 심문 때 골처는 다른 해석을 제시했다. 코리 아서가 존경하는 교사를 지키려고 친구의 손에서 칼을 빼앗다 베인 상처라는 것이었다. 그럴듯한 가설이었다. 하지만 골처는 내 주장을 반박하는 대신 내 신뢰성과 자질을 공격하는 쪽을 택했다. 그것이 나를 분노하게 했고, 결국 치명적인 실수를 저지르고 말았다.

"부처 씨, 당신은 칼에 의한 상처에 대해 책을 쓴 적이 있나요? 한 챕터라도요, 아니죠? 그런데도 자신을 칼에 의한 상처의 전문가라고 자부하시는군요?"

그가 비웃듯 말했다.

"책을 쓴 적은 없지만, 칼에 의한 상처를 수백 건은 보았습니다."

배심원들의 분위기가 은근히 내 쪽으로 기우는 것이 느껴지자 그는 곧바로 반격했다.

"부처 씨……당신은 의사도 아니잖습니까?"

"네, 저는 의사는 아닙니다. 하지만……"

얼굴이 후끈 달아오르는 것이 느껴졌다. 나의 신뢰성과 자질에 대한 공격으로 위축되고 흥분한 내 답변으로, 사망 시각에 대한 증언도 확실성과 신뢰성을 잃고 말았다. 그는 사람을 꿰뚫어 보고 약점을 파고드는 데 능한 자였다.

재판을 마치고 사무실로 돌아온 나는 허시 박사를 찾아갔다. 그는 창가에 서서 작은 전지가위로 분재를 손질하고 있었다. 그는 내게 의자에 앉으라고 권했다.

"국장님, 제가 다 망쳤어요. 피고 측 변호사가 저를 몰아세우는 바람에 그만 흥분해서, 확신이 없는 것처럼 방어적으로 말하고 말았어요. 최악이에요."

그는 늘 가지고 다니는 파이프에 불을 붙이며, 한쪽 입 꼬리만 올려 웃음을 지었다.

"난 자네가 잘했을 거라 생각해, 바버라. 스스로를 탓할 것 없어."

"아니에요, 엉망이었다고요. 그가 절 비웃고 무시하는 바람에 화가 났거든요."

"자넨 대부분의 사람들이 빠지는 함정에 걸린 거야."

"보기 좋게 당했어요. 아마추어처럼 보였을 거예요."

"배심원들이 자네의 증언에 의문을 품게 하는 게 변호사가 해야할 일이니까. 자네가 해야 할 일은 본 것 그대로 진실과 사실을 말하고, 자신의 경험을 바탕으로 해석을 제시하는 거고. 중요한 건 그걸 어떻게 하느냐에 달려 있지."

나는 이내 기분이 나아졌다. 그는 늘 내 마음을 안정시켰다.

"원한다면 내가 지금까지 배운 것들을 몇 가지 알려줄게. 먼저, 검사와 피고 측 변호사를 똑같이 주의 깊고 정중하게 대하는 거야. 자넨 어느 쪽 편도 아니야. 어디까지나 중립적이고 공정한 증인이지. 그리고 질문을 받으면 10초간 생각하는 거야."

"10초요? 그렇게 오랫동안 입을 다물라고요?"

"그럼 최소 5초만이라도. 영원처럼 길게 느껴지겠지만, 그 시간 동안 머릿속에서 답변을 정리하고, 자넬 흔들기 위해 던지는 어떤 말에도 반응하지 않도록 하는 거야. 그리고 변호사가 아니라 배심원을 향해 대답하는 거지. 사실을 판단하는 건 배심원들이니까, 그들에게 전적인 주의를 기울여야 해. 모두를 바라보고, 질문이 허용하는 범위 안에서 최선을 다해 설명하는 거야."

"그들이 끼어들기도 하잖아요. 예, 아니오로만 답하라면서."

"그럼 그렇게 하면 돼. 변호사가 공격적으로 나올수록 자넨 더 정중하고 인내심 있게 행동해야 해. 배심원들은 자네의 전문성을 존중하고 이야기를 들을 거야."

그가 옳다는 걸 알았고, 재판 전에 그를 찾아왔더라면 하고 후회했다. 그는 아무에게나 원치 않는 조언을 하는 사람이 아니었다.

"자, 이제 집에 가서 맛있는 저녁 식사를 하도록 해. 힘든 하루를 보냈으니, 그럴 자격이 있어."

나는 한결 나아진 기분으로 그의 사무실을 나왔다. 그가 온화한 사람이 아니었다면, 내 실수를 가혹하게 지적했을지도 모른다. 그는 내가 이미 충분히 자책하고 있다는 걸 알았고, 어떤 말도 내 기분을 더 나쁘게 만들 수 없다는 것도 알았다. 그래서 그는 내 실수를 지적하는 대신, 다음번엔 더 잘할 수 있는 방법을 알려줌으로써 나를 격려하는 것을 택한 것이다.

그리고 나는 다시 아론 키의 재판정에 섰다. 이제 곧 조지 골처의 반대 심문이 시작될 예정이었다. 긴장한 나는 여자 화장실로 들어가 마음을 가다듬었다. 그리고 천장을 올려다보며 기도했다. '하느님, 제가 잘할 수 있도록 도와주세요' 그리고 허시 박사와 그가 가르쳐준 것들을 떠올렸다. 또 알코올 중독자 모임에서 배웠던 것을 떠올리며, 마치 내가 허시 박사가 된 것처럼 행동하기로 했다. 프로그램이 의도한 바는 아니었지만, 효과가 있다면 왜 안 되겠는가? 나는 냉정하고, 정중하며, 흔들림 없는 태도를 보일 것이다.

그 날 나는 가장 좋은 치마 정장을 입었다. 검은색 브룩스 브라더스 정장에 깨끗한 흰색 블라우스와 검은색 펌프스를 신으니 변호사처럼 보였다. 괜히 힘이 솟는 기분이었다. 이제 나는 진지하고 침착하며 자신감 넘치는 태도로 법정에 설 것이다.

검사는 먼저, 내가 전문가로서 증언할 자격을 갖추었는지 확인하기 위한 질문을 했다. 그는 내 이력, 자격, 경험, 전문가로서 증언한 사례가 있는지 등을 물었다. 다음으로 골처의 질문이 이어졌다. 내 학력에 대한 질문을 받았을 때, 나는 컬럼비아 대학교에서 공중보건학 석사 학위를 받았다고 대답했다. 그는 곧바로 그것을 깎아내리며 말했다.

"부처 씨, 그 컬럼비아 대학교의 학위는 이번 사건과 아무 관련도 없지 않나요?"

그가 또다시 내 자격과 신뢰성을 공격하려 한다는 걸 알았지만, 이번에는 나도 준비가 되어 있었다.

나는 상냥한 표정으로 대답했다.

"네, 이번 사건과는 아무 관련이 없습니다."

수돌닉 판사가 나를 사망 사건 조사 전문가로 인정했고, 플랜스키 검사의 직접 심문이 시작되었다. 그는 내가 목격한 것들을 묘사하고, 각각의 소견이 의미하는 바를 배심원들에게 설명해달라고 했다. 요할리스 카스트로의 자세, 뒤틀린 몸, 끔찍한 화상들. 나는 법정에 유족이 있다는 걸 알고 잠시 주저했다. 나는 심호흡을 하고, 그 참혹한 현장을 감정을 배제한 채 최대한 사실적으로 묘사했다. 반드시 해야만 했다. 심문 도중, 검사가 커다란 스크린에 사진들을 띄우고 왜 내가 요할리스 카스트로가 불이 붙었을 때 의식이 없었다고 생각하는지 설명해 달라고 했다. 사진에는 그녀가 등을 기대고 앉아 있던 벽이 찍혀 있었다. 밝은 회색 시멘트 블록 위, 그녀의 등과 머리가 기대어 있던 자리에는 희미하게 하얀 윤곽이 남아 있었다. 그 윤곽을 둘러싸듯, 그녀의 몸이 불타며 생긴 새까만 그을음이 남아 있었다.

나는 사진을 손으로 가리키며 배심원들에게 설명했다.

"이 윤곽으로 그녀가 벽에 기대어 축 늘어진 상태였다는 것을 알 수 있습니다. 머리는 어깨 쪽으로 옆으로 기울어져 있었죠. 만약 그녀가 불길에 휩싸였을 때 의식이 있었다면, 극심한 고통과 괴로움 때문에 가만히 있을 수 없었을 겁니다. 이렇게 벽에 기대어 앉아있진 못했을 겁니다."

나는 질문을 받고 잠시 멈춘 뒤, 허시 박사에게 배운 대로 배심원들을 향해 몸을 돌렸다. 그리고 그녀의 코와 목구멍에서 발견된 그을음에 대해 설명했다. 그것이 그녀가 화재 중에 호흡을 했다는 증거라는 것도 말했다. 검사는 내가 배심원들에게 충분히 설명할 시간을 주었다.

다음은 골처가 반대 심문을 할 차례였다.

"부처 씨, 오늘 즈비니스 소방관은 자신이 화재를 진압했다고 증언했습니다. 소방관들이 호스와 물을 사용하면 벽에 있던 그을음이 씻겨 나갈 텐데, 당신이 카스트로 양의 몸의 윤곽이라고 설명한 그 형태가 남아 있을 수 있나요?"

나는 그의 질문을 귀 기울여 듣고 잠시 생각한 뒤, 배심원들을 향해 말했다.

"오븐이나 난로의 유리문을 청소해본 적이 있다면, 기름기가 많은 그을음이 물로는 쉽게 지워지지 않는다는 걸 알 겁니다. 그걸 지우려면 강력한 세제가 필요합니다. 또 소방관이 불이 크지 않은

걸 알고 호스를 사용했는지 아니면 소화기를 들고 먼저 진입했는
지는 저도 모릅니다. 그에게 직접 물어봐야 할 겁니다."

내가 말하는 동안, 배심원 몇몇이 동의하듯 고개를 끄덕였다. 아
마 오븐 청소를 해본 경험이 있었을 것이다.

그러자 골처는 그 윤곽이 그녀가 남긴 것임을 증명할 수 있는지
내게 물었다.

"윤곽이 다른 어떤 것 때문에 생겼을 가능성은 없습니까?"

"그럴 가능성은 낮다고 생각합니다."

"하지만 가능성은 있지 않나요?"

"네, 가능성은 있습니다."

그는 질문의 범위를 넓혀, 그녀의 체구와 시멘트 블록의 크기를
비교해 달라고 요구했다. 말도 안 되는 요구였지만, 그는 이미 궁
지에 몰려 있었다. 나는 시멘트 블록의 평균 크기를 알지 못했고,
모르는 것에 대해 증언할 수는 없었다. 키는 무표정한 눈으로 나를
노려보았다.

"부처 씨."

골처가 말했다. 그는 일부러 '~씨'라는 호칭을 강조하며 배심원
들에게 내가 의사가 아님을 각인시키려 했다.

"현장에 도착했을 때 탄화수소 성분의 가연성 물질 냄새를 맡았
다고 하셨죠? 그럼 당신은 냄새 전문가입니까?"

"아닙니다."

나는 그렇게 대답한 뒤, 다시 배심원들에게 고개를 돌렸다.

"하지만 저는 제 차에 직접 기름을 넣습니다."

배심원 여럿이 미소를 지었다.

그 후로도 공방은 이어졌고, 골처는 요할리스 카스트로가 스스로 몸에 불을 붙여 자살한 것으로 몰아가려고 애썼다. 나는 정중하고, 침착하게, 전문가다운 태도를 유지하며 배심원들에게 사실을 이야기했다. 생체 반응, 그을음 흔적, 화재 흔적 등 배심원들이 합리적인 판단을 내리는 데 필요한 모든 것을 설명했다.

골처는 DNA 증거가 불법으로 수집된 것이라고 인정받기 위해 애썼다.

"대중은 법원이 경찰이 아무런 경고나 판사의 허가 없이도 당신을 따라다니며 체액을 가져갈 수 있다고 판결했다는 사실을 알아야 합니다."

교묘한 시도였지만, 수돌닉 판사는 받아들이지 않았다. 그녀는 증거가 합법적으로 수집된 것이라고 판결했다.

키는 모든 혐의에 대해 유죄를 선고받았고, 살인에 대한 종신형 3회와 강간에 대한 400년형을 추가로 선고받았다. 나는 배심원들의 평결에 안도했고, 형량에도 만족했다. 이제 키는 두 번 다시 자유의 몸이 될 수 없을 것이다. 하지만 나는 여전히 그 괴물을 만난 어린 소녀들을 생각하면 분노가 치솟는다. 요할리스, 라시다, 파올라, 그 밖의 피해자들에게 일어난 일은 결코 되돌릴 수 없다.

재판이 끝난 후에도, 나는 오랫동안 요할리스 카스트로를 머릿속에서 지울 수 없었다. 그녀는 그 잘생긴 남자가 자신을 진심으로 좋아한 것이 아니라, 해치고 이용하려 했다는 걸 깨달았을 때 무슨 생각을 했을까? 자신이 무력하고, 스스로를 지킬 수 없다는 걸 알게 되었을 때 어떤 기분이었을까? 공포와 고통이 엄습하기 직전, 그녀는 믿었던 사람에게 배신당한 슬픔과 절망에 휩싸였을 것이다.

요할리스, 평안히 잠들기를.

제 12 장
생일에 일어난 일

　1998년 크리스마스 이브. 그날은 내 생일이기도 했다. 그날은 밤 12시부터 아침 8시까지 근무로, 친구 앤과 저녁을 먹고 밤 10시부터 시작되는 자정 미사에도 참석할 수 있는 시간이 있었다. 앤과 나는 70년대 후반쯤, 어느 댄스 클럽에서 처음 만났다. 아마도 남자 화장실에서 코카인을 몇 줄 함께 흡입하다 알게 된 사이였던 것 같다. 그녀의 패션계 친구들은 그녀가 보수적인 아일랜드계 가톨릭 신자라는 사실을 알면 깜짝 놀랄 것이다. 하지만 나는 놀라지 않았다. 신랄한 말투에 줄담배를 피우는 이 여성에게서 따뜻한 일면을 보았기 때문이다. 집세가 모자랄 땐 소파 쿠션 사이에 몇 백 달러가 든 봉투를 슬쩍 놓아두기도 했다. 직장을 구하지 못하면, 자기 고객에게 나를 추천하기도 했다. 앤은 남몰래 사람들을 도왔고, 누가 거기에 대해 물어도 대수롭지 않다는 듯 넘겨버리곤 했다.

당시 나는 시내에서 차로 한 시간 반 정도 떨어진 캐츠킬 지역의 작은 집에서 혼자 살고 있었다. 야간 근무 때 긴 통근을 피하려고, 이스트 빌리지에 사는 친구에게서 방을 하나 빌렸다. 주방 옆에 하녀의 방이 딸린, 한때는 호화로웠던 아파트였다. 집 주인 칼라는 그 방을 자신의 인형 컬렉션을 보관하는 창고로 썼는데 주로 유품 경매 같은 데서 사온 듯한 먼지가 소복이 쌓인 인형이며, 하얀 얼굴에 빨간 입술이 으스스한 일본 가면, 오소리처럼 생긴 동물 인형 등이었다. 나는 긴 근무를 마치면 진열 선반 위에 놓인 작은 간이 침대에서 묵었다. 하지만 어둡고 온기가 느껴지지 않는 곳이라 오래 머무르진 않았다.

앤은 늘 친구가 힘든 시기를 겪고 있는 것을 금방 알아차렸다. 나는 그녀에게 저녁 식사와 교회 미사에 초대를 받고 무척 기뻤다. 자신의 크리스마스 이브 전통을 나와 함께 하고 싶어 한다는 사실이 특별하게 느껴졌다. 앤은 허드슨 가에 있는 세인트 루크 교회를 골랐다. 웨스트 빌리지에 있는 그 교회는 우리 같은 동성애자를 비롯한 모든 죄인을 환영하는, 안식처 같은 곳이었다. 성공회 양식의 아름다운 미사가 진행되었다. 호화로운 법의, 촛불, 무거운 금빛 향로에서 퍼져 나오는 향기가 공기 중에 가득했다. 부모님이 우리를 더 이상 억지로 교회에 데려가지 못하게 된 이후로, 나는 교회에 가지 않았다. 부모님은 아홉 남매를 집 밖으로 내보내고 둘 만의 시간을 가지려 했다. 하지만 그날 밤은 신성한 금색 불빛과 믿음의 의식에 둘러싸여 있으니 가슴 속에서 희망이 차오르는 걸 느껐다. 주위를 둘러보면서 나는 감사와 행복에 가까운 감정을 느꼈다. 여우 목도리를 두르고 머리를 붉게 염색한 노부인 두 명이, 머리를 뾰족하게 세우고 피어싱을 한 펑크족 청년들과 나란히 앉아 있었다. 불안하게 몸을 움직이는 아이들의 눈빛은 공동체의 따뜻한 온기에 물들어 반짝였다. 자정이 가까워지자 성가대의 목소리가 높이 솟은 아치형 천장에 울려 퍼졌고, 나는 마치 다른 세계에 있는 듯한 감각에 휩싸였다. 그때, 호출 벨이 울렸다.

나는 로비로 나와 사무실에 연락했다.

심술궂은 디나가 받았다.

"브롱크스에서 살인사건이에요. 잠깐만."

시끄러운 무전 소리가 민망했지만, 잠시 대기하다 다시 시도했다.

"법의조사관 부처입니다. 디나, 현장이 어디죠?"

"법의조사관 부처 씨, 내가 기다리라고 했잖아요!"

디나, 당신에게도 평화와 선의가 깃들길.

"43관할서에서 신체 일부가 든 아이스박스가 발견됐어요. 네이선을 어디로 보내면 되죠? 젠장, 미스터 웰스는 오늘 쉬는 날이에요."

지붕에 경광등을 단, 흰색 차체에 커다란 금색 글씨로 '뉴욕시 법의학 검시국'이라 쓰인 차량이 도착했다. 신자들 사이에서 작은 술렁임이 일었다. 네이선은 창문을 내려 사람들이 자신의 검시국 재킷을 볼 수 있게 했다. 네이선은 자신의 일과 그에 딸린 모든 것에 자부심을 갖고 있었다. 가짜 법의조사관 배지를 차고 다니기도 했다. 물론 나와 함께 있을 때는 착용하지 않았다. 나도 금빛 배지를 착용하는 걸 영광이라 여겼기 때문에 그의 마음이 이해는 갔지만 거짓말을 묵인할 수는 없었다. 경찰관을 사칭하는 것처럼 보여 현장에서 사람들을 혼란스럽게 만들기도 했다. '그가 당신 운전사인 줄 알았어요'라는 말도 종종 들었다.

차 문을 열자 애프터셰이브 향이 코를 찔렀다. 최악이군. 네이선은 샤워를 하지 않은 상태였다. 전에 내가 향수를 줄이고 옷을 좀 더 입어달라고 했을 때, 그는 향수로 냄새를 감추려는 거라고 둘러댔다. 그런 그가 억센 겨드랑이 털이 삐져나온 지저분한 탱크톱 차림으로 '그레이 플래널'의 진한 향수를 잔뜩 뿌린 채 나타난 것이다. 아, 미스터 웰스가 그리웠다. 생일을 그와 함께 보낼 수 있었다면 얼마나 좋았을까.

우리는 인적이 드문 FDR 드라이브를 달려 브롱크스로 향했다. 그 구역은 70년대에 심각한 타격을 입고, 불타버린 건물과 잔해가 쌓인 공터들이 여전히 남아 있는 쇠퇴한 도시의 상징이 되었다. 80년대 브롱크스의 세인트 바나바스 병원에서 일할 때, 사람을 만나거나 파피라는 노점상에게서 진짜 엠파나다(양념한 고기를 넣고 반달 모양으로 접어서 구운 파이)를 사 먹으러 밖에 나가곤 했다. 도시는 제2차 세계대전 직후의 독일처럼 폭격을 맞아 황폐하고 쓸쓸했다. 당시에는 아무렇지 않게 받아들였다. 브롱크스는 원래 그런 곳이라고 생각했던 것이다. 그것이 사람들의 삶에 어떤 의미를 갖는지에 대해 생각해본 적이 없었다. 지금은 더 현명해졌지만.

네이선은 사운드뷰의 습지대에 차를 세웠다. 우리는 얼어붙은 진흙 구덩이를 지나 휴대용 탐조등 불빛에 둘러싸인 경찰 무리 쪽으로 다가갔다. 지금까지 본 수많은 파괴의 현장들처럼, 아름다운 광경이었다. 차가운 공기는 어둡고 투명했으며, 그 속에서 경광등의 붉고 푸른빛이 날카롭게 반짝였다.

형사들이 나를 불렀다.

"이야, 부처 박사님! 브롱크스엔 무슨 일로? 빈민가 체험이라도 하러 온 거예요? 지난 번 24관할에서 자기 어머니를 때린 놈 처리할 때 보곤 한동안 못 봤잖아요."

"크리스마스잖아요. 다 같이 보내면 좋을 거 같아서요."

"이거예요, 신체 일부가 가득 든 아이스박스 두 개. 한 번 보세요."

그는 콜맨의 아이스박스 뚜껑을 열었다. 피크닉용 식재료가 10인분은 들어갈 법한 특대형 크기였다. 처음 눈에 들어온 것은 허벅지와 다리였는데, 발은 거칠게 잘려 나가고 없었다. 형사들이 왜 그렇게 나를 반가워했는지 알 수 있었다. 사건 보고서에는 이렇게 쓰여 있을 것이다. '법의조사관 부처(Butcher)가 현장에 출동해, 난도질당한 사체를 조사함.'

아이스박스는 가득 차 있었지만, 차가운 빛 속에서 남성의 몸통, 손이 없는 두 팔, 거칠게 잘려나간 어깨 하나, 오른쪽 다리를 볼 수 있었다. 머리는 없었다. 나는 현장에서 그것들을 꺼내지 않기로 했다. 증거물 분실을 막기 위해 영안실에서 방수포를 깔아놓고 하는 편이 나을 듯했다. 게다가 아이스박스는 운반하기도 편했다.

나이트 워치 팀의 에디가 말했다.

"여기 두 번째 박스에는……"

그는 몇 미터 떨어진 곳에 있는 또 다른 아이스박스를 가리켰다. 비스듬히 열린 뚜껑 사이로 팔이 삐져나와 있었다. 팔이 세 개라니. 나는 카메라를 꺼내 작은 관처럼 놓인 아이스박스 주변 습지를 여러 장 촬영한 뒤, 아이스박스와 그 내용물도 찍었다. 장갑을 끼고 두 번째 아이스박스를 완전히 열어 보니, 실제로 복수의 신체 부위가 들어 있었다. 두 명의 남자였다. 나는 안에 손을 넣어 오른쪽 다리 하나를 옮기려다 그 무게에 놀라 다시 내려놓았다.

"에디, 잠깐 손 좀 빌려줄래요? 여기도 하나 있긴 하지만."

주위에서 술렁거림이 일었다.

그 농담은 피해자를 조롱하는 게 아니라 나 자신을 위해서였다. 이렇게나마 불안을 날려버리고 두려움을 억누르는 것이다. 침묵 속에서 일하는 건 견디기 힘들 정도로 불편했을 것이다. 크리스마스에 인간의 악행을 떠올리고 싶지 않았고, 이 불쌍한 사람들의 마지막 순간이 얼마나 끔찍했을지 생각하고 싶지도 않았다. 하지만 해야만 했다. 그게 내 일이었다.

나는 경찰이 신원을 확인해 수사를 시작할 수 있도록 머리와 손을 찾고 있었다. 그러나 두 명의 남자에 해당하는 사지와 몸통만 가득했다. 태그를 달아야 할 발조차 발견되지 않았다.

나는 네이선에게 시신의 클로즈업 사진을 찍게 했다. 매번 장갑을 벗을 필요가 없어서 더 편했다. 그는 그걸 무척 좋아했고, 덕분에 여자친구에게 자신이 조사관이라고 한 거짓말도 제법 그럴듯하게 보였다. 불쌍한 네이선, 그는 도저히 스스로를 제어할 수 없었다. 그는 두 번의 징계로 휴가와 감봉 처분을 받고서도 자신을 과대 포장하려는 욕구를 버리지 못했다. 그가 크랙을 피운 것도 같은 종류의 욕구였다. 네이선은 꿈만 가득한 중독자였다. 내가 그를 싫어한 것은, 스스로도 인정하기 싫을 만큼 나 자신과 닮았기 때문일 것이다. 그는 게으르지만 영리한, 끔찍한 양면성을 가지고 있었다. 결국 그는 해고되었고, 죽기 직전에야 겨우 약을 끊었다. 불쌍한 네이선.

감식반이 사진 촬영과 지문 채취를 마치자 한 경관이 아이스박스 위에 깨끗한 방수포를 덮었다. 우리는 차로 돌아가며 본부에 연락해 영안실 차량을 보내달라고 요청했다.

"메리 크리스마스, 그럼 내년에 봐요!"

따뜻한 차 안으로 돌아왔지만, 몸의 떨림은 가라앉지 않았다. 끔찍한 현장이었다. 주의를 분산시켜 주던 사람들이 사라지자 나쁜 생각들이 밀려들었다. 손이 잘릴 때, 그들은 살아 있었을까? 한 남자가 다른 남자가 절단되는 모습을 보고 있었을까? 생각을 멈추기도 전에, 손목 위로 내려치는 식칼에 비명을 지르며 고통스러워하는 남자를 떠올렸다. 그리고 다음은 자기 차례라는 걸 아는 다른 남자가 느꼈을 공포가 뇌리를 스쳤다. 그렇게 무력한 상태로, 누군가의 손아귀에 놓인다는 생각은 나를 크게 흔들었다. 사람을 생각하지 말고, 물리적 증거와 사건의 경위에만 집중해야 했다. 나는 노래를 흥얼거리거나 웃긴 장면을 떠올리며 그런 생각들을 밀어냈다. 회전목마를 타고 있는 늙은 수녀들을 떠올렸다.

움츠러들지 마. 생각하지 마. 느끼지 마.

사무실에 도착하기 전에 다시 무선이 울렸다.

디나의 심술궂음에 필적할 정도로 상냥한 시시의 목소리가 들려왔다.

"정말 미안해요, 부처. 또 사건이에요. 32관할에서 살인 사건. 감식반이 10분 안에 도착할 거래요."

맨해튼을 관할하는 우리는 주로 할렘과 워싱턴 하이츠 일대에서 벌어진 사건 현장으로 출동했다. 가난은 마약으로 이어지고, 마약은 폭력으로 이어졌다.

또 다른 허름한 아파트, 금이 간 리놀륨 계단을 올라 또 다른 너저분한 집으로 향했다. 4층 좁은 복도에 서 있는 경찰 무리를 보고 나는 현장 책임자를 찾았다.

그와 처음 만난 나는 자기소개를 하고 현장 상황을 물었다.

"20대, 남성, 살인 사건으로 보입니다. 그쪽은 감식반이 작업을 마치면 들어가시죠."

OK. 그는 규정대로 진행하고 싶어 했다.

"알겠습니다. 시신만 건드리지 않는다면 문제없습니다. 그건 제 몫이니까요."

규정상, 문 앞에 배치된 경찰은 외부 인원에 의해 현장이 오염되지 않도록 막을 책임이 있다. 현장에 있는 모든 사람은 그의 수첩에 기록되어야 하고 긴급 구조대, 형사, 감식반 등 각자의 역할도 함께 기재한다. 현장 책임자들은 대부분 법의조사관이 처음부터 현장에 투입되는 걸 선호하지만, 이 사람은 아니었다. 아니면 그저 마초적인 성격의 소유자라서 요즘은 보기 드문 '비켜요, 아가씨' 같은 태도를 보인 걸지도 모른다. 당시 나는 이미 형사들의 인정을 받고 있었다. 그들은 나의 약간 별난 성격과 특이한 외상에 대한 열정을 익숙하게 받아들였고, 내가 적극적으로 배우고 의견을 나누고 싶어 한다는 걸 알고 있었다. 모험심도 도움이 되었다. 지붕 위로 기어오르거나 어두운 지하철 선로를 따라가며 흩어진 신체 일부를 찾는 것도 마다하지 않았다. 게다가 나는 경찰 세계에서 필요한 언어와 태도를 잘 알고 있었다. 경찰이었던 아버지 덕분이었다. 그가 경찰이던 시절에는 체포된 아동 성범죄자가 '실수로' 계단에서 두 번이나 굴러 떨어지는 일도 있었으니까. 세월이 흘러도 냉소와 침착한 태도는 여전했다. 나는 이런 거칠고 회의적인 남자들을 좋아했다. 그들은 용감하고, 진실하며, 친절했으며, 그 냉철한 눈빛은 오직 범죄자와 하찮은 범법자들에게만 향했다. 나는 옷도 그들처럼 입었다. 그들은 양복에 넥타이, 베이지색 트렌치코트와 반짝이는 가죽 구두까지 갖춰 신었다. 나는 단정한 정장과 검은색 트렌치코트로 약간의 변화를 주었다. 하지만 현장 책임자는 눈치 채지 못한 듯했다. 그를 평가할 생각은 없었다. 그저 자신의 현장에 누구도 접근하지 못하게 지키려는 것이었다.

나는 흔들리는 나무 난간에 기대어 순찰 경찰들과 인사를 나눴다. 저녁을 한참 전에 먹었더니 배가 고팠다. 시간이 걸릴 듯 해, 네이선에게 보데가에서 커피와 도넛을 사다 달라고 부탁했다. 커피와 도넛을 보자 다들 기분이 풀어졌다. 마지막 도넛을 집은 디샌티스만 빼고. 그는 플레인 도넛을 들여다보며 말했다.

"대체 왜 이런 걸 상자에 넣는 거지? 다들 초콜릿이나 슈거 파우더가 뿌려진 걸 좋아하잖아. 시나몬도 그렇고. 근데 이건 뭐야? 빌어먹을, 엔터먼스."

20분 남짓 다 같이 도넛과 커피를 마시며 수다를 떠는 동안 감식반 소속의 앨이 복도로 고개를 내밀었다.

"엇, 바버라. 있는 줄 몰랐어요. 어서 들어와요."

앨은 수사 책임자를 한 번 보고는 나를 가족처럼 맞아 주었다. 그는 내가 뭘 하는지 알고 있었고, 기다릴 필요가 없었다.

앨이 문에서 비켜서자 작은 거실을 가득 채운 화려한 크리스마스 트리가 나타났다. 크고 반짝이는 빨강·금색 구슬, 은빛 장식 끈, 형형색색의 전구들이 각기 다른 리듬으로 반짝였다. 트리가 너무 커서 꼭대기의 가지와 별 장식이 45도 정도로 구부러져 있었다. 행복해 보이는 트리였다. 누군가 즐겁게 트리를 장식했을 것이다.

반짝이는 조명에 눈이 적응되자 그 아래에 쌓인 선물이 보였다. 금빛 포장지에 싸인 커다란 상자들, 끝이 고리처럼 말린 리본, 산타가 그려진 포장지에 싸인 공 모양의 선물도 있었다. 그 사이에 한 젊은 남자가 기대 앉아 있었다. 팔다리가 묶이고 얼굴 아랫부분은 덕트 테이프로 감겨 있었다. 갈색 눈이 튀어나오고, 곱슬거리는 머리카락은 땀에 젖어 있었다. 처참한 질식사였다.

가슴에 붙은 커다란 종이가 시선을 사로잡았다. 매직으로 '마리아, 다음은 너야'라고 쓰여 있었다.

앨과 나는 잠시 시신이 발견된 경위, 덕트 테이프에서 지문이 나올 가능성, 사망 시각, 시신을 흐트러트리지 않고 확인하는 방법 등에 대해 이야기를 나눴다. 그는 트리 밑에서 죽었을까? 아니면 사망 후 이곳으로 옮겨졌을까? 아마 후자일 가능성이 높았다. 트리가 전혀 흐트러지지 않았고, 남자도 격렬히 저항한 흔적이 없었기 때문이다. 그때 복도에서 여성의 비명소리가 들려왔다.

"무슨 일이죠?"

나는 가까이 있던 경찰에게 물었다.

"마리아일 겁니다."

＊

다운타운으로 향하는 길에, 나는 기분 전환을 위해 과학 수사에 대해 생각했다. 콜맨의 아이스박스나 크리스마스트리 밑의 남자에게 감겨 있던 덕트 테이프에서 지문을 검출해, 범인을 체포할 수 있을지 모른다. 하지만 나는 더 잘 알고 있었다. 갱단이나 마약 관련 살인 사건은 좀처럼 해결되지 않았고, 설령 해결된다 해도 범인이 이미 사망한 경우가 많았다. 그들의 삶과 직업에 따르는 위험이었다.

그날 밤은 사망 사건이 두 건 더 있었다. 둘 다 자연사였고, 혼자 살다 크리스마스에 외롭게 죽은 늙고 병든 사람들이었다. 나도 외로웠다. 얼어붙을 듯 시린 아침, 거리에는 나 혼자뿐이었고 그날 밤 내가 본 것을 이야기할 상대도 없었다. 다른 사람들은 모두 따뜻한 아파트에서 플란넬 잠옷을 입고 선물을 열어보고 있을 터였다. 적어도 내가 생각하기엔 그랬다.

나는 크리스마스이브를 좋아한다. 크리스마스 당일의 실망과는 거리가 먼, 설렘만 가득한 날이기 때문이다. 게다가 내 생일이기도 하다. 그렇다고 생일이 내게 큰 의미가 있었던 건 아니다. 아기 예수의 들러리로 사는 건 전혀 즐겁지 않았다.

"엄마, 생일 파티 해도 돼?"

나는 해마다 그렇게 애원했다.

"안 돼, 어차피 크리스마스라 아무도 안 올 거야."

여태 단 한 번도 파티를 열어본 적이 없다. 아무도 오지 않을 걸 알았으니까.

크리스마스이브를 좋아하는 건 내 생일 때문이 아니었다. 구세주의 탄생, 희망을 품게 하는 누군가의 약속 때문이었다. 매년 크리스마스 때마다 나는 세상이 달라지길 기다렸고, 비록 단 한 번도 일어나지 않았지만 언젠가는 가능하리라는 생각만으로도 가슴이 뛰었다. 세상의 어두운 면을 숱하게 보아왔지만 희망을 버리지 않았다. 그러나 그 해는 달랐다. 세상이 악으로 넘쳐났기 때문만은 아니었다. 아름답고 지적이며 유머까지 갖춘 연인이 나와 헤어져 남자를 선택한 것에 대한 충격 때문이었다. 액세서리를 매치하고, 젓가락으로 능숙하게 머리를 틀어 올릴 만큼 센스 있는 모습을 봤을 때 그녀가 진짜 동성애자가 아니란 걸 눈치 채야 했다. 다른 레즈비언들이 그렇듯, 우리는 계속 친구로 남았다. 그리고 그녀가 휴가로 집을 비운 동안, 내가 그녀의 이스트 빌리지 아파트에서 지내며 먼지 쌓인 인형 대신 그녀의 사나운 고양이를 보살폈다.

나는 우울하고 우중충한 기분 그대로 캐롤린의 아파트로 향했다. 해가 갈수록 감당하기 어려울 만큼 비극적인 사건들이 쌓여 가면서 감정적으로 무너지고 있었다. 냉소가 섞인 유머가 늘 효과가 있는 건 아니었다. 내 이야기를 들어줄 사람이 필요했지만, 사건에 대한 이야기는 할 수 없었다. 인생의 절반을 차지하는 일에 대해 말하지 않으면 곧 아무 말도 하지 않게 된다. 이 일이 인간관계에 좋지 않다고 생각했지만, 사실 문제는 나였다. 어느 날 저녁, 나는 캐롤린의 집으로 돌아와 옷을 벗고 침대로 들어가 이불을 머리까지 뒤집어썼다. 내가 할 수 있는 말은 단 하나였다. 내가 본 것을 지워버리고 싶다는 것, 나 자신에게서 벗어나고 싶다는 것. 하지만 제대로 설명하지 못했다. 나는 종종 우울하고 말이 없어서, 함께 있어도 즐겁지 않은 사람이었다. 누군가 내 마음을 알아주길 바랐지만, 누가 내 속마음을 알 수 있었겠는가?

크리스마스 날 아침, 나는 알코올 중독자 모임의 'HALT의 법칙'을 떠올렸다. 너무 배고프거나(hungry), 화나거나(angry), 외롭거나

(lonely), 피곤하지(tired) 않도록 하라는 구호였다. 그중 세 가지가 내게 해당됐다. 이 시간에 외로운 건 어쩔 수 없었다. 잠들기 전엔 긴장을 풀 필요가 있으니 당분간 피곤한 것도 감수할 수밖에 없었다. 대신 맛있는 걸로 스스로를 달랠 수는 있었다. 갓 구운 옥수수 머핀이면 충분했다. 12번가와 2번가 교차로에, 장식 하나 없는 콘크리트 바닥의 빈 식당 자리에서 빵을 구워 파는 베이커리가 하나 생겼다. 빵을 진열한 선반 두어 개와 계산대, 카운터뿐인 작은 가게에는 뉴욕 사람들이 줄 서서 사먹는 촉촉하고 잘 부스러지며 윗부분은 바삭하게 구워진 머핀이 있었다. 반쯤 열린 문을 열고 안으로 들어가자 젊은 여성이 오븐에서 금빛으로 구워진 머핀을 꺼내 선반에 올리고 있었다. 맛있는 냄새에 정신이 아찔해질 정도였다. 공기 중에 감도는 버터 맛이 느껴졌다. 희망의 맛이었다.

"아직 안 열었어요."

"아, 죄송해요. 하지만 머핀이 나왔잖아요. 잔돈도 딱 맞게 있어요, 3달러 맞죠? 봉투도 필요 없어요."

나는 최대한 친근하게 웃었다. "개점 전이라 안 돼요."

그녀는 선반 정리에만 몰두하며 나를 보려고도 하지 않았다.

"부탁이에요. 정말 최악의 밤을 보냈거든요. 배도 고프고, 춥고, 내가 원하는 건 그저 머핀 하나 먹고 잠드는 것뿐이에요. 제발, 부탁이니 머핀 하나만 주세요. 돈은 더 내도 좋아요."

"개점 전이라 안 돼요. 나가주세요."

그녀는 계산대 뒤에서 나와 나를 밖으로 내보내려 했다. 분노의 눈물이 치밀었지만 애써 눈을 깜빡이며 참았다. 이제 화나는(angry) 상황까지 해당되었다. 그녀가 내 눈앞에서 유리문을 닫자 나는 발길을 돌렸다. 그녀가 승리한 듯한 표정으로 걸어가는 것이 보였다. 아주 작은 친절만 보여줬더라도 내 기분은 달라졌을 텐데, 그녀는 그렇게 하지 않았다.

나는 훌쩍이며 2번가 건너편의 한국 음식점에서 작은 파란색 봉투에 든 퍼석퍼석한 '엔터먼스' 머핀을 하나 샀다. 제조일로부터 일주일은 지난 글리세린, 말린 블루베리, 잔탄검 덩어리로 버텨야 했다.

캐롤린의 아파트로 돌아가 발목에 매달리듯 덤벼드는 사나운 고양이를 떨쳐냈다. 차를 끓이며 밥그릇에 사료를 담아주고 탁자에 앉아 머핀을 한 입 베어 물었다. 고양이가 소파 등받이 위에서 나를 노려보다가, 순식간에 공중으로 뛰어올라 머핀을 낚아챘다. 그걸 입에 물고 욕실로 달려가더니, 앞발로 툭툭 치며 머핀을 욕실 바닥에 굴렸다. 바닥에는 고양이 모래가 흩어져 있었다.

끔찍하게 잘린 채 쓰레기처럼 버려진 남자들, 천천히 질식사한 무력한 청년, 살해 예고를 받고 공포에 휩싸여 비명을 지르는 여자, 외롭게 죽어간 노인들을 목격한 그 밤이 끝나고서야, 나는 참았던 울음을 터트렸다.

제 13 장
살인—타인에 의한 죽음

내가 사무실에 들어섰을 때, 랜디는 그가 최근에 본 기묘한 사건에 대해 이야기하던 중이었다. 나는 장시간 일한 탓에 지쳐서 쓰러질 지경이었다. 「뉴욕 포스트」가 매년 발표하는 '초과근무 수당 탑 10'에서 시청 직원들의 초과근무 수당 순위를 매겼는데 2년 연속 내가 3위였다. 그래도 알코올 중독보다는 일 중독이 그나마 낫고 급여도 더 좋다.

랜디는 양손을 허리에 얹고 내가 집중할 때까지 기다렸다가 다시 이야기를 이어갔다.

"그러니까 남자 둘이 아파트 안뜰에 나와서 뭔가를 하고 있는데……갑자기 픽!"

랜디가 두 손으로 책상을 내리쳤다. 과장은 6주간 우리를 따라다니는 의대생들을 즐겁게 해주고 있었다. 그는 계속 말했다.

"그들의 탁자에서 1.5m도 떨어지지 않은 곳에 피투성이 가발이 떨어진 거야. 둘 중 더 어리고 잘생긴 남자는 자기가 신은 에어 조던에 피가 묻지 않게 닦느라 바빴고, 나머지 한 남자가 자리에서 일어나 그게 뭔지 보러 갔어. 그런데 그게, 실은 가발이 아니라 사람의 머리였던 거야."

랜디는 의대생들의 반응에 신이 나서, 완전히 연기 모드로 들어갔다.

"그때 누군가 소리를 지르는 걸 듣고 위를 올려다봤는데, 한 남자가 마치 미식축구 공을 던지듯 팔을 뒤로 젖히고 있더라는 거야. 근데 그게 미식축구 공이 아니라⋯⋯노란색 테니스공처럼 보였지. 그 남자가 그걸 던지자 안뜰에 있던 남자를 향해 날아왔어. 그가 피하려고 몸을 숙이자, 그게 '픽'하는 소리와 함께 땅에 떨어졌지. 사실 그건 테니스공도 아니었어⋯⋯."

그는 잠시 뜸을 들였다.

"앵무새의 머리였던 거야!"

볶음면을 먹고 있던 의대생 하나가 고개를 들어 말했다.

"끔찍하네요. 어떤 미친놈이 작은 새한테 그런 짓을 하죠?"

랜디는 그를 보고 눈썹을 치켜뜬 후, 다른 학생들을 향해 고개를 돌렸다. 자기 이야기를 끊은 것이 마음에 들지 않았던 것이다. 신참 조이는 즐겁다는 듯 웃었고, 루벤은 의심스러운 표정을 지었다. 그는 랜디가 지나치게 과장하고 있다고 생각했다. 물론, 그렇게 생각한 건 그뿐만이 아니었다.

"알고 보니 4층에 사는 어떤 남자의 짓이라는 게 밝혀졌어. 서른 넷이나 먹고도 아직 엄마와 함께 사는 자였지. 그런데 그의 엄마가 키우던 앵무새가 그를 미치게 만들었던 거야. 하루 종일 꽥꽥거리고 지저귀며 시끄럽게 떠드니까, 그는 새가 자기를 욕한다고까지 생각하기 시작했어. 결국 폭발한 그가 새장에서 새를 꺼내 식칼로 목을 쳐버린 거야."

"세상에, 제발. 다들 제정신이 아니군요."

밥이 슬픈 표정으로 고개를 저었다.

랜디는 헛기침을 했다.

"그러니까 말이야……그가 앵무새를 죽이자, 이번에는 그의 엄마가 흥분해서 비명을 지르기 시작했어. '살인자, 살인자!'라고 외치면서. 그러자 그가 다시 식칼을 집어 들고 엄마의 목을 그어버린 거야. 그리곤 바닥에 주저앉아 엄마의 목을 절단했지. 그리고 그걸 휙, 하고 창밖으로 던져버린 거야."

신참 조이는 고개를 흔들었다.

"왜 그랬다고 생각해요?"

"내가 어떻게 알겠어? 하지만 그가 앵무새 머리를 창밖으로 던질 때 뭐라고 한 줄 알아?"

그가 또다시 말을 멈췄다.

"자, 엄마. 그렇게 좋아하던 새를 잊으면 안 되죠!"

충격적인 죽음, 기막힌 반전, 재치 있는 대사까지, 모든 요소를 갖춘 흥미로운 사건이었지만, 나는 웃을 수 없었다. 모든 게 점점 나를 짓누르기 시작했다. 특히, 살인 사건들이. '타인에 의한 죽음' 이것은 어디까지나 법의학에서의 정의로, 검사가 사용하는 살인, 중범죄로 인한 살인, 과실치사 등의 법적 범주와는 다르다. 타살이라고 해서 모두 법적 의미의 살인은 아니다. 군인은 직무의 일환으로 사람을 죽이기도 한다. 법 집행관들은 타인을 위협하는 사람을 죽일 수도 있다. 일반 시민도 정당방위를 위해 타인의 생명을 빼앗을 수 있다. 결국 정당성과 의도의 문제다. 그러나 그런 일들이 분명히 늘고 있다. 근무를 나설 때마다 누군가는 타인에 의해 죽음을 맞고, 나는 그 현장에 출동했다. 양치질을 하고, 커피와 머핀을 사 들고, 누군가 살해된 현장을 보고, 신문을 읽고, 총격 사건 현장에 간다. 살인은 점점 일상다반사가 되어가고 있었고, 나는 내 주변의 모든 사람들이 누군가를 죽이거나 아니면 죽임을 당할 거라는 생각까지 들기 시작했다. 나는 악에 둘러싸여 있었다. 위험은 어디에나 도사리고 있었고, 그 증거도 가지고 있었다.

　나는 스스로에게 감당할 수 있다고, 이건 일종의 노출 치료라고 되뇌었다. 더 많이 보면 덜 충격적일 것이고, 내성이 더 강해질 거라고, 면역력을 기르는 것이라고. 그러나 사실은 아니었다. 실제로는 그냥 감각을 꺼버린 것뿐이었다. 친구들이 저녁 뉴스에서, 살인 현장에서 커피를 마시고 버터를 바른 빵을 먹고 있는 내 모습을 본 적이 있다. 두 남자가 지프 운전대에 수갑으로 묶인 채 불태워진 사건이었다. 현장은 다이크먼가 근처의 평화로운 헨리 허드슨 파크웨이였다. 맹렬한 불길은 도요타 랜드 크루저를 연기만 남은 금속 잔해로 만들고, 언덕까지 태워버렸다. 시커멓게 그을린 시신 두 구가 노란색 방수포 위에 놓여 있었고, 그 장면을 하늘에 있던 보도 헬기가 촬영한 것이다. 그날은 아침부터 바빠서 아무것도 먹지 못한 채 현장에 불려 나왔다. 그래서 감식반의 작업이 끝나기를 기다리며 델리에서 사온 아침을 먹는 모습이 찍혀 뉴스에 나가게 된 것이다.

"그게 뭐가 문젠데? 너흰 사무실 책상에서 밥 안 먹어?"

나는 비판적인 친구들에게 물었다.

살인은 내게 그저 일상의 일부가 되어 버렸다.

랜디의 극적인 사건이 있기 며칠 전, 나는 젊은 도미니카인 가족이 참혹하게 학살된 워싱턴 하이츠의 한 아파트 현장으로 불려갔다. 아버지, 어머니, 그리고 열 살짜리 둘째 아들이 그들이 가장 안전하다고 믿었던 집에서 총에 맞아 살해되었다. 세 살이었던 셋째 아들은 거실 커튼 뒤에 숨어 살아남았다. 피가 낭자한 사건 현장에서 어린아이의 작은 발자국이 찍혀 있는 것을 본 경찰이 두꺼운 브로케이드 커튼 뒤에서 조용히 떨고 있는 아이를 발견했다. 현장에 찍혀 있는 작은 핏자국과 아이의 발가락 자국은 냉정하게 거리를 두려던 나를 단번에 무너뜨렸다. 내 단단한 껍질에는 금이 가기 시작했고, 두려움이 밀려왔다. 다른 사람들은 혼란에 빠지거나 놀라는 기색도 없었다. 그 사실이 오히려 나를 더 고립되게 만들었다. 거실에서 경찰과 형사들과 함께 있는 동안에는 어떻게든 냉정함을 유지할 수 있었다.

내가 해야 할 일을 하자, 한 번에 한 명의 피해자를 살피는 것이다.

감식반의 앨이 작업을 지휘하고 있었다. 피해자가 셋이다 보니 현장은 금세 혼잡해졌다.

"바버라, 당신이 그 방에 있는 아이를 맡을래요? 난 부모의 사진을 찍을게요."

"그래요, 앨. 나중에 교대하죠."

나는 혼자 침실로 들어갔다. 부드러운 갈색 곱슬머리에, 햇볕에 그을린 뺨에는 솜털이 나있고, 어깨에는 스타워즈 백팩을 맨 작은 소년이 이마에 총상을 입은 채 바닥에 엎드려 있었다. 타는 듯한 불안의 전류가 온몸을 훑고 지나갔다. 어린아이에게 이런 짓을 저지를 수 있는 자들이 아직도 밖을 활보하고 있었고, 아마도 그들의 진짜 목표였을 열일곱 살의 장남을 찾고 있을 터였다. 마약 밀매업자들. 그들은 무자비했다. 그리고 어디에나 있었다.

나는 도저히 감당할 수 없었다.

나는 다시 거실로 나왔다.

"저기, 안에 경찰 한 분만 같이 있어 줄 수 있어요?"

루소 경관이 고개를 들었다.

"만약의 경우에 대비해서요."

그는 의아한 표정이었다. 만약의 경우라니? 나는 그가 지켜보는 가운데 조사를 시작했다. 관중이 있으면, 연기를 할 수 있었다. 전문가처럼 행동하고, 냉정한 모습을 연기할 수 있었다. 근심 어린 표정, 생각에 잠긴 척 찡그린 미간, 증거를 확인하며 고개를 끄덕이는 작은 제스처. 겁에 질리지 않은 척, 아무렇지 않은 척, 그저 내일을 하는 것이다.

내 일. 나는 첫날부터 이 일이 좋았다. 이 일은 내가 더 나은 사람이 될 기회를 주었다. 나는 중요한 역할을 맡았고, 사법 체계 속에서 의미 있는 존재였다. 나는 사람들을 도왔다. 매일 내 자신을 시험했고, 늘 새로운 과제에 도전했으며, 끊임없이 배웠다. 이 일을 막 시작했을 무렵, 나는 연쇄 살인범을 주제로 한 법의학 정신과 의사의 강의를 들었다. 그 자리에서도 나는 평소 동료들에게 늘 하던 질문을 던졌다.

"그걸 어떻게 감당하나요? 그런 끔찍한 장면들을 목격한 후 어떻게 일상생활을 계속해 나갈 수 있죠?"

"커튼을 치세요."

그가 말했다.

"두껍고 무거운 커튼을 떠올리고, 그 커튼으로 당신의 업무와 개인 생활을 분리하는 겁니다."

나는 일을 나 자신과 분리하는 게 서툴렀다. 일이 내 정체성의 대부분을 차지했기 때문이다. 법의조사관 부처, 배지 번호 111.

그러던 어느 날, 내 일상과 너무나 가까운 곳에서 사건이 일어났다.

당시 나는 이스트 빌리지에서 아름다운 여배우와 함께 살고 있었다. 그녀는 우리 집에서 한 블록 떨어진 이스트 4번가의 '와우 카페

시어터'에서 상연 중인 연극에서 주연을 맡고 있었다. 〈레즈비언 목욕탕〉이라는 그 작품은 여성을 둘러싼 남자들의 환상을 풍자한 굉장히 재미있는 연극이었다. 꼭 끼는 반바지와 안전모를 쓴 여성 수리공이 1950년대식 콘솔 TV 밑에서 허리를 요염하게 움직이며 TV를 수리하고, 속옷 차림의 주부가 욕망에 휩싸여 그녀를 바라본다. 그때 야구 모자를 쓴 피자 배달 소녀가 초인종을 누른다. 소녀는 현관에 기대 셔츠 단추를 만지작거리며 묻는다. '배고파요? 지금 무척 굶주린 것처럼 보이거든요.' 속옷 차림의 주부는 그녀가 든 피자를 잡아채 내던지고는 그녀에게 열정적으로 입을 맞춘다. 나는 매 공연을 빠지지 않고 봤고, 심지어 배우 중 한 명이 아팠을 때는 직접 무대에 오르기도 했다. 공연 2시간 전에 대본을 외워야 했는데, 내가 샤워하는 동안 연출가가 변기에 앉아 대사를 맞춰 주었다. 무대에 서는 동안 출동 연락이 오지 않기를 간절히 기도했다.

그날 밤 나는 무사히 공연을 마쳤고, 그건 정말 멋진 경험이었다. 짧은 시간이었지만, 자신이 아닌 다른 누군가가 되는 일은 짜릿했다. 극단의 일원이 되는 것이 즐거웠고, 공연이 끝나면 재능 넘치고 재미있는 사람들과 함께 어울려 신나게 보냈다. 우리는 근처의 스파게티 집 긴 탁자에 둘러앉아, 뉴욕의 배우 행세를 했다. 그것은 매일 마주하는 죽음과 절망, 그리고 파괴 속에서 내게 주어진 작은 기쁨, 좋은 탈출구였다.

나 말고도 모든 공연에 빠지지 않고 함께한 인물이 있었는데, 바로 관리인 매니였다. 그는 젊고 성실하며 다정한 청년으로, 두 아이를 부양하기 위해 이 일을 부업으로 하고 있었다. 매니는 낡은 승강기에 관객들을 태우고 4층까지 안내했으며, 고장 난 승강기를 수리하거나, 관객들이 소란을 피우면 경비원 역할도 했다. 우리는 브로드웨이와는 한참 거리가 먼 소규모 극단이었기 때문에 다들 무대 장치 제작부터 의상 수선, 무대 청소까지 여러 일을 도맡아 했다. 우리는 가족이었다. 진짜 가족보다 덜 삐걱거렸고, 더 잘 지냈다. 모두가 매니를 의지하고, 아꼈다.

내 첫 공연이 끝난 뒤, 매니는 엄지를 치켜세우며 말했다.

"잘했어, 바버라. 정말 좋았어."

나는 관객들의 박수갈채를 받았다. 최고의 순간이었다. 매니는 성실한 노동자였고, 도시에서 생계를 위해 여러 일을 하는 수많은 사람 중 하나였다. 가족을 아끼는 가장이었으며, 내게 초등학교 1학년 아들의 사진을 보여주기도 했다. 환하게 웃는 사진 속 아이는 아빠와 똑같이 이 사이가 벌어져 있었다. 매니는 아이가 무척 똑똑해서 분명 대학에도 갈 거라고 말했다.

그 무렵 나는 맨해튼에서 오전 8시부터 오후 4시까지 일했는데, 공연이 있는 날이면 늘 근무가 끝날 무렵 사건 호출이 없기를 기도했다. 배우 모드로 전환하려면 약간의 시간이 필요했던 것이다. 운 좋게도 그런 날에는 현장에 불려가지 않았다. 적어도 그때까지는.

"젠장! 찰리, 5분만 기다려줄 순 없었어요? 펜을 떨어뜨렸다든가 통화가 끊겼다고 둘러댄다든가?"

무전이 온 것은 오후 3시 25분이었고, 내 근무 종료 시각은 3시

30분이었다. 5분만 있으면 집에 갈 수 있었는데!

그녀가 킥킥 웃으며 말했다.

"미안해요, 자기. 제9관할서 내에서 살인 사건이에요. 기사를 보낼게요."

그래도 사건 현장이 이스트 빌리지라 다행이었다. 조사가 끝나면 바로 집에 갈 수 있을지도 몰랐다. 나는 사무실을 나와 미스터 웰스와 합류해, 사건 배정표를 받았다. 주소를 확인하자 2번가와 3번가 사이에 있는 이스트 4번가의 59-61번지, '와우 카페 시어터'의 주소였다. 게다가 극장의 바로 위층인 5층이었다. 나는 그 건물의 대부분의 층과 마찬가지로 5층도 비어 있는 줄 알았다. 익숙한 거리에 차를 세우고 건물 안으로 들어갔지만, 승강기는 고장이었다. 젠장, 매니가 공연 전까지 고칠 수 있길 바랐다. 낮에 혼자 로비에 있으니 이상한 기분이 들었다. 바지 정장과 플랫 슈즈 차림의 근무복을 입고 있는 것도 낯선 느낌이었다. 극장에서는 늘 가죽 바지와 검은색 터틀넥 차림이었다. 공연장은 잘 찾아왔지만 잘못된 배역을 맡은 듯, 약간 혼란스럽고 현실 감각이 사라지는 느낌이었다. 계단을 오르며 나는 서서히 법의조사관 바버라로 돌아갔다.

5층에 도착하자 어두운 다락 같은 공간에 경찰 2명과 형사 1명이 기다리고 있었다. 목재와 공구가 널려 있는 것 이외에는 아무 것도 없는 텅 빈 공간이었다. 창문 너머로 들어오는 오후 햇살이 울창한 나뭇잎에 반사되어 서늘한 초록빛으로 물들어 있었다. 공기 중에는 톱밥 냄새가 은은히 섞여 있었다. 두꺼운 목재더미 위에 한 남자가 엎드린 자세로 누워 있었다. 두 다리를 벌리고, 발끝을 안쪽으로 향한 상태로 마치 어린아이가 자는 모습 같았다.

"안녕, 루. 무슨 일이죠?"

"오후 3시가 조금 안 된 시각에, 새 입주자가 공사 때문에 들어왔다가 건물 관리인이 죽어 있는 걸 발견하고 911에 신고했어요. 오후 3시 7분에 구조대가 사망을 선고했고요. 아래층에서 대기하고 있었나 봐요. 어쨌든 최소 두 발의 총상을 입은 상태인 걸 보면, 살인 사건으로 보입니다. 신원은 마누엘로 추정되고……"

'건물 관리인'이라는 말을 듣는 순간 나는 잠시 멍해졌다. 머릿속에서 쇳소리가 울리고, 시야의 가장자리가 어두워졌다. 마치 어두운 터널을 통해 그의 시신을 바라보는 듯했다. 나는 숨을 고르며 가만히 서 있었다. 이명이 가라앉자, 나는 출장 가방을 열고 감정의 문을 단단히 닫아 버렸다. 감각이 사라지고 아무것도 느껴지지 않았다.

"루, 나 이 사람 알아요."

"누구요? 사망자요?"

"친구가 아래 층 극장에서 공연을 하는데, 이 사람이 도와줬어요."

"그래요? 뭐, 그것도 그의 부업 중 하나였을 거예요. 우리도 아는 녀석이에요. 잔챙이 장사꾼이었죠, 대마초며 알약 같은 걸 파는."

"진짜 같은 사람이 맞아요? 매니는 늘 성실하고 괜찮은 시민처럼 보였는데."

"이 자가 맞아요. 동네에서 소규모로만 장사를 하던 녀석이죠. 아마 돈을 빼돌리거나 해서, 두목의 심기를 건드렸겠죠. 그들에게 두 번째 기회 같은 건 없으니까요, 당신도 알잖아요."

이번에도 '사업'이 얽힌 살인이었다. 예전엔 대부분의 살인범과 피해자가 서로 알던 사이였고, 개인적인 관계가 있었다. 상처를 받거나, 화가 나거나, 욕심이 나거나, 한순간 이성을 잃은 탓에 살인이 일어났다. 그들 사이에는 연결 고리가 있었고, 그래서 사건을 해결하기도 쉬웠다. 그러나 마약이 도시를 잠식한 이후부터는 살인이 사업 전략이 되어 버렸고, 발생률도 급격히 치솟았다. 그것은 전문적으로 이루어진 일이었고, 서로 알지 못하는 사람들 사이의 거래였다. 사적인 감정은 없었다. 어디까지나 사업이었다.

시신을 뒤집으려고 그의 어깨와 엉덩이를 잡는 순간, 내 머릿속에서 누군가 비명을 질렀다. '이건 매니야!' 이건 개인적인 일이었다. 살인자들이 내 공간, 나의 작은 도피처에 침입한 것이다. 그들은 그곳을 더럽히고 파괴했다. 뜨거운 분노의 눈물이 차올라 눈가가 뜨거워졌지만, 재빨리 눈을 깜빡이며 밀어냈다. 나는 감정을 굳게 차단하고, 냉정하게 매니를 살펴보았다. 아무것도 느끼지 않았다. 그저 내 일을 할 뿐이다.

나는 살인 사건에 감정을 드러내는 경우가 드물었다. 마음을 닫고 자신과 분리시켰기 때문이다. 물론, 그들과 나를 동일시하게 만드는 개인적인 경험 즉, 연결 고리가 없다면 말이다. 두려운 순간은 많았지만, 살인 피해자의 입장이 되어 생각한 적은 없었다. 이 일을 시작하기 전, 폭력적인 죽음에 대해 내가 아는 전부는 경찰이었던 아버지가 집에 가져온 35m 컬러 슬라이드 한 장뿐이었다. 무슨 이유에서인지 칼에 찔려 죽은 여성의 슬라이드가 가족 슬라이드 쇼에 섞여 있었고, 우리는 그걸 반복해서 보곤 했다. 그녀의 흰색 거들 옆에는 피 묻은 손자국이 찍혀 있었고 그걸 보고 '저건 단서야!'라고 생각했던 걸 기억한다.

이런 감정은 처음이었다. 너무나도 개인적인 일이었다. 이제는 매니가 곁눈질하며 웃는 모습도, 관객석 뒤에서 손을 흔드는 모습도 두 번 다시 볼 수 없었다. 매니는 이제 '사건'이 되어버렸다. 아버지도, 남편도, 동료도 아닌 그저 하나의 사건. 나는 알고 있었다. 그의 살인범을 쫓는 일이 관할서의 최우선 과제가 되지 않으리라는 사실을. 그는 잘못된 사업에 손을 댔고, 그것이 그가 감수해야 할 위험이었다. 극단 동료들이 그가 살해된 것을 알게 된다면, 나는 뭐라고 말해야 할까? '그래, 그 사건 내가 맡았어. 정말 안타까운 일이야' 내가 느낀 분노는 말하지 못할 것이다. 어떻게 말해야 할지 몰랐기 때문이다. 내가 아는 건 단 하나, 분노가 슬픔보다 훨씬 쉽다는 것이었다.

누군가 '오늘은 어땠어?' 하고 물으면, 나는 보통 이런 식으로 대답했다.

"음, 오늘 아침엔 철도 야적장 근처에서 불에 탄 오두막에 다녀왔어. 거기 살던 남자가 간이침대 밑에 숨어 있다가 불에 타 죽었더라고. 방화 같아 보여."

"오늘은 정말 힘겹게 죽은 남자를 봤어. 물이 가득 찬 욕조에 묶여 있던 그는 코와 입이 덕트 테이프로 막히고 목까지 졸렸더라고. 범인은 작동 중인 헤어드라이어까지 욕조에 던져 넣고 그를 감전시키려 했어. 심지어 라디오까지 넣었더라고."

욕실 벽에 남아 있던 검은 발자국들에 대해 이야기할 필요는 없었다. 그것은 그가 오랫동안 발버둥 치며 고통 받았다는 증거였다. 러브호텔이나 골목길에서 무심히 살해된 매춘부들에 대해 말할 필요도 없었다. 121번가의 한 주택 옷장 속에 가짜 벽이 있었고, 그 뒤에서 발견된 두 구의 시신에 대해서도, 옷과 머리카락만 남은 해골에 대해서도 말할 필요는 없을 것이다.

나는 그들에 대해 누구에게도 말하지 않았다. 내 사적인 삶에서 내가 본 것을 아는 사람은 없었다. 내 일에 대해 말하는 선 신문에 떠들썩하게 실렸을 때뿐이었고, 그조차도 드물었다. 고급 주택가에서 부유층이나 백인이 살해당하지 않는 한 말이다. 그런 사건이 일어나면 그제야 우리는 '카네기 델리의 학살' 같은 요란한 헤드라인을 보게 되는 것이다.

'카네기 델리'는 뉴욕 극장가의 명소로, 공연을 보고 나온 사람들이 콘비프, 파스트라미, 사워 피클, 크니쉬 등을 먹으러 가는 곳이었다. 빨강과 노랑 불빛이 깜빡이는 가게 앞에는 가격에 놀란 관광객들이 줄을 서 있었고, 가게 안에는 진짜 델리 애호가들이 턱이 빠질 정도로 커다란 샌드위치를 한 입 가득 베어 물고 있었다. '손님이 접시를 다 비우면, 우리가 뭔가 잘못한 거다'라는 게 이 식당의 좌우명이었다.

그 건물 위층에 있는 아파트 5층에는 제니퍼 스탈이라는 전직 여배우가 살고 있었다. 그녀는 그곳에서 마리화나를 팔며 꽤 괜찮은 수익을 올리고 있었다. 제니퍼는 단역만 맡을 수 있었고, 영화《더 티 댄싱》에 출연한 것이 가장 최고의 경력이었다. 결국 그녀는 생활비를 벌고 작곡가의 꿈을 이어가기 위해 사업가로 전향했다. 그녀가 취급한 것은 길모퉁이에서 파는 싸구려 잡초 같은 물건이 아니었다. 제니퍼는 고급 마리화나를 구해, 음악계 친구들에게 대량으로 판매했다. 손님들은 그녀의 환대를 좋아했다. 벽에 붙은 손글씨 메뉴를 보며 와인 한 잔을 즐길 수 있었기 때문이다. 뉴욕에서 생계를 꾸리려 애쓰던 똑똑한 젊은 여성 제니퍼는 자기 분야에서 최고가 되길 원했다.

2001년 5월의 어느 저녁, 제니퍼를 알고 있던 두 남자가 강도를 목적으로 위층으로 올라갔다. 경비원이 없어 쉽게 성공할 것이라 생각한 것이다. 예상대로 일이 꼬였고, 내가 불려갔다. 그녀의 고객 두 명은 구급차에 실려 갔고, 현장에는 대량의 피와 불운하게 목숨을 잃은 세 명의 친구들이 남아 있었다.

방 안으로 들어서자, 바닥에 길고 불규칙한 직사각형 모양의 피 웅덩이가 보였다. 한쪽 끝에는 두 남자가 무릎을 꿇은 채 진홍빛 피 웅덩이에 머리를 파묻고 있었고, 손발은 등 뒤에서 덕트 테이프로 묶여 있었다. 그 옆에는 머리에 총을 맞았지만 맥박이 확인되어 급하게 실려나간 다른 두 명의 피해자가 남긴 피로 얼룩져 있었다.

그들 모두 무릎을 꿇은 채 첫 번째 총성을 들었을 것이다. 제니퍼가 그녀의 집 녹음실 구석에서 총에 맞을 때 들려온 그 총성 말이다. 그녀가 살해된 뒤, 집단 처형이 시작되었다. 결박된 채 움직이지 못하는 네 사람의 머리를 차례대로 쏜 것이다. 철컥. 탕. 그리고 정적. 나도 모르게 그 순간을 상상하고 말았다. 총성이 울리고 친구들의 머리가 산산이 부서지는 순간, 다음 차례가 자신임을 아는 기분이 어땠을지 짐작이 갔다. 맨 끝에 있던 단정한 청년의 카키색 바지 앞부분이 젖어 있었기 때문이다. 그가 마지막이었을 것이다.

방에 들어왔을 때, 다섯 가지 냄새가 한꺼번에 밀려왔다. 진한 레드와인의 향, 피비린내, 소변 냄새, 마리화나 특유의 역한 향 그리고 공기 속에 짙게 배어 있는 공포의 냄새였다. 오른쪽 문가의 라디에이터 덮개 위에 다리가 긴 와인 잔이 놓여 있었고, 거기에는 훈연된 듯한 향이 풍기는 진홍색 액체가 담겨 있었다. 나는 '콘차이 토로' 한 잔이 너무나도 간절했으며, 그 사실에 충격을 받았다. 와인의 은은한 향과 방 안에 가득한 마리화나의 풋내가 은근히 어울렸다. 그 여러 겹의 냄새를 뚫고 나온 것은 짙은 공포의 냄새였다. 그것은 혀끝에서 느껴지는 구리나 아연 같은 금속성 냄새에, 지나치게 익은 양파를 잘랐을 때 나는 고약한 냄새가 섞인 복잡한 향이었다. 너무나도 인간적이고 불쾌한 냄새였다.

그 다섯 가지 냄새가 내 머릿속에서 뒤섞이며, 의미 없는 죽음의 비극적인 향으로 남았다. 경험상 소변 냄새는 신선한 공기를 마시면 사라지고, 마리화나 냄새도 오래가지 않는다. 와인의 향 역시 시간이 지나면 금세 흩어질 것이 분명했다. 피비린내는 너무 익숙해져 이제는 거의 느끼지도 못했다. 하지만 공포의 냄새만큼은 아주 오랫동안 내 안에 남아 있었다.

*

　나는 삶을 유지하는 것이 점점 힘들어지고 있었다. 친구. 가족. 인간관계. 직무를 다하기 위해 필요했던 무심함이 내 삶 전체에 스며들었다. 나는 파트너와 친구들에게 무심한 태도를 보였다. 하루 8시간을 비극 속에서 보내다 보니, 그들의 일상적인 고민에 공감하기가 어려웠다. 내가 가진 약간의 연민은 사망자의 유족에게 쏠았다. 그것은 내게 목적을 주었고, 아침에 침대에서 일어날 이유가 되어 주었다. 비록 그 이유가 나를 짓누르고 있다고 해도. 또 조언과 격려가 필요한 젊은 법의조사관들이 들어온 것도 도움이 되었다. 나는 나이 많고 현명한 동료 역할을 맡는 걸 좋아했다. 그리고 젊은 동료들도 그걸 알고 있었다. 아마 그래서 신참 조사관 팸이 내게 조언을 구했을 것이다.

　"대기실에 누가 찾아왔는데, 우리가 살아 있는 사람의 사건도 조사할 수 있는지 묻더라고요. 전 못한다, 우린 사망한 사람만 맡는다고 대답했거든요."

　엄밀히 따지면, 그녀의 말이 맞았다. 하지만 나는 호기심이 생겼다.

"그래서 무슨 사연인데?"

"딸이 혼수상태래요. 이유는 모르겠지만."

"가보죠. 이야기만이라도 들어보자고요."

나는 괴로워하는 중년 부부에게 인사를 건네고, 그들의 이야기를 듣기 위해 자리에 앉았다. 버몬트에 사는 그로브 부부는 일주일 전 38세의 딸 리아가 혼수상태에 빠졌다는 소식을 듣고 급히 뉴욕으로 달려왔다고 한다. 헌신적인 부모는 매일 벨뷰 병원에 있는 딸의 병상을 지키다 호텔로 돌아가던 길에 검시국 앞을 지나게 되었다고 했다. '법의학 검시국'이라는 간판을 보고, 그들의 딸이 죽음 직전까지 내몰린 사정을 조사해줄 누군가가 있을 거라 생각했던 것이다.

리아는 가벼운 우울증을 앓고 있었고, 김큐디 영업 사원이라는 스트레스가 많은 직업에 대해서도 확신이 없었다. 그녀는 자신의 삶에 다른 무언가를 바라면서도, 그것이 무엇인지는 알지 못했다. 그러던 중, 한 친구가 이스트 46번가에 있는 정신과 의사 제임스 와트 박사를 소개해 주었다. 그는 '기적을 일으키는 사람'이라고 불리며, 몸속의 모든 독소와 중금속을 씻어내 자유롭고 맑은 정신을 얻게 해준다고 했다. 또 그는 노화를 멈추는 정맥 주사 요법도 개발했다. 상태가 심각한 경우에는 '재생 체험'을 권했다. 그는 이산화탄소와 아산화질소(마취제)로 환자의 의식을 잃게 한 뒤, 얼굴에 마스크를 눌러 씌워 환자가 몸부림치며 숨을 헐떡이고 경련을 일으키게 했다. 그리고 천천히 의식을 되찾게 하여, 마치 억압과 문제들을 뒤로 한 채 새로 태어나는 듯한 경험을 하게 했다. 이런 치료를 주 2회, 환자의 상태가 좋아지거나 아니면 돈이 떨어질 때까지 계속 했다.

리아는 여러 번 이 치료를 받았는데, 때로는 3시간 동안 지속되기도 했다. 어느 날, 그녀는 치료 도중 크게 흥분해 와트 박사를 때렸다. 그러자 박사는 다음에는 그녀를 붙잡을 수 있게 친구를 데려와야 한다고 말했다. 그래서 마지막 몇 차례 진료에서는 남자친구가 함께 와서 그녀의 다리에 걸터앉아 양손으로 누르고 있었다. 와트 박사는 그녀에게 60%의 이산화탄소를 주입했다(보통 실내에서의 이산화탄소량은 1% 이하이다). 그녀는 경련을 일으키며 버둥거리다 결국 축 늘어졌다. 박사는 남자친구에게 혈압을 확인하라고 했고, 결과는 0이었다. 그는 '다시 한 번 확인해 보라'고 말했다고 한다. 와트 박사는 심폐소생술을 할 줄도 몰랐고(911에 전화 거는 법도), 우왕좌왕하는 사이 남자친구가 구급차를 불렀다. 심정지 상태였던 그녀는 병원으로 이송되던 도중 응급 구조대에 의해 소생되었지만, 무산소성 뇌 손상을 입고 혼수상태에 빠졌다.

나는 그로브 부부에게 잠시 기다려 달라고 하고, 국장을 찾아갔다. 우리의 관할은 죽은 사람에 한정되어 있었고, 나는 경찰 수사나 법적 절차를 방해하고 싶지 않았다. 허시 박사에게 이 이야기를 전하자, 그는 주저하지 않았다.

"이 사람들을 도와주고, 관할 문제는 내게 맡기게. 허락을 구하는 것보다 나중에 사죄하는 게 늘 더 쉬우니까."

벨뷰 병원에 도착한 나는 침대에 누워 있는 창백하고 아름다운 젊은 여자를 보았다. 그녀의 온몸은 기계와 연결된 관에 둘러싸여 있었다. 그녀는 이미 그곳에 없었다. 의사들은 그녀가 뇌간의 최소한의 기능만 남아 있는, 사실상 식물인간 상태라고 했다. 심장이 뛰고 있는 육체일 뿐이었다.

허시 박사는 변호사와 상의했고, 그의 지시에 따라 나는 지방 검사 사무실에 전화를 걸었다. 내가 사정을 설명하자 게일 헤더리와 앤 슈워츠라는 두 명의 검사보가 배정되었다. 그들은 나만큼이나 분노했고, 와트 박사의 사무실에 대한 수색 영장을 발부했다. 나는 와트 박사에게 전화를 걸어 리아에게 도움이 될 만한 정보를 제공해달라고 정중히 부탁했다. 무슨 일이 있었는지, 어떤 약물이나 가스를 사용했는지 말해 달라고. 그는 '상황의 중대성 때문에' 변호사가 동석하라는 조언을 받았다고 했다. 내가 '좋아요, 그럼 변호사와 함께 검시국에 와서 이야기해주시겠어요?'라고 묻고 차를 보내겠다고 제안했지만, 그는 거절했다. 리아는 며칠 뒤 사망했다.

다음 날, 헤더리 검사보, 짐 길 검시관, 형사 6명 그리고 나는 와트의 사무실을 급습했다. 고급 아파트 건물의 원룸이었다. 백발의 와트 박사는 복도에 서서 사생활 침해라며 화를 냈다. 주방이 그의 연구실이었던 듯 조리대 위에는 혈액과 소변 샘플이 흩어져 있었다. 거실은 치료실로 꾸며져 있었다. 가죽 리클라이닝 의자 6대가 놓여 있고, 각각의 의자 옆에는 수액 걸이가 있었다. 침실에는 싱글 침대 하나와 의자가 있었고, 침대 머리맡에는 어설프게 만든 조잡한 기계가 놓여 있었다. 사각형 플라스틱 장치 한쪽에 나와 있는 뒤엉킨 수액관이 흰색 주름관으로 모여 검은색 고무 마스크와 연결되어 있었다. 다른 한쪽에는 압력계들이 테이프로 고정되어 있었고, 밸브와 눈금판은 고무로 된 산업용 호스와 연결되어 바닥에 뒤엉켜 있었다. 하나 같이 낡고 더러워 마치 고물상에서 주워온 부품을 모아 '재생 기계'를 만든 것 같았다. 호스를 따라 가자 벽장 안에 커다란 금속 가스탱크 6대가 있었다. 탱크에는 용접자재 회사의 이름이 쓰인 라벨이 붙어 있었다. 이 '미친 과학자'가 만든 기계는 공업용 장비였던 것이다.

나는 주변에 어질러진 약품들을 확인했다. 긴급 상황에 사용할 법한 것들이었다. 그러나 칼륨과 에피네프린은 이미 5년 전에 사용기한이 끝난 것이었다. 작은 카트 위에는 불결해 보이는 잿빛 물이 담긴 흡인기가 있었고, 심정지용 응급 카트도 없었다. 알레르기 반응에 대비한 응급약품 상자도 없었으며, 깨끗한 산소를 공급하는 장치도 없었다.

우리는 제임스 와트 박사에 대해 조금 알게 되었는데, 그는 1972년 직업윤리에 반하는 행위로 캘리포니아에서 의사 면허가 취소된 인물이었다. 다른 주에서도 환자들에게 불법적으로 LSD를 사용한 혐의로 기소되었다. 그런 그가 뉴욕 주에서 유효한 의사 면허를 가지고 있었던 것은, 각 주가 독자적인 의사협회를 운영하고 있기 때문이었다. 돌팔이 의사들이 환자를 해치거나 심지어 죽이는 일이 발각되더라도 언제든 다른 주로 옮겨가 의사 면허를 취득하고 개

업할 수 있었다.

부검 결과, 리아의 사인은 '의료 목적으로 투여된 이산화탄소와 아산화질소에 의한 무산소성 뇌병증의 합병증'으로 밝혀졌다. 사망 유형은 타살이었다. 길 박사는 사망 진단서의 '손상 발생 경위'란에 '극심한 의료 방임'이라고 적었다.

와트는 결국 과실치사 혐의로 기소되었다. 그는 뉴욕 주의 의사 면허를 박탈당하는 조건으로 유죄 협상에 응했지만, 어떤 형도 선고받지 않았다. 부유한, 고학력, 백인이라는 요소가 더해지면 살인을 저질러도 벗어날 수 있다는 뜻이었다.

'첫째, 해를 끼치지 말라(히포크라테스의 선서)' 아니던가?

제 14 장
자살—자신에 의한 죽음

내 알코올 중독자 모임의 조언자는 하나의 감정을 억누르려고 하면, 다른 모든 감정도 함께 사라진다고 했다. 슬픔을 억누르면, 곧 사소한 아름다움에서 기쁨을 느끼기도 어려워진다는 것이었다. 감정은 마음대로 켜거나 끌 수 있는 것이 아니다. 하나만 선택해 고를 수 없다. 그래서일까, 9년간 죽음을 마주한 나는 현실과 분리되고, 무감각해지고, 화가 많아졌다. 조언자는 '분노는 이차적인 감정이야'라고 말했다. '그건 네가 피하려는, 날것의 슬픔과 비탄 같은 취약한 감정들로부터 너를 보호해 주는 거야'라고. 그럼 화를 내면 되는 것 아닌가.

나는 분노로 인해 솟아나는 활력을 좋아했고, 취약함을 받아들이지 않았다. 물론, 슬픔과 비탄의 감정을 피하고 싶었지만 법의조사관이라는 직업상 어느 정도는 감수해야 할 것이라고 생각했다.

직무 설명서에 '이상적인 후보자는 온갖 끔찍한 일을 보고도 상처 받지 않고 살아갈 수 있는 능력을 갖추어야 한다' 같은 문구가 포함 되어 있어야 할 것처럼. 그럼에도 불구하고 자살에 대해서만큼은 감정을 억누르기가 어려웠다. 자살 사건에 불려 가면 무언가가 스 며들었다. 나는 그들의 비극을 깊이 느꼈고, 절망과 상실의 날카로 운 고통을 감지할 수 있었다. 그것은 생존을 위협할 정도의 고통이 었고, 나를 갉아먹고 있었다.

허시 박사는 이해했다.

"그건 살인이네, 바버라. 자기 자신에 대한 살해, 그래서 더 비극 적인 거지. 극심한 고통에서 벗어나기 위해 자신의 삶을 끝내고, 자기만의 작은 세계를 파괴할 수밖에 없는 상황을 상상해 보게. 혹 은 머릿속에서 '죽어!'라는 소리가 들려오는 공포를 말이네. 우울증 은 살인자야."

나는 그가 옳다는 걸 경험으로 알았다. 나도 술로 자신을 천천히 죽이던 때가 있었다. 수많은 사람들이 자기 목숨을 끊는 걸 보면서 분노가 치솟았다. 왜 누군가 그들을 약물 치료나 다른 치료로 이끌 지 않았던 걸까?

나는 그들과 자신을 동일시했고, 마치 내가 그들을 아는 것처럼 느꼈다. 몇몇은 정말 알았더라면 하고 바라기도 했다. 이를테면, 월스트리트 가에 있는 자신의 직장 25층에서 역사적인 트리니티 교회 묘지로 몸을 던진 남자처럼. 그는 그런 역설을 보여주려 한 걸까? 나는 그렇다고 생각했고, 그래서 그가 마음에 들었다. 28세의 그는 300년 된 묘비에 부딪쳐 닳아버린 갈색 사암을 깨뜨렸다. 그 충격으로 에메랄드빛 이끼가 일부 떨어져 나가며 묘비에 새겨져 있던 'life'라는 단어가 드러났다. 그의 머리와 몸은 산산이 부서졌고, 월가와 브로드웨이 사이에 자리한 이 작고 평온한 교회에 혼란을 불러 왔다. 평소에는 분주한 금융가 속 평화로운 오아시스였지만, 그날은 달랐다. 주식 중개인들, 비서들, 관광객들이 청년의 시신을 보기 위해 오래된 검은 철책 밖에 모여들었다. 당시는 휴대전화가 보급되기 전이라, 두 명의 중간관리직 타입의 남자들이 길 건너에 있는 기념품점에서 값싼 일회용 카메라를 사 와 사진을 찍고 있었다. 구경꾼들은 철책 너머에서 내가 시트를 들어 올려 절망한 인간의 잔해를 드러내기만을 기다리고 있었다.

내가 시트를 걷으려고 하자, 군중이 기대감으로 술렁이는 소리가 들려왔다. 나는 손을 멈추고 경찰에게 시신을 가려달라고 부탁했다. 무엇이 그를 이 절박한 행동으로 내몰았든, 죽음 앞에서는 존중받아야 했다. 그러나 구경꾼들은 동의하지 않는 듯 구경거리가 가려진 것에 불평하며 야유를 보냈다. 그들의 목소리가 우리를 둘러싼 고층 빌딩의 골짜기에 울려퍼졌다.

우! 우우우!

이봐, 어서, 보여줘!

우! 왜 감추는 거야?

이 사람들은 대체 왜 이러는 걸까? 다들 평범한 남자와 여자, 지하철 표와 복권을 사고, 종이컵에 담긴 커피를 마시는 평범한 노동자들이었다. 그런데 왜 이런 식으로 행동하는 걸까? 나는 분노에 휩싸여 군중을 노려보며 사망자의 시신을 대기하던 구급차로 옮겼다. 들것 위에 시트를 단단히 덮어 그의 마지막 존엄을 지켰다. 그는 내 친구, 내 형제, 내 동료가 될 수도 있었을 것이다. 분명 누군가에게는 그런 존재였을 것이다. 누군가는 그를 잃은 것에 슬퍼하고 그리워할 것이다. 무엇이 그를 여기까지 몰고 왔을까? 나는 혼란스러웠다. 어떻게 이렇게 평범한 사람들이 고통받는 청년에게 이토록 무감각할 수 있단 말인가?

분노가 커질수록, 슬픔도 함께 커졌다. 그래도 나는 구경꾼들에게 약간의 선의를 베풀려 했다. 어쩌면 그들도 누군가 스스로 죽고 싶어 한다는 생각에 불안을 느끼고, 그것을 억누르기 위해 사건을 단순한 구경거리로 치부하는 것일지도 모른다. 혹은 인류가 스스로 멸망하지 않도록, 우리에게 내재된 공감을 피하려는 본능이 발동한 것일지도 모른다. 그것이 세계 여러 나라에서 자살이 불법인 이유일지도 모른다(비록 처벌은 무의미하지만). 1983년까지 가톨릭 교회는 스스로 목숨을 끊은 이들이 신성한 교회 묘지에 묻히는 것을 허락하지 않았다(내 할아버지도 그 중 하나였다. 그는 어머니가 열세 살이었을 때, 아내가 다른 남자에게 떠난 것에 절망해 목을 매 자살했다). 요즘은 스스로 목숨을 끊는 행위를 낙인찍기보다 연민을 담아 바라보려는 취지에서, 이를 표현하는 말도 달라졌다. 예를 들어, 범죄를 연상시키는 '자살을 감행했다(commit suicide)'라는 표현 대신 '자살로 사망했다(die by suicide)'라고 말한다. 또 '자살 미수(Unsuccessful suicide)'라는 표현 대신 '자살 시도(suicide attempt)'라는 말이 쓰인다. 자살에 실패한 것을 꾸짖는 듯한 어감이 사라진 것이다. 그 밖에도 나는 사람들이 감정적 충격을 완화하기 위해 자살을 가볍게 넘기는 듯한 다양한 방어적 표현을 사용하는 것을 들었다.

'그녀는 행복하지 않았어. 이젠 편해졌겠지.'
'그는 버티지 못했던 거야, 그냥 보내줘.'
'그건 개인의 선택이야. 누구든 원하는 방식으로 죽을 권리가 있어.'

나는 왜 이렇게 많은 사람들이 스스로 목숨을 끊는지 이해하기 위해 노력하는 한편, 이런 무감각한 태도도 이해하려고 애썼다. 그 모든 걸 이해할 수 있다면, 자신을 지키는 데도 도움이 될지 모른다. 지식이 두려움을 막아줄 수 있다. 적어도 나는 그렇게 믿고 싶었다.

한 번은 허시 박사에게 역학을 전공하는 박사 과정 학생의 인터뷰에 응해달라는 부탁을 받은 적이 있다. 그 학생은 왜 뉴욕이 미국 전역에서 가장 자살률이 낮은지에 대한 내 생각을 궁금해 했다.

"그리스 식당이 있잖아요."

"네?"

"뉴욕에는 24시간 문을 여는 식당들이 굉장히 많아요. 롱아일랜드뿐 아니라 시내에도 그런 식당들이 곳곳에 있어요. 그래서 한밤중에 불안하고 외로워도, 그냥 모퉁이를 돌아 커피 한 잔을 사 마시고, 사람들 사이에 앉아 있을 수 있죠. 설령 가게가 텅 비어 있어도, 카운터 너머에 있는 사람과 몇 분 대화를 나누며 정신을 가다듬을 수 있어요. 식사도 할 수 있고요. 값싸고, 시끌벅적한 곳에서, 사람들과 인사도 건넬 수 있잖아요. 혼자 외롭게 밥을 먹는 것과는 달라요."

박사 과정 학생은 뉴욕의 엄격한 총기 규제가 더 큰 이유일 수도 있다고 했지만, 내가 식당에 대해 말한 것들을 전부 메모했다. 나는 그런 것들이 힘든 하루를 보낸 후 나를 안정시키는 데 도움이 된다는 걸 알고 있었다.

나는 자살의 역학과 방법에 관한 글을 읽으며, 늘 사람들이 어떻게 그리고 왜 최후의 수단을 선택하는지 궁금해 했다. 뉴욕시 검시국에서 일하는 동안 수많은 자살 사건을 보면서, 나는 그것들이 대체로 두 부류로 나뉜다는 것을 알게 되었다. 분노로 인한 자살과 슬픔으로 인한 자살. 분노의 자살은 공개적으로 폭력과 슬픔, 소음과 유혈을 동반한다. 소리 없는 신음이 아닌 요란한 굉음과 함께였다. 나는 그들이 억눌러온 고통을 마지막 비명으로 폭발시키는 것이라고 생각했다. 사람들은 그것을 알아채야 했고, 무관심에 대한 대가를 치르게 될 것이었다. 슬픔의 자살은 더 조용하고, 사적인 방식이었다. 결혼 생활이 파경에 이른 뒤 자택 침대 위에서 약을 과다 복용하거나, 수년간의 외로움 끝에 차고에서 일산화탄소를 마시거나, 사랑하는 사람을 잃은 뒤 손목을 긋는 등.

어디까지나 나의 관찰일 뿐이었지만, 내가 매일 목격해야 했던 것들을 이해하는 데 도움이 되었다. 이를테면, 첼시에 있는 자신의 16층 아파트 옥상에서 몸을 던진 줄리어드 음악원에 다니던 젊은 아시아 여성. 그녀의 유서에는 이렇게 쓰여 있었다. '사랑하는 아버지, 어머니. 첼로 수석 자리를 차지하지 못했어요. 실망시켜드려 죄송해요. 좋은 하루 보내세요!' 수동적 공격성이 묻어나는 그녀의 어투에는 깊은 분노가 감추어져 있었다. 성공을 강요한 부모에 대한 분노일까? 아니면 '실패한' 자신에 대한 분노였을까?

그녀와 비슷한 사례를 본 적이 있다. 어퍼 이스트 사이드의 고급 아파트 원룸에 살던 게이 남성의 사건이었다. 마흔 살이던 그는 어머니와 사이가 무척 가까웠다. 오하이오 출신의 어머니는 아들의 아파트 인테리어를 도와주며, 은빛 액자에 가족사진을 걸어 그의 현대적인 취향에 온기를 더해주었다. 그녀는 늘 그랬듯 주말이면 아들을 찾아와 함께 연극을 보거나, 레스토랑에서 식사를 하고, 함께 쇼핑도 했다. 두 사람은 사이가 좋았고, 매일 전화로 이야기를 나누었다. 이번 주말에도 그는 어머니에게 집으로 와달라고 부탁했다. 그는 월요일에 나올 HIV검사 결과를 기다리고 있었고, 어머니의 지지가 필요했다. 그녀는 아들을 걱정하면서도, 며칠 동안 즐거운 시간을 보내며 그의 마음을 다른 데로 돌려주려 했다.

토요일 새벽 2시 무렵, 그들은 함께 침대에 앉아 수다를 떨며 와인을 마시고 웃고 있었다. 그는 화장실에 다녀오겠다며 자리를 비웠다. 10분이 지나도록 그가 돌아오지 않자 어머니는 거실로 나왔다. 차가운 바람이 느껴졌다. 커다란 창문이 활짝 열려 있었던 것이다. 그녀는 집 안 곳곳을 찾아봤지만 아들은 없었다. 그러다 창문 옆 스테레오 스피커 위에 놓인 자기 이름이 적힌 편지를 발견했다. 편지에는 이번만은 제발 자기 일에 신경 *끄고*, 자기를 혼자 내버려 두라는 말과 함께 HIV 검사 결과나 자신의 죽음을 누구에게도 말하지 말라고 쓰여 있었다. 굉장히 불쾌하고 위협적이며 끔찍한 어투였다. 나는 그 편지를 두 번이나 읽었지만 여전히 이해할 수 없었다. 검사 결과도 나오기 전이었는데, 그는 왜 목숨을 끊은 걸까? 그 편지는 혐오스러웠고, 어떻게 아들이 어머니에게 그렇게 심한 말을 할 수 있는지 짐작조차 되지 않았다. 착한 아들이 사랑하는 어머니에게 할 법한 말이 아니었다. 그의 행동과 편지 뒤에는, 그만이 아는 격렬한 분노가 있었을 것이다.

불쌍한 여인. 내가 도착했을 때 그녀는 충격에 휩싸여 제대로 말을 잇지 못했다.

"스티븐이 아팠나요? 혹시 우울증이나 다른 질병을 앓았나요?" 내가 물었다.

"뭐라고요? 무슨 병이요?"

"어떤 병이든지요. 오늘 밤 일어난 일을 설명할 만한 이유가 있을까요?"

"오늘 밤요? 오늘은 정말 즐거웠어요. 우린 '독스'에서 굴 요리와 와인을 마셨고, 침대 위에서 함께 웃었다고요.”

그러더니 그녀가 벽에 자기 머리를 세게 부딪치기 시작했다. 나는 그녀를 붙잡아 어깨를 감쌌다.

“제발……그러지 마세요.”

내가 말했다.

“정신을 차려야 해요. 이건 분명 악몽이에요. 그냥 악몽일 뿐이라고!”

그녀가 다시 벽 쪽으로 몸을 돌리려 했고, 나는 그녀가 진정할 때까지 붙잡고 있었다. 충격으로 크게 벌어진 공허한 그 눈을 나는 결코 잊을 수 없을 것이다. 그녀는 아들을 사랑했고 지지했으며 그와 즐거운 시간을 보내고 있었다. 그는 왜 어머니에게 이런 짓을 한 것일까? 무엇이 그토록 그를 분노하게 만들어, 스스로를 죽이는 데 그치지 않고 어머니까지 이렇게 잔인하게 상처를 입힌 것일까?

그 답은 그의 죽음과 함께 사라졌다.

높은 곳에서 몸을 던지는 것은 ‘사적인 고통의 매우 공개적인 종말’이라고 불렸다. 스티븐의 경우가 여기에 해당할 것이다. 그는 자신의 19층 아파트에서 추락한 상태로 뒤편 골목에서 발견되었다. 내가 투신자살을 ‘분노의 자살’이라고 생각하는 건 그 엄청나고 폭발적인 참상, 목격자들이 겪는 공포, 시신의 완전한 파괴 때문이다. 사람의 몸이 땅에 부딪칠 때 나는 소리는 놀라울 정도로 크다. 붐비는 도심 거리로 뛰어내리는 행위는 다른 사람까지 불구로 만들거나 죽게 할 수도 있는 공격적인 행위다. 프로이트는 ‘자살’

을 살인으로 간주하고, 타인을 대신해 자신을 죽이는 행위라고 말했다. 허시 박사가 말한 자기 자신에 대한 살해라는 이론과 정확히 일치하지는 않았지만, 그에 가까웠다. 분노를 안고 살아가기 힘든 감정이다. 많은 사람들이 그 분노의 대상을 제거하는 방식으로 그것을 표출한다. 그렇다면 우울증 환자나 자살자는 내면을 향한 분노가 돌연 폭발한 것일까? 아니면 그렇게 극적인 방식으로 자살에 이르게 하는 또 다른 요인이 있었던 것일지도 모른다. 어쩌면 그저 자신을 알아주지 못한 세상을 향한 마지막 분노의 외침이었는지도 모른다.

간혹 다른 방법이 없어 투신자살을 시도한 것으로 보이는 경우도 있는데, 그건 그저 슬플 뿐이었다. 이 일을 하면서 수많은 악의 흔적들을 목격했지만, 웨스트 빌리지의 6층 건물 옥상에서 뛰어내린 한 노년의 유대인 여성의 경우처럼 가슴 아픈 일은 없었다. 그곳은 웨스트 빌리지에서도 관광객이 찾지 않는 조용한 지역이었다. 어느 날, 그녀가 아파트 뒤뜰의 콘크리트 바닥에 떨어지는 소리에 이웃들이 잠에서 깼다. 그녀는 한때 유행했을 법한 빛바랜 꽃무늬 드레스를 입고 있었다. 그녀의 스타킹과 통굽 구두는 1940년대를 떠올리게 했다. 왼손 약지에는 세월의 흔적으로 울퉁불퉁해진 가는 핑크골드 반지가 끼워져 있었다. 그녀의 시신은 크게 손상되지 않았다. 내가 그녀의 팔을 들어 올렸을 때, 창백한 피부 위에 새겨진 아우슈비츠 강제수용소의 식별 번호가 보였다. 이 작은 상징은 끔찍한 인간성의 타락을 상기시켰다. 이 여인은 수용소에서 살아남았고, 집과 나라를 잃고도 꿋꿋이 버텨냈다. 그런데 왜 이제 와서 스스로 목숨을 끊으려 한 것일까?

뒤뜰에서는 아무것도 발견되지 않았다. 나는 그녀의 아파트로 향했다. 문을 열어준 관리인은 그녀의 이름만 안다고 했다. 집 안은 고풍스러운 유럽의 분위기가 풍겼다. 짙은 색 나무 소파는 팔걸이 부분의 진홍색 벨벳 덮개가 해져 있었다. 엔티크 장식장 위에는 빈 도자기 꽃병과 장미목으로 된 스위스 탁상시계가 놓여 있었다. 그녀의 잘 정돈된 작은 아파트 안을 살폈지만 자살을 설명할 어떤 이유도 발견하지 못했다. 유서를 남길 필요도 없었을 것이다. 그녀의 외로움이 집안 곳곳에 배어 있었다. 집 안에는 가족사진도 없었고, 달력에 쓰인 일정이나 이름도 없었다. 경찰이 이웃들에게 그녀에 대해 물었지만, 그들은 아무것도 말해줄 수 없었다.

그 날 아침 나는 8시 30분쯤 근무를 마치고, 집에 가서 옷을 갈아입고 친구들과 아침을 먹기로 했다. 식당에서 몇 블록 떨어진 곳에 있던 유대교 회당 앞을 지나가다 잠시 멈춰 섰다. 문은 열려 있었지만, 지하에서 들려오는 희미한 목소리 외에는 인기척이 없었다. 몇 번이나 '계세요?' 하고 부르자 마침내 한 랍비가 계단을 올라왔다. 그는 나를 보고 긴장한 기색을 보였다. 내가 라이더 재킷에 청바지, 부츠를 신고 있었다는 걸 깨달았다. 이런 차림으로 예배당을 찾는 사람은 많지 않을 것이다. 나는 그에게 한 유대인 여성이 죽었으며, 그녀가 홀로코스트 생존자였다고 말했다. 그리고 그녀를 위해 '카디시(Kaddish, 사망자를 추모하는 기도)'를 해주길 부탁했다. 자살에 대해서는 언급하지 않았다. 죄로 여겨질 수도 있다고 생각했기 때문이다. 그는 그녀의 가족이나 결혼 전 성 등에 대해 몇 가지 질문을 했지만, 나는 아무것도 대답하지 못했다. 내가 울음을 터트리자 그가 질문을 멈췄다.

"걱정 마세요. 우리가 당신의 친구를 위해 기도를 올리겠습니다."

자신을 생각하는 유일한 친구가, 자신의 죽음을 조사한 낯선 타인이라니, 이보다 더 고독한 인생이 있을까.

*

내가 목격한 분노의 자살 중에서도 맨해튼 미드타운에 있는 메리어트 마키스 호텔에서 일어난 사건은 잊기 힘들 만큼 강렬했다. 과거 금문교나 지금으로 치면 허드슨 야드의 '베슬'처럼 당시 메리어트 마키스는 투신자살의 명소였다. 호텔은 48층 높이의 거대한 아트리움 로비를 갖추고 있었고, 내부에는 유리로 된 승강기와 층마다 이어진 발코니가 있었다. 그곳은 누구나 볼 수 있는 공개적인 투신 장소로 안성맞춤이었다. 뛰어내리는 사람이 끊이지 않자 호텔은 비상 계획 즉, 자살을 뜻하는 '코드 블랙' 신호까지 마련했다. 자살자가 발생하면 직원이 가까운 곳에 비치된 접이식 가림막을 펼쳐 관광객들이 로비 카펫 위에 흩어진 훼손된 시신을 보지 않도록 가렸다.

11월의 어느 맑은 날, 최상층 발코니에 있던 한 남자가 맞은편 발코니의 어린 소년에게 무언가를 외쳤다. '뭐라고요?' 소년이 되묻자 남자는 '밑을 조심하라고 전해!'라고 말했다.

그리고 그는 뛰어내렸다.

메리어트 마키스에서 뛰어내린 시신들은 발코니 난간이나 승강기 샤프트에 튕겨 나가 산산조각난 뒤, 충격과 공포에 휩싸인 손님들 발치에 떨어지곤 했다. 그날 오후, 나는 곳곳에 흩어진 유해를 지나다 그만 남자의 간 조각을 밟고 말았다. 그의 방으로 올라가 증거와 신원을 확인하기 전, 나는 호텔 바닥에 흔적을 남기지 않기 위해 화장실에 들러 부츠를 닦았다. 양말만 신고 세면대 앞에 서서, 목에는 배지가 걸린 체인을 걸고, 면봉으로 부츠 바닥에 묻은 것들을 떼어내며 욕을 내뱉었다. 잠시 후, 한 여자가 화장을 고치려고 들어왔다. 그녀는 당황한 얼굴로 내 행동을 바라보았다.

"모르는 게 좋을 거예요. 절대 모르는 게 나아요."

내가 말했다.

사무실로 돌아온 나는 동료들에게 메리어트의 투신자살 사건과 사망자가 어린 소년에게 경고한 일 등을 이야기했다. 현장의 기억을 떨쳐버리고 싶던 나는 새로 산 갈색 가죽 부츠에 관해 이야기하는 데 집중했다. 당연히 랜디는 훨씬 더 굉장한 이야기를 풀어놓았다. 그 중 하나가 부동산을 찾아온 한 고객에 대한 이야기였다. 말수가 적고 잘 차려입은 한 남자가 미드타운의 부동산 사무소에 와서 아파트를 보여 달라고 요청했다. 그의 조건은 간단했다. 현대식 건물에 고층 발코니가 있는 원룸. 주변 환경은 중요하지 않고, 가격도 상관없다고 했다. 부동산 중개인에게는 어렵지 않은 요구였다. 그를 담당한 것은 입사한지 얼마 되지 않은 쾌활한 여성이었다.

그녀는 그에게 미드타운과 어퍼 이스트 사이드의 여러 매물을 소개했다. 처음 2곳은 그의 마음에 들지 않았다. 한 곳은 높이가 충분치 않고, 다른 하나는 발코니로 나가기 불편하다는 이유였다. 세 번째 아파트에서 그는 만족한 듯 실내를 둘러보며 말했다.

"여기가 좋겠군요."

그리고는 거실을 내달려 열려 있는 발코니 난간을 넘어 몸을 던졌다.

"이걸 뛰어 넘을 이야기가 있으면, 어디 해 봐."

랜디가 말했다.

나는 또 다른 이야기를 꺼냈다. 처음엔 그저 평범한 자살 사건이라고 생각했다. 현장에 도착해 보니, 사망자는 건물 뒤뜰의 인도에 쓰러져 있었다. 부서진 골반 때문에 그의 두 다리는 기묘한 각도로 꺾여 있었다. 이마 위로 흘러내린 검은 머리칼이 반짝였고, 잘생긴 얼굴은 흉측하게 부서진 몸과 대조를 이뤘다.

그의 아파트는 흔히 보는 자살자의 집과는 전혀 달랐다. 밝고, 깨끗하며, 잘 꾸며져 있었다. 식탁 위에는 파티 초대장이 담긴 상자가 놓여 있었다. 모두 손수 만든 것이었고, 수많은 친구들의 이름이 쓰여 있었다. 초대장은 색종이를 여러 모양으로 잘라 만들었고 색연필, 마커, 크레용으로 직접 쓴 글씨와 그림이 장식되어 있었다. 그런 초대장이 수십 장이나 있었다. 사망자는 그걸 만드는 과정 자체를 즐긴 듯했다. 그 중 하나에는 노란 종이에 잔을 들어 건배하는 남자의 그림과 함께 파란색 색연필로 '빌리, 빨리 만나고 싶어!'라는 글이 쓰여 있었다. 또 다른 초대장은 초록색 종이를 원형으로 오려 가장자리를 빨간색 소용돌이무늬로 장식하고 가운데에는 마이클이라는 이름을 써서 마치 크리스마스 장식처럼 보였다. 그것들은 모두 그의 장례식 초대장이었다.

"초대자 명단에 내 이름은 없었어?"

랜디가 물었다.

"아니, 전부 유명 인사들이었어."

랜디는 눈을 굴리며 방을 나갔다. 루벤이 〈데일리 뉴스〉지 뒤편에서 얼굴을 내밀었다.

"바버라, 당신도 알지? 저거 다 허풍이야. 그 부동산 고객 사건, 그건 랜디 담당도 아니야. 배리가 맡았었지. 랜디는 늘 거짓말을 하고, 늘 자기가 최고여야 한다니까."

"두 사람 다 그렇잖아. 서로 이기려고 기를 쓰고, 거짓말하고."

나는 그가 여자들에게 지어낸 이야기를 늘어놓는 걸 들어온 터라 날카로운 눈빛을 보냈다.

그는 한숨을 쉬었다.

"당신 말이 맞아. 난 늘 거짓말을 하지. 하지만 이거 하나만은 약속하지. 당신에겐 절대 거짓말 안 해."

나는 입을 다물지 못한 채 그를 바라보다 웃음을 터뜨렸다.

그날 밤 집에 돌아온 나는 당시 파트너였던 마리에게 부동산 손님의 자살 사건을 이야기하며 웃었다. 그녀는 나를 빤히 쳐다보더니 TV가 있는 방으로 올라가 버렸다. 나는 주방을 요란하게 정리하며 기분이 언짢은 티를 냈다. 그녀는 요새 늘 심기가 불편했고, 나와는 대화도 거의 하지 않았다. 나는 점점 이방인이 된 기분이었고, 가끔 그녀가 나를 이상한 눈으로 바라볼 때면 정말 내가 낯선 사람인 것 같았다. 아마 그녀가 간호사라 죽음에 지나치게 예민해서 그런가 보다 생각했다. 유머 감각이란 게 전혀 없었다. 내가 이런 식으로 슬픔에 대처한다는 걸 그녀는 몰랐을까? 만약 내가 부동산 중개인이 남자의 투신 장면을 보고 받은 충격이나 한 사람을 발코니 밖으로 내몬 사정에 대해 곱씹기 시작하면, 나는 아침마다 침대 밖으로 나오지도 못할 거라는 걸 그녀는 몰랐을까?

마리는 늘 내가 더 소통하고, 감정을 함께 나누길 원했다. 하지만 내가 실제로 그렇게 하면, 그녀는 자리를 떠나버렸다. 차라리 직장 동료들과 이야기하는 게 나았다.

가끔 사무실에서 한가할 때면 나와 동료들은 사람들이 왜 그런 일을 하는지, 그 이유에 대해 이야기하곤 했다. 나는 특히 자살 방법에 담긴 의미에 관심이 많았다. 다들 각자의 의견이 있었다. 조이는 총으로 머리를 날려버리는 건 머릿속의 미친 생각을 멈추고 싶기 때문일 것이라고 했고, 밥은 자살이 미친 세상에서 벗어나기 위한 것이며, 사람들이 약을 먹고 자살하는 건 잠들 듯이 죽고 싶기 때문이라고 했다. 랜디는 불치병을 앓는 사람이 스스로 목숨을 끊는 건 정당화될 수 있고, 합법화되어야 한다고 생각했다.

루벤은 그들 모두 정신병자일 뿐이라고 했다. 나는 그에게 물었다.

"우울한 기분을 느껴본 적 없어? 침대에서 일어날 수조차 없고, 더는 살고 싶지 않다는 생각 같은 거 해본 적 없었냐고?"

"내가? 이봐, 난 잘 살고 있거든."

루벤이 대답했다.

나는 그들에게 내가 분류한 분노의 자살과 슬픔의 자살에 대해 이야기했다. 약물 과다 복용이나 가스를 이용한 자살 같은 수동적 방법은 조용한 슬픔의 자살이었다. 만약 유서를 남긴다면 '미안하다' 같은 간단한 내용일 것이다. 누군가를 상처주거나 위협하려는 게 아니라, 그저 자신의 고통이나 우울, 외로움이나 슬픔에서 벗어나려고 했던 것으로 보였다.

물론, 자살 방법은 접근성, 용이성, 문화적 차이 혹은 편의성 같은 요소에 따라 달라진다. 미국에서는 총기가 워낙 많기 때문에, 머리에 총을 쏘는 방식이 가장 흔하다. 일본에서는 열차에 뛰어드는 일이 흔한데, 이는 출퇴근 시간대 교통을 마비시켜 매우 공격적인 메시지를 남긴다. 성별에 따른 차이도 있다. 남성은 여성보다 더 폭력적인 수단을 선택하는 경향이 있다. 내가 본 가장 상징적인 자살은 허드슨가에서 전 부인의 아파트 앞에 있던 대형 쓰레기통에 앉아 후두부를 총으로 쏜 남자의 사건이었다. 그것은 창의적이고 직접적인 메시지였다.

목을 매는 것은 어느 쪽으로도 분류할 수 없었다. 목을 맨 사람을 발견하는 것은 온몸의 털이 곤두설 만큼 끔찍하지만, 사람들이 흔히 생각하듯 폭력적인 방식은 아니다. 대부분 의자에서 뛰어내려 목이 꺾이고 발버둥치는 모습을 상상할 것이다. 하지만 잘만 하면 조용하고 평화로운 죽음을 맞을 수 있다. 목의 정맥을 차단할 만큼의 압박이 가해지면, 여전히 호흡은 가능하다. 혈액은 뇌로 계속 흐르지만, 정맥이 눌린 탓에 머릿속의 혈액이 빠져나오지 못하고 혈압이 점점 오르다 서서히 의식을 잃는다. 그 과정에서 저산소증과 엔도르핀이 분비되며 기묘한 도취감이 찾아온다. 적어도 신체적으로는 괴로움에 발버둥치다 최후를 맞는 것이 아니다. 하지만 그를 자살로 몰아넣은 고통은 여전히 남아 있나. 그 고통은 결코 과소평가될 수 없다.

《파이널 엑시트—안락사의 방법(Final Exit)》라는, 다양한 자살 방법을 자세히 소개한 책이 있다. 개인적으로는 분노를 참을 수 없는 책이었지만, 베스트셀러가 되었고 이 책의 내용을 실천한 것으로 보이는 수많은 자살 현장을 보았다. 이 책이 불치병으로 고통받는 이들에게 도움이 될 수도 있다는 건 이해했다. 실제 에이즈로 죽어가던 남성들이 집에서 평화롭게 죽음을 맞이하기 위해 친구들에 둘러싸여 이 책의 권고를 따르는 모습을 보기도 했다(당연히 자살 방조는 불법이기 때문에 대부분 우리가 도착하기 전에 사라졌다). 하지만 정신질환자나 우울과 불안을 겪는 사람처럼 약물 치료가 가능한 사람들을 돕는 데는 도움이 되지 않았다. 나 같은 사람들 말이다.

　내가 처음 심한 우울증을 겪은 것은 열두 살 때였다. 아마도 사춘기 호르몬 탓이었을 것이다. 아버지에게 다신 경찰서에 얼씬거리지 말고 '여자답게' 행동하라는 말을 들었기 때문인지도 모른다. 나는 갑자기 끔찍하게 외롭고 버려진 기분이 들었다. 학교에서는 뒷자리에 앉았고 친구들과 수다도 떨지 않게 되었다. 방과 후에는 어쩔 수 없이 엄마의 심부름으로 식료품점에 장을 보러 갔다. 묵묵히 시키는 일만 하며 시간을 보냈다. 나머지 시간에는 공상과학이나 추리소설을 읽으며 마음속의 어둠에서 잠시 해방되었다. 밤이면 조용히 눈물을 흘렸다.

　아이들이 가득한 집에는 돈도 없고 문제도 많았기에, 아무도 내게 관심을 기울이지 않았다. 나는 덤벙대는 아이였고, 앞니가 부러진 데다, 경찰조합에서 받은 싸구려 안경을 끼고 있었다. 나는 주목받는 아이가 아니었다. 아무도 내가 괴로워한다는 걸 눈치채지 못했다. 나는 자살을 생각했고, 아버지의 면도날로 연습을 한 적도 있었다. 질레트면도기의 얇은 칼날을 푸른 핏줄 위에 대고 가볍게 그었다. 내 비저블 맨 모형으로 공부한 덕에 어디를 잘라야 하는지도 알고 있었다. 면도날을 팔에 대고 힘껏 그어, 요골 동맥을 끊으면 끝이었다. 사려 깊은 아이였던 나는 엄마를 힘들게 만들고 싶지 않아 욕실에서 이 일을 계획했다. 그런데 아버지는 내가 물을 너무 낭비한다며 다른 남매들과 셋씩 짝을 지어 씻게 했다. 나를 막은 것은 아버지의 절약 정신이었다. 이후, 한동안 마약과 술이 그 고통을 누그러뜨려 주었다. 나는 주어진 것으로 버텼다.

어떤 사람들은 자원도 많고, 충분한 도움도 받지만 그럼에도 불구하고 고통은 사라지지 않는다. 파크 애비뉴의 세련된 복층 아파트에서 홀로 죽음을 맞은 부유한 남자처럼. 그의 십대 아들이 학교에서 돌아와 바닥에 쓰러져 죽어 있는 아버지를 발견했다. 그의 곁에는 주사기와 인슐린이 든 작은 병이 떨어져 있었다. 아들은 세 블록 떨어진 메디슨가에서 부티크를 운영하던 어머니에게 전화를 걸었고, 그녀는 집으로 달려왔다. 그리고 그녀가 다시 네 블록 떨어진 사무실에서 일하던 정신과 의사에게 전화를 걸었고, 그런 후에야 911에 신고했다.

젊은 형사가 자세한 내용을 들려주었다. 명백한 자살, 인슐린 과다 복용이 원인으로 보이며 최근 우울증을 앓았다고 했다. 나는 어떻게 인슐린 과다 복용을 알았냐고 물었다. 그는 '그의 부인에게 들었다'고 말했다. 그렇군. 침대 위 종잇조각에 대충 '미안해'라고 휘갈겨 쓴 메모가 있었다. 그의 시신을 살펴보자, 하복부에서 몇 개의 주사 바늘 자국이 발견되었다. 당뇨병으로 인슐린 주사를 맞았다는 증언과 일치했다. 그게 다였다.

베테랑 형사 조 G.가 집 안으로 고개를 내밀었다.

"이봐, 바버라. 지금부터 아내 얘길 들어보려는데, 같이 갈래요?"

그가 한쪽 눈썹을 치켜 올리며 고개를 갸웃했다. 뭔가 있다는 신호였다. 거실로 들어가기 직전, 그는 의심스러운 기색을 감추고 상냥하고 친근한 표정을 지었다. 나도 똑같이 했다. 직업적인 미소, 동정어린 태도.

거실에는 샤넬 정장 차림에 진주 목걸이를 한 금발의 아름다운 여인이 앉아 있었다. 40세 전후, 우아하고 침착한 모습이었다. 그녀의 대각선 맞은편에 마찬가지로 잘생긴 남자가 앉아 있었다. 키가 크고 마른 체격에 햇볕에 그을린 듯한 머리칼, 몸에 딱 맞는 맞춤 정장 차림이었다. 다리를 꼬고 앉아 고집스럽게 여유로운 태도를 유지했다. 거실에 들어서는 순간, 두 사람 사이에 흐르는 긴장감이 느껴졌다. 그들이 친밀한 관계라는 것은 분명해 보였다.

앉아 있던 여자가 내 쪽으로 손을 내밀었다. 내가 몸을 기울여 손을 맞잡을 만큼만. 그녀는 부드러운 이탈리아 억양으로 말했다.

"저는 델 그로소이고, 이 분은 제 남편의 정신과 의사 델레이니 박사예요."

상황은 점점 영화의 한 장면처럼 흘러갔다.

조는 그들에게 어떻게 연락을 받았는지, 무슨 일을 했는지, 911에 전화하기 전 집에 도착하기까지 얼마나 걸렸는지 등을 설명해 달라고 했다. 약 15분쯤. 그리고 조는 아내에게 왜 곧장 구급차를 부르지 않았는지 물었다.

"충격을 받았어요. 반사적으로 남편의 주치의에게 전화한 거예요."

그녀는 전혀 충격에 빠진 사람처럼 보이지 않았다. 화장은 완벽했다. 눈물에 번진 마스카라 자국도 보이지 않았다. 립스틱도 전혀 흐트러지지 않았다. 대부분의 사람들은 남편이 죽었든 손가락을 찧었든 즉시 911에 전화를 건다.

"그런데 박사님은 왜 기다리셨죠? 왜 바로 911에 전화하지 않았습니까?"

"그가 이미 죽은 걸 알았어요. 할 수 있는 게 없었죠. 그보다 알베르토의 아내와 아들이 걱정이었습니다."

그랬겠지, 내 머릿속에서 콜롬보 형사의 목소리가 들렸다. 내가 입고 있던 트렌치코트와 싸구려 정장이 콜롬보처럼 보였을 것이라고 생각한다. 나는 아내에게 남편의 병력을 물었다.

"그는 심각한 우울증을 앓고 있었어요."

그녀가 대답했다.

"1년 가까이 주2회 딜레이니 박사를 만나고 약도 복용했지만 아무 효과가 없었어요."

내가 인슐린에 대해 묻자, 남편이 당뇨병 환자라고 대답했다. 나는 그의 내분비 전문의나 내과의 이름을 알려달라고 했다.

잘생긴 의사가 끼어들었다.

"제가 그의 당뇨를 관리했습니다."

"그런가요? 전 당신이 그의 정신과 의사라고 들었는데요."

"맞습니다. 하지만 그의 다른 질환도 충분히 치료할 수 있습니다."

그는 가볍게 미소 지으며 여전히 여유로운 태도를 보였다. 이 두 사람은 우월한 존재처럼 보였다. 조와 나는 그저 하찮은 방해물에 불과했다. 나는 그들의 몸짓에서 미묘한 변화를 감지했다. 그들은 서로를 향해 무릎과 어깨를 기울이며 방어 태세를 취하고 있었다. 그는 그녀를 안심시키려는 듯한 눈빛을 여러 차례 보냈다.

다시 몇 가지를 더 묻고는 자리에서 일어나 시간을 내줘 고맙다고 인사를 하고 애도의 뜻을 전했다. 환자를 자살로 잃는 건 힘든 일일 것이다. 나는 문을 향해 걷다 문득 멈춰 섰다.

"아, 한 가지만 더요. 그가 복용했던 약들을 모두 주시겠습니까? 인슐린 병도 포함해서요."

"아, 그건 다 쓴 거예요. 알약 병들을 가져다 드릴게요."

그의 아내가 말했다.

"빈 인슐린 병이 필요합니다. 주사기도요."

이번에는 내가 미소를 지었다. 독성학 연구실은 검시국 소속이니, 그 병에 제대로 된 약물이 들어 있었는지 확인해줄 것이다.

나는 바닥에 쓰러져 있던 그 불쌍한 남자를 위해 이 사건을 철저히 조사할 생각이었다. 어쩌면 누군가 인슐린 농도를 U-100에서 U-500으로 바꿔치기 했을지도 모른다. 그러면 평소 투여량으로도 혈당이 급격히 떨어졌을 것이다. 아니면 아내와 정신과 의사의 배신에 절망해 스스로 인슐린을 과다 투여했을 수도 있다. 세상에서 가장 필요하고, 신뢰했던 두 사람이 그의 등 뒤에서 남몰래 만나고 있었던 것이 틀림없었다. 그가 상실감과 우울증의 고통을 견디는 동안 두 사람은 서로를 향한 애정을 불태우고 있었던 것이다. 뭐가 됐든, 뭔가 잘못된 느낌이었다. 아마 내가 이 사건에 지나치게 감정 이입을 하고 있는 것일지도 몰랐다. 만약 저 매력적인 남녀가 아무 사이도 아니고, 남편이 정말 심각한 자살 충동에 시달리고 있었다면? 언제부터 정신과 의사가 당뇨처럼 복잡하고 치명적일 수도 있는 질환을 관리하게 된 걸까? 아들이 전화해 남편이 바닥에 쓰러져 죽어 있다고 했다면, 나는 이스트 70번가를 느긋하게 걸어서 집으로 돌아왔을까? 아니면 911에 전화했을까? 머리가 이상해질 것 같았다.

나는 신중히 보고서를 작성하고, 다음 날 아침 부검에서 병리학자에게 내가 의심하고 있는 내용을 이야기했다. 그녀는 시신에서 초자체액(안구 내부의 체액)과 혈액을 채취해 약독물 및 화학 검사를 진행했다. 예상대로 사인은 인슐린 과다 투여였다. 작은 인슐린 병은 완전히 비어 있어, 검사할 것도 없었다. 사건은 자살로 판정되었고, 그 이외의 다른 증거는 없었다. 그러나 내가 목격한 수많은 죽음들처럼, 그 사건은 지금까지도 나를 괴롭힌다.

＊

내 안에는 다양한 감정이 뒤섞여 있었다. 같은 A로 시작되는 감정이라도 'anger(분노)', 'anguish(고통)' 그리고 안전에 대한 'anxiety(불안)'도 있었다. 자살이나 타살에 의한 사망 외에도 언제든 사고사할 위험이 도사리고 있었다. 무모한 행동의 결과이든 운명의 장난이든, 사망 사건은 끊임없이 일어났다. 길모퉁이를 도는 순간, 과속 차량이 인도를 덮쳐 나를 건물 벽에 처박을 수도 있고 대충 쌓아올린 벽돌이 떨어져 머리에 맞거나 배기가스에 질식할 수도 있었다. 나는 무력감을 느꼈다. 아니, 무력할 수밖에 없었다. 그것이 세상에서 가장 끔찍한 일이었다. 나는 죽음을 비롯한 모든 것을 지배할 수 있어야 했다.

내가 사랑하던 일이 나를 점점 짓누르고 있었다. 조사관으로 일한 지 벌써 9년이 흘렀다. 9년 동안 약 5,500건의 사망 사건을 다루었고, 그 중 650건은 살인이었다. 나머지 숫자에 대해서는 통계를 내지 않았기에 정확히 몇 건의 자살, 사고사, 자연사를 조사했는지는 모른다. 다만, 내가 점점 피해자들이 어떤 기분이었을지, 죽음이 어떤 느낌이었을지를 지나치게 많이 생각하게 되었다는 것이다. 현장에서는 괜찮았다. 응급 구조대 지미와 잡담을 하며, 정수 탱크 배수관에 꽉 끼어 있는 알몸의 공원 관리국 직원을 어떻게 꺼낼지 고민했다. 어떻게 그 안에 들어갔을까? 왜 들어갔을까?(알고 보니 그는 매일 저녁 아이들이 오줌을 누던 수영장을 피해 정수조에서 몰래 나체 수영을 즐겼다) 그런데 어떻게 배수관에 낀 걸까?(컴퓨터 설정이 변경되어 수영 중 물이 배출되었던 것이다) 그를 어떻게 끌어낼 수 있을까?(우리는 그의 몸에 밧줄을 감아 권양기로 끌어올리는 한편, 긴급 대응팀이 그의 접힌 다리를 배수관 안으로 밀어 넣어 꺼냈다)

근무를 마친 뒤, 한가해지면 상상력이 고삐가 풀린 듯 번져 나갔다. 한쪽 다리가 그렇게 구부러질 정도라면 흡입력이 엄청났을 것

이다. 몸이 끼었다는 사실을 알았을 때 그가 느낀 공포가 상상이 '
갔다. 물은 서서히 차올랐을까, 아니면 급격히 불어났을까? 익사하
기까지 시간이 얼마나 걸렸을까? 모든 상황이 끔찍했다. 내 마음은
파도에 쫓겨 달아나는 해변의 도요새처럼, 답을 찾다가도 도망치
기 일쑤였다.

　내가 전문가적인 관점을 유지하며 일에 몰두할 수 있는 장소가
하나 있었다. 바로 경찰학교에서의 강의였다. 나는 몇 년 전부터
살인 및 범죄 수사 과목을 가르치기 시작했고, 강의 방식을 다듬어
가며 점차 인기 강사 중 한 명이 되었다. 대부분 남성으로 이루어
진 200명의 형사들 중 내 수업에서 조는 사람은 없었다. 나는 가장
매력적인 치마 정장과 하이힐 차림으로, 경찰들이 좋아할 만한 블
랙 유머를 곁들인 강의를 진행했다. 나만의 독특한 화법(신사숙녀
여러분, 이 부분이 바로 방금 보여드린 뇌 조각이 떨어져 나온 자
리입니다)으로 수강생들의 흥미를 이끌었다.

　어느 날, 엄마가 강당 뒤편에서 두 명의 형사 옆에 앉아 내 살인
수사 강의를 들은 적이 있다. 그때 형사 한 명이 다른 형사에게 '그
녀와 마티니 한 잔 하고 싶군'이라고 말하자 엄마는 자랑스러운 얼
굴로 '내 딸이에요!'라고 말했다고 한다. 다른 이들의 눈을 통해 나
자신을 보는 것은 짜릿한 일이었고, 내가 내 일에 능숙하다는 사실
을 다시금 깨닫게 해주었다. 내가 가진 특권을 상기시켜 주는 순간
이었다.

　나는 내가 하는 일에 자부심을 느꼈다. 성공한 것 같았다. 하지

만 삶의 나머지 부분은 어딘가 이상하고 불안정하게 느껴졌다. 마치 내가 인생을 사는 것이 아니라 그 위에서 둥둥 떠다니는 것처럼. 누군가에게 속마음을 털어놓을 수 있기를 바랐다. 내 파트너 마리는 듣고 싶어 하지 않았다. 너무 괴롭다는 이유에서였다. 나는 동료 조사관들 말고는 아무에게도 일 얘기를 하지 않았다. 그나마도 대부분 잘난 척이었다. 누가 가장 끔찍한 사건을 보았는지, 누가 가장 힘든 사건을 맡았는지 떠벌리는 것뿐이었다. 나는 강한 척해야만 했다. 우리 모두 그랬다. 무엇이든 감당할 수 있을 만큼, 보통 사람보다 더 강한 모습을 유지해야 했다. 그것이 검시국의 문화였다. 그러나 그런 문화는 더 이상 내게 도움이 되지 않았다. 9년 동안, 나는 서서히 그러다 어느 순간에 이르러서는 단번에, 적당히 거리를 두던 태도에서 완전히 마음의 문을 닫아버린 차갑고 냉정한 사람이 되어버렸다. 모든 것에 마음을 쓰며 괴로워하든지 아니면 아무것도 신경 쓰지 않고 그나마 편안해지는 길밖에 없었다. 나는 그 중간 지점을 찾지 못했다.

허시 박사는 내게 타인에게 공감을 느낄 수 없는 상태 이른바 '연민 피로(compassion fatigue)'에 대해 경고한 적이 있었다. 나는 그에게 이미 지쳐버렸다고 고백했다.

"자넨 휴가가 필요해, 바버라. 마음을 충전할 수 있는 평화로운 시간 말일세. 마리와 여행이라도 다녀오는 게 어떤가?"

"지금은 마리가 나와 어디를 가겠다고 할 것 같진 않아요. 이유는 모르겠지만, 요즘 그녀는 늘 제게 화가 나 있거든요."

내 파트너는 내 침묵과 짜증, 공포와 비관에 지쳐 늘 내게 화가 나 있었다. 나는 신경 쓰지 않았다. 내가 이 관계에 매달렸던 것은 내 삶에 기쁨을 주던 여덟 살짜리 그녀의 막내아들 때문이었다. 나는 달리기가 빨랐던 그 아이를 '대시'라고 불렀고, 그는 내가 항상 문제를 해결하고 곤경에서 벗어나게 해준다며 나를 '만능 엄마'라고 불렀다.

대시는 완벽한 아이였다. 똑똑하고, 섬세하고, 유머러스하며, 모험심도 강했다. 어린 나이에도 아름다움을 알아보는 눈을 가진 아이였다. 우리는 집 뒤편에 있는 캐츠킬 산에 올라 가을 단풍이 지는 것을 감상했다. 편안한 침묵 속에 앉아 있던 그때 대시가 속삭였다.

"저 풍경 좀 봐요, 정말 꿈만 같아요."

대시가 여섯 살 때, 우리는 쉬운 암벽 등반 코스에 올랐다. 낙하 방지를 위해 내 허리에 밧줄을 묶어 아이의 허리에 연결했다. 내가 넘어져 무릎을 다쳤을 때, 대시는 내가 미끄러지지 않도록 밧줄을 나무에 감았다. 그는 나를 구한 것이 무척 자랑스러웠는지 그날의 일을 그림으로 그리고 '엄마 친구를 구한 날'이라고 적었다.

대시까지 잃기 전에 무슨 일이든 해야 했다. 나는 일을 우선한 나머지 받아야 할 수술도 미루고 있었다. 대시의 여름 방학 때 수술을 받는 것이 좋을 듯했다. 우리는 뉴저지 애즈베리 파크에 해변에서 몇 블록 떨어진 집이 있었는데, 거기서 대시와 함께 지내며 기분전환을 하면 좋을 것 같았다. 나는 5월에 의사에게 전화를 걸어 7월에 자궁 적출 수술 일정을 잡아달라고 부탁했다. 그는 먼저 복강경 수술을 해보면 어떻겠냐고 제안했다. 회복 기간도 일주일 이면 충분하다고 말했다.

"아뇨, 다 들어내 주세요. 지긋지긋해요. 그냥 다 제거해 주세요. 어차피 애를 낳기에도 너무 늦었으니까요."

그는 한동안 반대했지만, 나는 고집을 꺾지 않았다.

2001년 7월 16일 수실이 잡혔고, 나는 6주간의 휴가를 신청했다. 리처드는 짜증을 냈다. 모두가 휴가를 내고 싶은 시기였기 때문이다. 하지만 건강 문제라 어쩔 수 없었다. 6월 말, 외과 의사가 다시 전화를 걸어왔다. 마취과 의사가 휴가라면서 수술 날짜를 7월 30일로 변경할 수 있겠냐는 제안이었다. 난 상관없다고 대답했다.

수술은 잘 끝났고, 병원에 며칠 입원한 뒤 집에 돌아와 안정을 취했다. 무리한 활동도, 일도 하지 않고, 그저 살아 있는 사람들 곁에서 쉬면서 살인과 혼란은 모두 잊었다. 일로 쌓인 불안을 달래느라 '스마티스' 캔디를 봉지째 먹고 불어난 살도 좀 빠지지 않았을까. 그해 여름, 나는 대시에게 칼 던지는 법, 경사대에서 스케이트보드를 타는 법, 돼지고기 굽는 법을 가르쳤다. 우리는 대시의 개 소닉과 함께 동네를 산책하며 모험과 미스터리에 대해 이야기했다. 대시는 내 삶이고, 희망이고, 미래였다. 나는 그런 황금 같은 나날이 끝나지 않기를 바랐다. 9월 10일 월요일에는 다시 직장에 복귀해야 했지만, 금요일까지도 하루 종일 마음이 불안했다. 뭔가 잘못되었다는 느낌이 들었다. 나는 계속 스스로에게 진정하라고, 유치하게 굴지 말라고 되뇌었다. 상사와 동료들을 만나는 건 즐거운 일이고, 모든 게 잘 될 거라고. 하지만 나는 일을 다시 시작할 준비가 되지 않았음을 알고 있었고, 리처드에게 말해야 했다.

"젠장, 바버라. 그건 안 돼. 다음 주 내내 네가 8시부터 오후 4시 근무에 배정되어 있어. 대체 그걸 어떻게 메우란 말이야?"

"부탁이에요, 리처드. 어떻게 말해야 할지 모르겠지만, 그냥 기분이 너무 안 좋아요. 나도 이유를 모르겠어요."

"그럼 아무 일도 아니겠지. 아픈 것도 아닌데 무슨 문제야? 그냥 긴장 때문일 거야. 게다가 병가도 다 썼잖아."

리처드가 화를 내며 내게 출근하라고 설득했지만, 나는 물러서지 않았다. 결국 우리는 휴가를 이틀 연장하기로 타협하고, 9월 12일 수요일에 복귀하기로 했다.

제 15 장
동시다발 테러 사건

9월 11일 오전, 나는 늦잠을 잤다. 병가를 마치고 직장으로 복귀하기 전, 느긋하게 보내는 마지막 날이었다. 나는 오늘을 마음껏 즐기기로 마음먹었다. 맑은 하늘에 선선한 바람까지 불어, 더없이 완벽한 날이었다. 8시 30분쯤 나는 아침을 만들기 시작했다. 델리에서 베이글과 커피를 사 들고 차 안에서 아침을 먹는 일상으로 돌아가기 전 마지막 아침이었다.

9시 직전에 전화가 울렸다.

"TV를 켜 봐요."

마리의 열아홉 살 난 아들, 돈이었다. 여자친구의 집에서 전화를 걸었다고 했다. 그의 목소리는 불확실하고 혼란스러웠다.

"비행기가 월드 트레이드 센터에 충돌한 것 같아요, 소형 제트기 같은 걸지도 몰라요."

나는 주방에 있는 작은 TV를 켰다. 요리하면서 저녁 뉴스를 볼 수 있게 회전식 거치대에 달아둔 것이었다. 흔들리는 영상이 화면을 가득 채우고 있었다. 무슨 일이 일어나고 있는지 알아보기 힘들었지만, 심상치 않아 보였다. 나는 전화기를 든 손을 힘없이 떨어뜨린 채, 멍하니 서 있었다.

"바버라, 거기 있어요?"

돈이 소리쳤다.

"여보세요?"

"미안해, 돈."

내가 머뭇거리며 말했다.

"작은 비행기는 아닌 거 같아. 피해가 너무 커. 하지만 여객기는 이렇게 낮게 비행하지 않는데, 이해가 안 돼."

"하지만 지금 TV에는……"

"뭐가 부딪친 건진 모르겠지만, 월드 트레이드 센터에는 비상 시스템이 잘 갖춰져 있으니, 화재에도 끄떡없을 거야."

스스로도 무슨 말을 하는지 몰랐지만, 돈을 안심시키니 나도 마음이 조금 나아졌다.

"사무실에 전화해보고 다시 연락할게."

나는 빌딩 측면에 시커멓게 손상된 부분에서 불길이 치솟는 것을 가만히 바라보았다. 비행기가 아니면 뭐가 저렇게 큰 피해를 낸 거지? 폭발은 아니었다. 폭발은 저런 형태를 남기지 않는다. 지나치게 직선적이었다. 나는 내 나름대로 상황을 이해하려 애쓰고 있었다. 분석하고, 합리화했다. 두려움에 대한 나의 습관적인 대처였다. 그때 뉴스 진행자들이 말했다. 원인은 비행기였다고, 대형 비행기였다고 말했다.

고도 제어 상실? 조종사가 의식을 잃은 걸까?

내가 경악과 공포 속에서 지켜보는 가운데, 두 번째 비행기가 남쪽 타워에 충돌했고 거대한 불덩이가 폭발하며 치솟았다.

뉴욕이 공격받고 있었다.

나는 뉴욕시 검시국에 전화를 걸었다. 조사과, 허시 박사, 리처드, 통신실. 어디에 걸어도 통화 중 신호만 돌아왔다. 몇 번이고 다시 걸었지만 아무도 응답하지 않았다. 계속 통화 중이었다. 루벤의 휴대전화는 한참을 울리다 결국 음성 사서함으로 넘어갔다. 나는 반복해서 전화를 걸고, 그때마다 점점 더 절박한 메시지를 남겼다. 뭐든 해야 했고, 계획이 필요했다. 당장 국장의 지시를 들어야만 했다.

훈련의 효과라고 말하고 싶지만, 사실 이런 상황에 대비한 훈련은 없었다. 누구도 그런 훈련은 받지 않았다. 무슨 일이 일어나고 있는지도 모르는데, 어떻게 행동할 수 있겠는가. 나는 가방에 옷가지를 던져 넣으며 시선은 TV에 고정했다. 카메라가 고층의 커다란 창문을 클로즈업했다. 유리창이 사라지고 연기와 불길이 치솟았다. 사람들이 창틀에 매달려 있었고 이내 아래로 떨어져 아래쪽 광장에 부딪쳤다. 마침내 뉴스 조정실의 누군가가 정신을 차리고 그 참혹한 장면에서 화면을 전환했다.

아나운서는 뉴욕이 폐쇄되었다고 전했다. 시장의 명령으로 터널, 다리, 공항이 모두 폐쇄된 것이다. 맨해튼 섬은 말 그대로 고립된 섬이 되었다. 나는 어떻게든 애즈베리 파크에서 그곳으로 들어가야 했다. 내가 도와야 했다.

긴장된 목소리가 뉴스를 뚫고 나왔다. 펜타곤이 공격당했다는 소식이었다.

이건 뉴욕만의 일이 아니었다.

나는 이 상황을 이해하려고 애쓰며 지켜보고, 분석하고, 계산했다. 그러던 중, 월드 트레이드 센터의 남쪽 타워 꼭대기가 이상한 각도로 기울더니, 마치 마지막 숨을 내쉬듯 굉음을 내며 붕괴했다. 수백만 톤의 불길과 잔해 그리고 인간이 뒤섞여 무너져 내렸다. 나는 단 한 번 비명을 질렀고, 비행기 충돌에서 살아남은 사람들이 분쇄된 콘크리트와 잔해의 폭풍에 쫓기며 도심 속을 달려가는 장면을 보았다. 수만 명 혹은 수십만 명이 죽거나 다쳤을지 모른다. 일부는 아직 살아있을지도 모르지만, 나는 그럴 가능성은 낮다고 생각했다.

시신을 어떻게 찾아낼까?

그들을 어떻게 꺼낼까?

어디로 옮겨야 할까?

마침내 루벤과 연락이 닿았다.

"다들 어디 있어요? 난 어디로 가면 되죠?"

"바버라, 잘 들어. 국장이 직원 몇 명과 현장으로 갔어. 임시 영안소를 설치하려고. 다이앤도 같이 갔고, 그 밖에 감식반 차량 한 대, 인류학팀의 에이미도. 타워가 붕괴된 뒤 아무에게도 연락이 없는 상태야. 무전이 모두 끊겼거든."

그는 이상할 정도로 침착했다.

안 돼, 제발. 허시는 안 돼, 다이앤과 에이미도 제발 무사해야 해. 온 나라 안에 울려 퍼졌을 기도였다. 제발, 하느님. 친구들이, 내 가족이 무사하게 도와주세요.

"여기 오려고 서두를 필요 없어. 리처드와 시신을 수습할 준비를 하고 있어. 아직 여기서 할 일은 없어. 당신이 할 일은 나중에 충분히 생길 거야."

말도 안 돼.

이렇게 끔찍한 재난 한복판에서 직위를 내세우려는 건 아니겠지.

"알았어요. 허시나 동료들에게 연락이 오면 바로 전화 줘요."

나는 그의 지시를 따를 생각이 없었다. 당장 현장으로 가야했다.

전화를 끊고 애즈베리 파크 경찰서로 전화를 걸었다. 내 소속을 말하고, 뉴욕 시내로 들어가야 한다고 설명했다. 도움을 줄 수 있느냐고 묻자, 한 경사가 구조대원들을 가득 태운 버스가 방금 출발했고, 약 두 시간 뒤 또 다른 팀이 출발할 예정이라고 했다. 그는 내 자리를 하나 잡아두겠다고 했다.

좋아, 잘 됐어. 곧 시내로 들어갈 수 있을 것이다. 허시와 다이앤을 찾을 것이다. 내가 걱정했다고 하면 그들은 재미있어하겠지. 지

금도 허시의 목소리가 들려오는 듯했다. '걱정 끼쳐 미안하군, 잠시 자리를 비웠던 것뿐이야.'

전화를 막 끊으려던 순간, 시야 한쪽 끝에서 북쪽 타워가 무너져 내리는 것이 보였다. 이런 일이 현실에서 일어날 리 없었다.

하지만 실제로 일어나고 있었다.

나는 제정신이 아니었다. 방 안을 서성거리며, 맨해튼으로 돌아가야 한다는 절박감에 사로잡혔고, 그곳에서 마주할 상황이 두려웠다. 내가 뉴저지에 있다는 사실이 원망스러웠다. 뉴욕은 나의 도시이자, 집이었다. 그곳에서 사람들이 죽어가고 있었다. 내가 왜 집에 이틀이나 더 있겠다고 고집했을까? 문득 머릿속에 한 가지 생각이 스쳤다. 업무에 복귀했다면 나도 허시와 함께 그곳에 묻혔을지 모른다. 나는 깜짝 놀라 재빨리 그런 생각을 떨쳐 버렸다.

전화가 울렸다. 애즈베리 파크 경찰서의 그 경사였다. 첫 번째 버스가 홀랜드 터널 입구에서 경찰에 의해 되돌아왔다는 소식이었다. 아무도 시내로 들어가거나, 나갈 수 없었다.

젠장.

플로리다에 있는 부모님이 내 안부를 확인하려고 전화를 걸어왔다. 내가 무사하다는 걸 확인한 후, 아버지의 첫 질문은 '넌 왜 동료들과 함께 현장에 있지 않은 거냐?'였다. 죄책감과 수치심에 얼굴이 달아올랐다. 그의 말이 옳았다. 나는 동료들과 함께 상황을 파악하고, 내 일을 해야 한다. 뉴저지에 갇혀서, 관광객처럼 TV로 상황을 지켜보고 있을 때가 아니다.

"나도 알아요. 병가 중이라고 했잖아요. 다리며, 도로며 전부 폐쇄돼서 들어갈 방법을 찾는 중이에요. 혹시 친구 중에 헬리콥터 가진 사람 없어요?"

"알았다, 알았어. 그냥 물어본 거야."

"나도 당장 달려가고 싶다고요! 동료들이 거기 있어요. 경찰과 소방관들도 모두 잘 아는 사이라고요, 젠장."

그날 하루 종일 내가 뭘 했는지 잘 기억나지 않는다. 걱정뿐이었다. 걱정이라는 말로는 턱없이 부족할 것이다. 당연히 TV를 봤다. 두려움을 억누르고 진정하려고 애썼다. 무슨 일이 벌어지고 있는지 모른다는 사실에 화가 치밀었다. 사무실에 계속 전화를 걸었다. 재다이얼 버튼을 계속 누른 끝에 마침내 부국장 빌과 연결됐다.

"다들 괜찮아. 살아 있어. 허시는 뉴욕대병원 응급실에 있어. 다이앤은 뉴저지 어딘가에 있다고 들었어. 에이미는 부상을 입고, 감식반 사람도 한 명 다쳤다고 하는데 이름은 모르겠어. 하지만 다들 괜찮을 거야."

감사합니다, 하느님. 감사합니다.

수년 뒤, 다이앤이 내게 무슨 일이 있었는지 들려주었다.

"폭풍이라고 해야 하나, 잔해를 가득 실은 엄청난 바람이 우리를 땅으로 날려버렸어. 허시와 나는 함께 밀려나면서 인도로 미끄러졌는데, 정신을 차려보니 육교 밑이었어. 나는 땅에 웅크린 채 누워 있었고, 허시가 내 몸을 덮고 있었어. 그가 자기 팔과 손으로 내 머리를 감싸서 보호했던 거야. 자기 머리가 아니라 내 머리를. 콘크리트와 쇳덩이가 사방에서 쏟아져 내리고 있었는데 말이야. 그가 날 구했어, 바버라. 내 목숨을 구했다고."

그날은 많은 이들이 영웅이 되었다. 허시가 그들 중 하나라는 건 놀랍지 않았다.

정신을 차리자 다이앤과 허시는 뿔뿔이 헤어졌다고 한다. 그녀는 어떻게 된 것인지, 무슨 일이 일어난 건지 알 수 없었다. 다만, 자신이 홀로 남겨져 돌과 잔해에 얻어맞으며 '아, 이게 내 마지막 순간이구나' 하는 생각을 했다는 것이다. 그녀는 정말 자신이 죽는다고 생각했다. 하지만 두렵지 않았다. 그저 무슨 일이 일어나고 있는지, 어떻게 끝나게 될지 알 수 없어 혼란스러울 뿐이었다. 그러다 젖은 모래 같은 것이 쏟아져 내리는 걸 느꼈다. 영원처럼 느껴지던 굉음이 사라지고, 완전한 고요가 찾아왔다. '아, 난 죽지 않는구나!' 처음에는 희미한 생각에 불과했지만 점차 살아 있다는 벅찬 감정에 휩싸였다고 한다. 그녀는 고통조차 느껴지지 않았다.

소방관들은 '개인용 경보 안전장치(PASS, Personal Alert Safety System)'를 착용하는데, 위험한 상황이 되면 경보음이 울린다. 사방에서 그 경보음이 울리며, 짐승이 포효하는 듯한 혼돈의 소음을 만들어냈다. 다이앤은 숨 막히는 먼지 속에서도 온 힘을 다해 외쳤다.

"허시! 허시!"

"여기야."

그가 답했다.

다이앤은 일어서서 그에게 가려고 했지만, 다리에 힘이 들어가지 않았다. 전혀 움직일 수 없었다. 발목 인대가 끊어진 허시가 다리를 절뚝이며 그녀 쪽으로 다가왔다. 그들은 새하얀 석고상처럼 보였다고 한다. 그들을 뒤덮은 새하얀 먼지 속에서 다이앤의 머리에서 흘러내리는 피와 허시의 찢어진 팔에서 흘러내리는 피만 도드라져 보였다.

"다른 사람들은? 에이미와 짐은 어디 있지?"

그가 물었다.

다이앤은 고개를 저었다.

"여기서 빠져나가야 해요."

그녀는 머리 위로 무너져 내리는 콘크리트더미를 의식하며 말했다.

허시는 그녀를 일으켜 세웠다. 허시는 그녀가 쓰러지지 않도록 팔로 지지하고, 다치지 않은 다리에 의지해 함께 빠져나가려 애썼다. 하지만 어디로? 어떻게 도망칠 것인가? 사방에 잔해더미가 산처럼 쌓여 있었다. 그것을 어떻게 넘고 돌아가야 할지 알 수 없었다.

그때 그녀는 연기 속에서 다가오는 한 남자를 보았다. '천사'가 내려온 것 같았다고 했다. 그는 그녀를 들어 올려 구조대의 다른 남자에게 넘겼다. 이어서 사람들은 그녀를 품에 안아 잔해더미를 넘고 지나며 차례차례 다른 이들에게 넘겼고 고속도로를 지나, 서쪽 강가에 다다를 때까지 계속되었다. 다이앤은 속으로 '복근 운동을 해두길 잘했지, 안 그랬으면 이 사람들 품에서 이리저리 흐느적거렸을 거야'라고 생각했다고 한다. 그녀는 부상자로 가득 찬 구급차에 실려 갔다. 사람들은 바닥에까지 앉아 서로 몸을 기대고 있었다. 울퉁불퉁한 길을 달리는 동안 그녀의 다리에 통증이 밀려왔다. 바지를 걷어 올리자 부러진 정강이뼈 끝이 피부를 뚫고 튀어 나와 있었다. 끔찍한 통증이었다. 한 남자가 팔을 뻗어 그녀의 손을 잡아 주었다. '그게 얼마나 큰 위로가 되었는지 몰라. 그런 기분이 들다니' 그녀는 허시와 함께 광장에 서 있던 순간 그리고 공중으로 내던져져 목숨을 잃은 사람들을 떠올렸다. 손을 잡은 채 죽음을 맞은 사람들도 있었다고 한다.

구급차는 부상자들을 부두의 빈 건물에 내려놓았고, 거기서 그들은 페리를 타고 뉴저지 강변 공원으로 이송되었다. 다이앤은 피크닉 탁자 위에서 치료를 받았다. 의료진은 빈 주스 상자와 덕트 테이프로 그녀의 다리를 고정했다. 이후 구급차들이 그들을 교외의 작은 병원으로 이송했지만, 응급실은 이미 만원이었다. 치료를 받은 뒤 허시는 그녀에게 자신은 검시국으로 돌아가겠다고 말했다. 그는 부두로 돌아갔지만, 맨해튼행 공식 선박은 위험하다며 그를 태워주지 않았다. 결국 그는 작은 개인 보트를 가진 남자를 찾아 맨해튼까지 태워달라고 부탁했다. 그는 자신이 필요한 곳이라면, 어디든 달려가는 사람이었다.

내가 허시 박사에게 당시 상황에 대해 물었을 때, 다이앤과 거의 비슷한 이야기를 들려주었다. 다만 그녀를 자신의 몸으로 감싸 보호했다는 부분이나 그녀가 안전해질 때까지 곁을 지켰다는 이야기는 하지 않았다. 그 역시 머리 위로 잔해가 내리칠 때, 조용히 죽음을 기다렸으며 두렵진 않았다고 했다. 나는 그 말을 듣고 미소 지었다. 정말이지, 허시다웠다. 죽음을 마주하면서도 신사다움을 잃지 않는 사람.

그가 참지 못하고 자신의 팔에 입은 25센티미터나 되는 상처를 직접 꿰맸다는 보도가 있었지만, 그건 사실이 아니었다. 그는 의사들에게 상처의 소독과 봉합을 받고 발목에 붕대를 감은 뒤 목발을 받아 든 후에야 검시국으로 돌아갔다. 나중에 찍은 흉부 엑스레이에서 그의 갈비뼈 대부분이 부러져 있었다는 사실이 드러났다. 숨 쉬는 것조차 고통스러웠을 테지만, 그는 아무 말도 하지 않았다.

뉴욕 시내의 모든 병원은 비상 경계 태세에 들어갔고, 의료진은 들것과 응급 장비를 들고 수천 명의 중상자들을 기다렸다. 하지만 그들은 오지 않았다. 사람들은 죽거나 대체로 생명에 지장이 없는 부상을 입었을 뿐이었다. 현장의 긴급 구조대원들은 맨해튼의 응급실들이 가득 찼을 거라 생각해 부상자들을 뉴저지로 가는 배에 태웠다. 화재와 잔해로 길이 막혀 있었기 때문에 시내로 향하기보다는 서쪽을 향해 강을 건너는 편이 더 빨랐던 것이다.

그날 밤 나는 거의 잠을 이루지 못하고 뒤척이며, 그곳에 있지 못한 자신을 끊임없이 책망했다. 다음 날, 날이 밝기 전에 옷을 갈아입었다. 뉴욕 시내로 가야 했다. 뉴저지 턴파이크는 마치 세기말 영화 속의 한 장면처럼 기이할 정도로 텅 비고 고요했다. 커브를 돌자 희뿌연 안개 너머로 스카이라인이 모습을 드러냈다. 나는 울음을 눌러 삼켰다. 나의 도시. 월드 트레이드 센터가 있던 텅 빈 공간에서 연기가 피어오르고 그 위로 태양이 떠올랐다. 나는 마리와의 첫 데이트를 떠올렸다. 지상으로부터 400미터 위에 있는, 107층 전망대 창가에 앉아 몇 시간이고 이야기를 나누며 작은 배들이 항구를 가로지르는 모습을 바라보았다. 석양이 허드슨 강을 황금빛으로 물들이고 있었다. 나는 잠시 그 꿈같은 회상에 빠졌다가 다시 현실로 돌아왔다. 모든 것이 사라졌다. 아무것도 남지 않았다. 그곳에서 일하던 사람들도 마찬가지였다. 문 닫을 시간이 지났음에도 우리를 내버려두던 경비원과 '윈도우즈 온 더 월드'의 친절한 웨이터 그리고 창가에 놓여 있던 반짝이던 검은색 그랜드 피아노마저 이젠 없었다.

어떻게 피아노가 하늘에서 떨어질 수 있지?

나는 링컨 터널로 향했다. 재난 현장 근처보다는 미드타운으로 들어가는 편이 더 쉬울 거라 생각했기 때문이다. 뉴욕의 한 지역을 '재난 현장'이라고 부르게 될 줄이야. 나는 천천히 터널 쪽으로 다가가며, 창밖으로 배지를 내밀었다. 경찰 차량이 입구를 막고 있었고, 폭동 진압용 장비를 착용한 경찰관이 손을 들어 나를 멈춰 세웠다.

"검시국입니다."

나는 신분증을 열어 보이며 말했다.

"시내로 들어가야 해요."

경찰은 내 신분증을 꼼꼼히 확인하고, 차 안팎도 검사했다. 그리고 나를 잠시 바라보다 말했다.

"행운을 빕니다. 조심하세요."

그리고는 들어가라는 듯 손짓했다. 나는 안도한 나머지 울음을 터트릴 뻔했다. 드디어 집으로 돌아갈 수 있다.

창문을 닫았는데도, 도시에 드리운 매캐한 연기가 코를 찔렀다. 금속과 차마 떠올리고 싶지 않은 다른 것들이 타는 냄새가 났다. 거리는 조용했고, 놀란 사람들이 곳곳에서 작은 무리를 이루고 있었다. 누군가와 함께 있는 편이 안심이 되었던 것이다. 가장 인상적인 광경은 검시국 건물 밖 거리에 배치된 군인들이었다. 전투복을 입은 남녀 군인들이 자동소총을 어깨에 메고 서 있었다. 충격적이고 비현실적인 장면은 마치 베이루트의 상황을 전하는 저녁 뉴스 영상처럼 보였지만, 그 배경에는 뉴욕시 검시국의 푸른색 벽돌 건물이 있었다. 퍼스트 애비뉴와 30번가에는 방어벽이 설치되어 있었다. 바로 이곳이 시신들이 옮겨지는 곳이었다.

나는 곧장 허시 박사의 사무실로 달려갔다. 내 눈으로 그가 무사한지 확인해야 했다. 책상 너머에서 파이프를 물고 있는 그의 모습을 보고 가슴을 쓸어내렸다. 충격 속에서 잠시나마 일상의 모습을 본 것 같았다. 나는 감정이 북받쳐 그를 힘껏 끌어안았다. 그가 고통에 비명을 질렀다. 그의 팔과 어깨에 커다란 보라색 멍이 가득했다. 그는 괜찮다며 나를 안심시키고, 의료진들이 아끼던 회색 양복 상의를 가위로 잘랐다며 농담까지 했다.

나는 사람들이 분주히 움직이는 30번가 쪽으로 나갔다. 경찰, 비상대응 요원, 군인들이 방어벽을 설치하고 임시 지휘소를 세우는 모습을 지켜보았다. 그때 F-16 전투기 여러 대가 굉음을 울리며 머리 위를 스쳐 지나갔다. 그걸 보는 순간, 이상하리만큼 평온해지는 걸 느꼈다. 긴장과 두려움이 몸에서 빠져나갔다. 아무리 끔찍한 상황이라도, 우리는 이겨낼 수 있었다. 우리는 함께였고, 무엇을 해야 하는지 알고 있었다.

묘한 고양감에 휩싸인 나는 지시를 받기 위해 조사 과장의 사무실로 향했다. 리처드는 도표 위에 몸을 웅크린 채, 30번가 영안실 입구에 속속 도착하는 시신들을 어떻게 처리할지 배치와 동선을 짜느라 분주했다. 대응 업무를 지휘하는 건 벅찬 일이었다. 게다가 우리는 여전히 일상적인 업무인 사망 조사와 부검을 계속해야 했다. 죽음은 재앙 속에서도 멈추지 않았다. 다만, 그날 뉴욕 전역에서 발생한 살인 사건은 1건뿐이었다. 브루클린의 베드퍼드 스타이베선트 지역에서 한 폴란드 이민자가 총에 맞아 숨진 사건이었다. 피해자는 새로 일하게 될 슈퍼마켓 '패스마크'로 가던 길이었다. 이 사건은 끝내 해결되지 않았다.

부국장은 두 개의 별도 체계를 운영하기로 결정했다. 하나는 월드 트레이드 센터 희생자를 위한 것이고, 다른 하나는 일상적인 업무를 위한 것이었다. '재난 영안실 운영 대응팀(DMORT, Disaster Mortuary Operational Response Team)'의 창설자 톰 셰퍼드슨의 도움으로, 검시관과 법의조사관들은 거의 하룻밤 만에 희생자들의 유해를 등록하고, 검시하고, 태그를 달고, 보관하는 시스템을 구축했다. 영안실 차고 앞 도로에는 임시 접수대 역할을 하는 들것이 놓여 있었다. 차고 안쪽에는 목제 선반 위에 긴 금속 트레이를 설치해 부검대로 사용했으며, 주변에는 각종 물품들이 담긴 상자가 어수선하게 쌓여 있었다. 시스템은 날마다 개선되었고, 지문 채취, 사진 촬영, DNA 채취, 증거 수집, 엑스레이 검사 그리고 법치과학(산산 조각난 시신의 치아 형태로 신원을 확인하는 가혹한 작업이었다)을 위한 별도의 부스가 추가로 마련되었다.

첫날은 리처드를 도와 인력을 관리하며, 사람들을 작업 구역이나 일상적인 조사 업무에 배정했다. 전국의 초동 대응자들과 전문가들로부터 빗발치는 전화에도 대응했다. 모두가 도움을 주고 싶어 했다. 몇몇 사람은 직접 우리를 찾아왔지만, 대부분 도움이 필요할 때까지 대기해달라고 부탁했다.

"네바다 주의 부보안관으로 근무하고 있습니다. 경비 지원이 필요합니까?"

"말씀은 고맙지만, 지금은 뉴욕 경찰과 주 방위군이 대응하고 있습니다. 만일을 위해 성함과 연락처를 알려주시겠어요?"

"저는 30년 경력의 검시관 겸 장례지도사입니다. 오클라호마시티 폭탄 테러 때도 협력했습니다. 데이터 입력도 잘하고, 뉴욕에 머물 곳도 있습니다. 제가 도움이 될 수 있을까요?"

물론이다.

며칠 안 되어 외부 작업장을 가릴 천막이 세워졌고, 곧 몰려올 수많은 자원봉사자들을 수용할 트레일러들이 도착했다. 뉴욕시 검시국만이 아니었다. FBI 조사관, 뉴욕시 경찰국 소속의 증거 전문가들, 형사들, 지문 기술자들, 성직자들, 시신을 나른 교정국 직원들, 법치과 의사들, 작업대를 만들어준 목수들 그 밖에도 수많은 사람들이 있었다. 무언가를 하고자 하는 열망, 힘을 모으고자 하는 마음을 가진 수백 명이 우리를 돕기 위해 모여들었다. 이런 사람들과 함께 일한다는 것은 벅찬 일이었다. 끔찍한 테러가 발생한 지 불과 며칠 만에 한 자리에 모인 많은 사람들이 강한 의지와 집중력을 발휘하며 열정적으로 움직였다. 현장은 긴장감으로 가득했고 '죽은 이들을 가족의 품으로 돌려보내야 한다'는 목적의식은 전류처럼 한 사람에게서 다른 사람에게로 전파되었다. 희생자를 찾아내고, 신원을 밝혀내고, 예우했다. 우리의 일상적인 업무가 순식간에 개인적인 사명이 되었고, 우리는 그 어느 때보다 강한 동지애를 느꼈다.

밤이 되면 나는 거리에 설치된 시신 접수대에서 근무했다. 현장에서 실려 온 시신 가방을 열어 유해를 분리하고 라벨을 붙인 뒤, 법의학자에게 부검을 맡겼다. 현장에서 일하는 소방관과 경찰들은 생존자 수색에 전념하고 있었다. 한 곳에 있던 유해가 하나의 시신 가방에 담겼지만, 대부분 여러 사람의 신체 일부가 뒤섞여 있었다. 온전한 시신은 거의 없었다. 한 번은 눈앞에서 들것 하나가 지나가더니 부검대로 곧장 옮겨지는 것을 보았다. 소방관의 시신이었다. 납작하게 짓눌린 그의 몸을 방화복이 간신히 붙들고 있었다. 그의 일그러진 얼굴을 보고 바로 시선을 돌렸다. 차라리 보지 않는 게 나았다. 또 다른 시신 가방을 열자, 그 안에는 단 세 가지가 들어 있었다. 사람의 심장, 자동차 열쇠, 그리고 성기. 그것들이 어떻게 연관된 것인지, 어디에서 발견된 것인지는 알 수 없었다. 으스러진 손 하나가 다른 사람의 흉강 안에 끼어 있기도 했다. 빌딩이 무너질 때 서로를 꼭 껴안고 있었던 걸까? 또 다른 몸통 안에는 갈비뼈 속에 두 개의 턱뼈가 박혀 있었다. 서로 다른 세 사람의 것이었다. 인간을 이런 상태로 만든 힘의 크기는 내 이해를 뛰어넘었다. 사람들은 말 그대로 증발하거나, 산산조각 나거나. 알아볼 수 없는 물질로 압착돼 있었다.

다음 날 아침, 허시 박사가 나를 사무실로 불렀다. 그는 월드 트레이드 센터 현장의 잔해를 조사하고, 재난 관리국(OEM) 사람들을 만나 모든 유해를 수습하기 위해 필요한 것을 평가할 계획이라고 했다.

그와 함께 가고 싶었냐고?

물론이었다.

＊

사람은 매일 비슷한 일상을 살아가며, 그런 일상이 언제까지나 계속될 거라 기대한다. 장소도 크게 변하지 않는다. 가끔 상점이 문을 닫고, 새로운 가게가 문을 여는 정도다. 내가 어릴 때 보던 월드 트레이드 센터 인근은 '라디오 로(Row)'라고 불리었다. 버려진 창고들과 수많은 전자 부품 가게들이 줄지어 있었고, 아버지는 그곳에서 자신의 취미를 위한 부품들을 사곤 했다. 그곳은 매립지 위에 형성된 오래된 지역으로, 맨해튼의 끊임없이 이어지는 건설 공사로 나온 수천 톤의 흙과 돌무더기가 해안가에 쌓여 있었다. 그 상점들은 1960년대에 월드 트레이드 센터 건설을 위해 철거되었고, 당시 파낸 토사는 섬을 확장하는 데 재사용되어 지금의 배터리 파크 시티가 조성되었다. 모래로 덮인 그 땅은 한때 해변으로 이용되다 이내 콘도미니엄이 들어섰다.

1970년대 초, 버려진 웨스트사이드 고속도로를 자전거로 달리던 기억이 난다. 워낙 낡은 도로였기 때문에 실제로 차 한 대가 아래로 추락한 일도 있었다. 도로가 끝날 때쯤 월드 트레이드 센터의 쌍둥이 빌딩이 우뚝 솟아 있는 모습을 볼 때면 그 아찔한 높이에 절로 압도되곤 했다. 건물이 완공되었을 때, 지역 주민들은 엠파이어스테이트 빌딩과 크라이슬러 빌딩을 담아 두었던 상자 같다고 조롱했다. 그래도 우리는 뉴요커다운 마지못한 애정으로 그 빌딩들을 좋아하게 되었고, 때때로 관광객처럼 꼭대기까지 올라가 장대한 도시의 전경을 내려다보곤 했다. 도시가 여러 차례 모습을 바꾸는 동안, 우리는 월드 트레이드 센터가 없던 시절의 도시를 완전히 잊어버렸다. 그 날이 오기 전까지는.

허시 박사와 나는 외곽에 차를 세우고 다목적 차량을 타고 현장으로 이동했다. 월드 트레이드 센터는 건물 7층 정도 높이에 달하는 거대한 잔해로 변해 있었다. 6만 5,000제곱미터에 이르는 재난 현장은 마치 원자폭탄에 의해 초토화된 것처럼 보였다. 사람들이 그곳을 '그라운드 제로(Ground Zero)'라고 부르는 것도 무리는 아니었다. 그러나 나를 비롯한 경찰, 소방관, 법의조사관, 그리고 현장의 수많은 작업자들은 그곳을 '잔해더미(the Pile)'라고 불렀다. 그래야만 그 참혹한 현장을 조금이라도 정상적인 것으로 받아들이고 감당할 수 있었던 것이다. 어쨌든 그런 의도였다. 우리는 수년 동안 그렇게 해왔고, 끔찍한 일들도 무심하게 불렀다. 세 사람이 살해당한 사건을 '트리플(triple)'이라고 하거나, 익사한 사람을 '플로터(floater)'라고 부르는 식이었다. 그렇게 함으로써 감정을 배제하고, 마치 일상적인 업무처럼 느껴지게 만들었던 것이다. 하지만 이번엔 규모가 달랐다. 전례가 없는 일이었고, 불가능한 과업이었다.

잔해더미에서 12m에 달하는 강철 기둥들이 성냥개비처럼 뻗어나와 있었고, 일부는 창처럼 인근 건물에 꽂혀 있었다. 타워의 거대한 은빛 외벽은 웨스트 사이드 하이웨이 위에 천 조각처럼 축 늘어져 있었고, 다른 건물에 생긴 깊은 상처를 덮는 담요처럼 보였다. 나는 완전히 감각을 잃었다. 모든 것이 거대한 규모였던 것이다. '잔해더미' 꼭대기부터 소방관, 경찰, 건설 노동자들이 인간 사슬처럼 줄지어 20리터짜리 양동이에 담긴 잔해를 아래로 나르고 있었다. 그들은 두 개의 우뚝 솟은 빌딩이 무너져 생긴 거대한 언덕에 비하면 너무도 작아 보였다. 지하에서는 여전히 불길이 타올랐고, 연기 때문에 숨이 막힐 정도였다. 일회용 마스크는 전혀 도움이 되지 않았으며, 금세 먼지로 막혀 버렸다. 나는 그 모든 규모에 압도되어 입을 다물지 못한 채 주변을 둘러보았다. 자신이 얼마나 작은 존재인지 실감하며 잔해더미 위로 올라섰다. 이곳이 1800년대에는 대장간이 있던 자리였고, 1900년대에는 공장이었으며, 나중에는 아버지가 모형 보트용 리모컨을 사던 전자 상점이 있던 자리였을까? 나는 과거 마리와 함께 앉아 있던 하늘을 올려다보았다. 언젠가 고고학자들이 이곳에서, 한때 고층 빌딩이었던 잔해더미를 발견하게 될까?

우리는 사무실, 기계, 가구, 그리고 사람들의 잔해가 발목까지 쌓인 먼지 속을 걸었다. 허시 박사는 지팡이를 짚고 절뚝거리며 고통스럽게 따라왔다.

"자네 우리가 지금 어디를 걷고 있는지 알겠나?"

"더 이상 아무것도 알아볼 수 없어요."

"여긴 묘지야. 우리는 수천 명의 사람들의 유해 위를 걷고 있어."

그날 아침 내내 우리는 거의 입을 열지 않았다. 볼 것이 너무 많았고, 할 말은 거의 없었다. 가로등 옆 모퉁이에 떨어져 있던 여객기의 착륙 장치, 반으로 휘어진 철문, 파괴를 피한 작은 물건들이 평범했던 일상을 아프게 상기시켰다. 홀인원 기념으로 만든 골프공 장식은 5센티미터 두께의 팬케이크처럼 납작하게 눌려 있었다. '내가 보스다!'라고 쓰인 빨간색 티셔츠를 입은 사자 인형, 수십 명의 동료들이 이름을 적은 생일 카드, 가족사진, 헬스클럽 회원증, 그리고 서류들. 타워가 붕괴될 때 사무실 밖으로 날아간 수많은 문서들. 너무 가벼워 파괴를 면한 것들이었다. 회사 이름이 인쇄된 봉투, 메모, 메모지에 적힌 낙서들, 데이터 출력물, 일상적인 직장

생활을 떠올리게 하는 자잘한 흔적들이 강물 위에 떠있었다.

우리가 현장을 떠나려는데, 한 직원이 우리를 막고 물로 신발 바닥과 차량 타이어에 묻은 두꺼운 흰색 먼지를 씻어냈다. 뉴욕시 소방국과 경찰국의 안전 요원들은 이미 그 물질이 위험하다는 사실을 알고 있었고, 우리가 그것을 밖으로 퍼트리지 않도록 주의를 기울였다. 환경보호청 청장 크리스틴 토드 휘트먼은 공기를 마셔도 안전하다고 말했다. 그럴지도 모른다. 하지만 여전히 작업자들을 위한 마스크와 호흡기는 충분치 않았다.

계획이 세워지고, 지원이 도착했다. 전국에서 모여든 재난영안실 운영 대응팀이 검시국을 돕기 위해 도착했고 그들을 위한 사무용 트레일러와 천막, 물자가 가득 실린 컨테이너가 설치되었다. 얼마 후, 퍼스트 애비뉴에서 강까지 이어진 30번가가 폐쇄되어 우리의 작업장으로 바뀌었다. 냉장용 트레일러 차량 행렬이 조지 워싱턴 다리를 건너왔고, 그 차량들은 시신을 보관할 임시 영안실로 사용되었다. 대형 참사에 의한 효율화와 공동의 목적을 지닌 사람들의 결의 덕분에, 이스트 리버 30번가 끝에 있는 공터는 하룻밤 만에 포장되었다. 16대의 트레일러가 두 줄로 세워지고, 그것들을 덮을 거대한 흰색 천막도 세워졌다. 목수들이 긴 트럭 안에 경사로와 선반을 설치하고, 천막 안에는 거대한 성조기를 걸었다. 그곳은 추모공원이라 불리며 희생자들을 위한 임시 안식처가 되었다. 각 트레일러 앞에는 커다란 화환이 놓여 있었고, 꽃은 매일 새로 교체되었다. 매주 금요일 오후가 되면 유가족을 위한 짧은 기도회가 열렸고, 불교 승려를 비롯한 다양한 종파의 성직자들이 모여 그들을 위로했다. 허시 박사도 가끔 뒤쪽에서 조용히 서 있다가, 아무도 모르게 떠나곤 했다.

천막 밖에 세워진 합판으로 만든 벽에는 매일 도착하는 수백 통의 편지와 카드가 놓인 긴 선반이 설치되어 있었다. 전국의 초등학교에서 감사 편지를 보내 우리를 격려했다. 전국 각지에서 달려온 경찰관, 검시국 직원, 법의학자들이 연대와 우애의 증표로 자신들의 기관을 상징하는 패치와 배지를 남겨 두었다. 거친 나무 벽에는 희생자 가족들과 구조대원들이 시와 쪽지 혹은 러브레터를 남겼다. 매직으로 쓴 용기와 상실에 관한 인용구, 압정으로 꽂힌 결혼식 사진, 어린아이가 그린 그림이 테이프로 붙여져 있었고 그 위에는 '엄마'라는 글자가 쓰여 있었다. 그것은 우리가 찾고 있는 사람이 누구인지를 떠올리게 해주었다.

제 16 장
무슨 수를 써서라도

인간의 적응력에는 새삼 놀라울 따름이다. 동시다발 테러가 있은 지 며칠 후 '구세군'이 음식 트럭을 끌고 검시국 앞에 도착했을 때, 작업자들은 금세 30번가에 합판으로 만든 긴 가건물을 세웠고, 그곳은 이내 사람들 사이에서 '살스 카페(Sal's Café)'라고 불리게 되었다. 어둡고 아늑하며 친근한 그곳은 제대로 된 식사를 하고 젖은 양말을 갈아 신을 수 있는 곳이었다. 또 동료들과 함께하는 곳이기도 했다. 따뜻한 음식으로 가득한 뷔페 테이블, 접이식 의자가 놓인 긴 식탁, 천장에 줄줄이 매달린 전구 그리고 절대 비는 일이 없는 커피포트가 있었다. 요리사들은 살리스버리 스테이크에 밥과 그레이비소스를 곁들인 요리나 진득한 맥 앤 치즈를 한 접시 더 먹으라며 권했다. 한 자원봉사자는 내게 킷캣과 리스의 '피넛버터컵'이 담긴 봉지를 건네주었고, 나는 금세 거기 중독되어 입이 심심할 때마다 마구 집어먹었다. 술을 마시는 것보다는 훨씬 나았다.

우리는 함께 어울리고 대화하며 인연을 쌓고 우정을 나눴다. 아침식사 땐 오클라호마에서 온 앨런과 루이지애나에서 온 척이 남부 특유의 느릿한 말투로 우리를 불렀다.

"바버라 씨, 좋은 아침이에요. 이리 와서 같이 앉아요."

검시국 직원들은 대부분 브루클린이나 퀸스 혹은 브롱크스 출신이었지만 그 느릿한 말투가 왠지 정겹게 들렸다.

우리는 금방 적응했고, 살스 카페는 우리의 새로운 집이 되었다. 카키색 유니폼을 입은 재난영안실 운영 대응팀 사람들은 교대 근무 사이에 카페에 들러 함께 어울렸다. 아무도 없는 호텔 방에 혼자 돌아가는 것보다는 나았으니까. 법의조사관들은 딱딱한 군용 침대에서 잤다. 회의실 바닥에 침낭을 까는 것보다는 나았다. 월드 트레이드 센터가 무너진 뒤 처음 몇 주 동안은 모든 면에서 '더 나은 것'이 기준이 되었다. 좋은 것도, 정상적인 것도 없었다. 불쾌하고 끔찍한 것이 넘치는 와중에 우리는 그나마 '더 나은 것'을 선택했다.

붕괴 당시 부상을 입은 직원들도 얼마 후 업무에 복귀했다. 법의학 부서의 앨빈은 머리 부상으로 빠졌지만, 다이앤은 다리 수술을 받고 휠체어에 앉아 근무했다. 인류학자인 에이미는 타워가 붕괴했을 때 공중으로 날아가 원 월드 파이낸셜 센터의 돌계단에 부딪쳐 얼굴을 다쳤다. 두 눈의 심한 타박상, 외상성 뇌손상을 입었음에도 이틀도 안 돼 업무에 복귀해 접수대로 실려 오는 시신을 관리 감독했다. 붕괴의 충격파가 몰아칠 때, 그녀는 남편이 눈사태에 관해 말해주었던 것을 기억해냈다. 외투를 걷어 올려 머리와 얼굴을 덮으면, 잔해에 깔려도 에어포켓이 생긴다는 것이었다. 그 이야기가 그녀의 목숨을 구했다. 외투가 머리를 보호해 주었고, 먼지와 연기를 덜 마실 수 있었던 것이다.

테러 공격을 받은 후 처음 이틀 간 약 20명이 구출되었다. 북쪽 타워에서 대피하던 한 기술자는 건물이 흔들리는 것을 느끼고 곧장 22층 계단에서 태아 자세로 몸을 웅크렸다. 그 후, 그가 기억하는 건 마치 모래 분사기에 들어간 듯한 거센 바람뿐이었다. 3시간 뒤, 지상 7층 정도 높이의 콘크리트 위에서 깨어나 보니 다리와 발목이 부러져 있었다. 붕괴 당시 플라자 층에 있던 항만청 직원 세 명은 9m 깊이의 잔해더미 아래 작은 공간에 갇혔다. 그들은 폭발과 화재로 목숨을 잃을 위험 속에서 13시간이나 갇혀 있었다. 한 명은 무거운 기둥에 깔려 목숨을 잃었고, 다른 두 명은 큰 부상을 입은 채 살아남았다. 마지막으로 또 한 명의 항만청 직원이 있었는데, 그녀는 북쪽 타워가 무너질 때 13층 계단에 있던 사무원이었다. 그녀는 27시간 동안 갇혀 있다 구출된 마지막 생존자였다.

그 이후로는 시신뿐이었다.

일주일이 지나도 생존자는 없었다. 우리는 더 이상 생존자가 발견될 가능성이 없다는 것을 알고 있었다. 큰 부상을 입지 않았더라도, 사람은 물 없이 사흘 이상 버틸 수 없다. 게다가 우리는 시신의 손상이 얼마나 심한지도 보았다. 살아남은 것은 기적이었다. 지휘부가 생존자 구조에서 시신 수습으로 작전을 전환하기로 했을 때는 모두 동요했다. 특히 소방관과 경찰들의 충격이 컸다. 구조는 그들의 본능이었고, 동료들이 아직 그 아래 어딘가에 있을 가능성이 조금이라도 있다면 포기하고 싶지 않았다. 하지만 그건 헛된 일이었고, 위험하기도 했다.

그때부터는 뉴욕시 건설관리국이 180만 톤에 이르는 잔해더미를 해체하는 작업을 맡았다. 뉴욕시 검시국은 유해 수습을 맡았고, 소방관과 경찰들이 동료를 찾겠다는 의지로 우리와 함께 일했다. 제복, 헬멧, 방화복 조각이 발견되면, 큰소리로 외치거나 휘슬을 불었다. 모두가 하던 일을 멈추었고, 비탄에 잠긴 동료들의 호위를 받으며 우리가 있는 곳으로 옮겨졌다. 법의조사관들은 24시간 잔해더미 위에서 일하며, 무언가 발견될 때마다 혹은 수습 지점으로 옮겨질 때마다 현장을 뛰어다녔다. 우리는 '센츄리 21' 마트 앞에 세워둔 트레일러 안에서 신중히 유해를 기록한 뒤, 라벨을 붙이고 영안실로 이송했다.

눈부시게 아름다운 10월의 어느 날, 나는 새로 채용된 수습 조사관 두 명을 데리고 현장으로 내려갔다. 어느새 익숙해진 잔해더미 위를 오르내리고 강철 기둥을 기어오르며 작업을 했다. 이렇게 아름다운 날에는 궂은 날보다 낫다며 일을 즐길 수도 있었다. 내가 부드러운 잔해더미를 밟는 순간, 눈앞에서 불꽃이 튀며 1.5미터 정도까지 치솟았다.

"가스 포켓이 터졌나봐."

나는 놀란 얼굴의 두 사람에게 그렇게 말했다. 우리는 어깨를 으쓱하고 작업을 계속했다. 지하에서는 3개월 남짓 간헐적으로 불길이 치솟았고, 크리스마스 직전에야 멈췄다. 우리는 연기뿐 아니라 온갖 발암 물질이 섞인 다양한 종류의 독소를 흡입했다. 초기에는 정말 어디서든 일했다. 검시국 영안실 앞의 접수처, 다운타운의 잔해더미, 30번가 끝자락에 마련된 추모 공원, 신원 확인팀에서 일했다. 평소처럼 법의조사관으로 일할 때는 오히려 낯선 느낌마저 들었다. 일상적인 업무 루틴이 필요했지만, 긴급 업무에서 벗어나 있다는 사실에 죄책감을 느꼈다.

뉴욕시 검시국 본부 내에서는 국장의 회의실이 신원 확인 부서로 바뀌었다. 긴 탁자에는 여러 대의 컴퓨터들이 놓여 있었고, 사방에 작업 공간이 생겼다. 우리가 찾아낸 유해와 실종자 가족들이 제공한 정보를 대조하기 위해, 여러 체계가 만들어졌다가 보완되었으며 전용 소프트웨어가 개발되면서 방대한 양의 데이터가 수집되었다. 가족 지원센터에서 작성된 설문지와 면담은 점점 더 세밀해졌다. 우리가 다루는 것이 시신이 아니라 파편이라는 사실을 알게 되었기 때문이다. 그리하여 현장에서 발견된 22,000점의 파편이 2,753명의 행방불명된 이들의 것으로 드러났다.

우리는 이상한 질문을 했다. 남편의 발 사이즈가 어떻게 되죠? 흉터가 있나요? 휘어진 발가락이 있었나요? 손톱이 길었나요? 아니면 짧았나요? 귓불의 크기는요? 손가락은 길고 가늘었나요? 아니면 짧고 굵었나요? 손톱을 물어뜯는 버릇이 있었나요? 남편들에게는 아내의 머리카락, 귀걸이 구멍, 결혼반지에 새겨진 글귀, 매니큐어 색깔, 페디큐어를 했는지 등을 물었다. 우리가 가진 정보로 대조하는 방법뿐이었다. 느리고 고통스러운 신원 확인이 이루어졌다. 어떤 가족은 수술 흉터와 인공 관절을 단서로 사망한 남편의 다리 하나를 받았고, 어떤 부모는 치과 기록으로 신원이 확인된 딸의 턱뼈를 묻었다. 그것이 딸에게 남은 전부였다.

희생자의 신원을 확인하는 일은 작은 성취에 불과했지만, 유족들에게 무언가를 줄 수 있다는 점에서 위로가 되었다. 아무것도 모른다는 사실이 너무나 고통스러웠기에, 작은 성과라도 큰 위로가 되었다. 어린 희생자의 부모가 찾아오면 장례 지도사와 조사관(주로 루벤이 맡았다)에게 따로 안내되었다. 루벤은 곧 신원 확인 팀의 책임자가 되었다. '아드님의 유해를 찾았고, 신원이 확인되었습니다. 삼가 고인의 명복을 빕니다.' 이런 소식은 언제나 복잡한 감정으로 받아들여졌다. 아들이 어디론가 훌쩍 떠난 게 아니라는 사실에 낙담하면서도, 아들의 시신을 찾았다는 안도감이 동시에 찾아왔다. 많은 이들이 장례조차 치르지 못한 상황에서, 적어도 묻어줄 수 있다는 사실이 위로가 된 것이다.

유족은 대개 이렇게 물었다.

"아들의 시신을 볼 수 있나요? 어디서 발견됐나요?"

루벤은 조심스럽게 답했다.

"죄송합니다. 일부 유해에 대해서만 말씀드릴 수 있습니다. 건물이 붕괴할 때 가해진 힘이 너무나 압도적이었습니다. 모든 것이 파괴되었습니다.”

부모들은 자식이 발견된 장소라도 알려달라며 매달렸다. 그럼 루벤은 조용히 격자 지도 위의 몇 군데를 가리켰다.

“여기……그리고 여기……또 여기입니다.”

우리는 최선을 다했다. 몇 시간 동안 잔해 속을 파헤친 뒤, 다시 근무에 투입되어 실종자 가족들로부터 정보를 수집했다. 모두가 힘들어했다. 허시 박사도 예외는 아니었다. 나는 그가 자원봉사 안마사들이 있는 천막 중 하나에 들렀다는 이야기를 들었다. 그는 갸우뚱한 얼굴로 나오더니 리처드에게 ‘에너지 흐름을 정비해 준다더군’ 하고 말했다고 했다. 나는 그가 괜찮은지 확인하러 갔다.

“국장님, 컨디션은 어때요?”

“고마워, 그럭저럭 괜찮아.”

그가 늘 하던 대답이었다.

“전에 다치신 게 아직 아프실 텐데, 안마사가 국장님 다리에 마법을 걸려고 했다는 얘길 들었어요.”

그는 크게 웃었다.

“아닐세, 난 괜찮아. 발목이 약간 뻐근할 뿐이야. 안마사가 꽤 재미있는 사람이더군. 뭘 하려고 했는지는 모르겠지만.”

이런 대화는 쉽지 않았다. 그는 나만큼이나 속내를 드러내지 않는 사람이었다.

“알겠습니다. 실은 조금 걱정이 돼서요. 큰일을 겪으셨잖아요.”

그는 파이프에 불을 붙이고 살짝 어색한 웃음을 지었다.

"다행이 건강 하나는 타고났다네, 괜찮아."

나는 더 이상 캐묻지 않는 게 좋다는 걸 알았다. 대화는 거기서 끝났다.

피곤한 건 몸만이 아니었다. 정신적으로도 지쳐 있었다. 찢어지고 그을린 소방관의 재킷은 정신적으로 강한 이들조차 눈물을 흘리게 했고, 진흙에 뒤덮인 결혼반지는 모두를 침묵하게 만들었다. 시간이 지나면서 몇몇은 술을 마시거나, 도박을 하거나, 바람을 피우며 일탈하기 시작했다. 2번가에 있는 '팔테(Fáilte)'는 어둡고 술도 넉넉히 따라주던 술집으로, 매일 밤 작업자들로 붐볐다. 그 중 일부는 단순히 어울리는 것 이상을 원하기도 했다. 가게 안쪽에 있는 어두운 구석 자리는 남들 눈에 띄지 않고 애정 행각을 벌이기에 안성맞춤이었다. 사소한 스캔들은 사람들의 기분 전환거리가 되었다. 특히, 희생자 가족들과 마주하며 겪는 고통에서 잠시나마 벗어날 수 있었기 때문이다. 그들의 고통은 피부로 느껴질 만큼 생생했고, 슬픔은 공기마저 짓누르는 듯했다.

사람들과의 관계가 삐걱거렸고, 나도 예외는 아니었다. 하루 종일 비극을 마주하다 집으로 돌아가 침실 벽을 무슨 색으로 칠할지, 휴가를 어디로 갈지 같은 사소한 일상에 대해 이야기하는 게 힘들었다. 우리는 신경이 곤두서 있었고, 쉽게 놀라고 쉽게 화를 냈으며 그것이 가족들을 멀어지게 했다. 어떤 기관에서는 9.11 작업자들을 위한 소책자를 만들어, 우리가 겪는 일을 어떻게 이해하고 대처할 수 있는지 설명했다. 나는 그걸 마리에게 건넸지만, 그녀는 읽어보지도 않고 옆으로 던져버렸다.

우리는 유가족들을 위해 열심히 일했다. 하지만 실수도 있었다. 초반에는 지문, 치과 기록, 액세서리 같은 몇 가지 항목이 일치하면 충분하다고 보고 신원 확인이 이루어졌다. 사람들은 사랑하는 이들의 소식을 애타게 기다렸고, 사망이 확인되더라도 아무것도 모르는 것보다는 낫다고 생각했다. 경추에 희귀한 선천적 질환을 가진 한 소방관의 유해가 가족에게 전달되어 매장되었다. 모든 유해에서 DNA 샘플을 채취했지만, 검사는 몇 달이 걸렸다. 그런데 검사 결과, 그것은 그 소방관의 유해가 아니었다. 기묘하게도, 그 유해는 같은 희귀 질환을 가진 또 다른 소방관의 것이었고, 심지어 두 사람은 같은 소방서에서 근무했다는 사실이 밝혀졌다. 그런 실수는 우리가 고인의 미망인이나 부모들에게 무덤을 파헤쳐 자신들의 가족이라고 생각했던 사람의 유해를 돌려달라고 부탁해야 한다는 의미였다. 그런 후에도 그들에게 돌려줄 수 있는 게 빈 무덤밖에 없는 경우도 있었다. 그것은 상상할 수 있는 가장 고통스러운 대화였고, 나도 여러 번 경험했다. 곧 절차가 바뀌었고, 모든 신원 확인은 DNA로 확증되어야 했다.

우리의 임무는 분명했다. 허시 박사는 '이 비극의 모든 희생자를 확인하기 위해 필요하다면 무엇이든, 시간이 얼마나 걸리든 할 것이다'라고 말했다. 하지만 우리는 지쳐 있었다. 리처드는 고맙게도 추가로 14명의 조사관을 채용할 수 있는 승인을 받아냈고, 덕분에 우리 팀의 규모가 거의 두 배로 늘어났다. 신속한 훈련과 일정 관리, 감독이 필요했기에 루벤과 내가 나란히 조사 부국장으로 승진했다. 요란한 절차는 없었다. 리처드의 사무실로 불려가 새로운 배지를 건네받고 '축하하네!'라는 말을 들었을 뿐이다.

나는 새 직위가 자랑스러웠지만, 한편으로는 현장 작업을 떠나는 게 내키지 않았다. 죄책감도 들었다. 동료들은 여전히 고된 일을 하고 있는데, 나는 책상에 앉아 있게 된 것이다. 루벤은 신원 확인 작업을 감독했고, 나는 유해 수습 작업을 맡아 각자의 팀을 이끌었다.

아이러니하게도, 개인의 죽음으로 정서적으로 큰 충격을 받았던 내가 이제는 한꺼번에 수천 건의 죽음을 직면하게 된 것이다. 유명한 말도 있지 않던가? '한 사람의 죽음은 비극이지만, 수백만의 죽음은 통계일 뿐이다.' 이것은 결코 통계가 아니었다. 하지만 개인의 죽음보다는 나은 면도 있었다. 적어도 고인의 집이나 생활 습관, 그들이 누구인지 알게 해주던 개인 물품들을 직접 보지 않아도 된다는 점에서 조금 덜 생생하게 다가왔다. 나는 잘 해내고 있다고 생각했지만, 스스로도 이해할 수 없는 분노가 불쑥불쑥 터져 나오기도 했다. 하루는 복도에서 우리 팀의 한 조사관이 루벤과 함께 복도에 서서 웃고 있는 모습을 보고 화를 낸 적이 있다. 나는 크게 기침을 하며 목을 긋는 손짓으로 그들의 입을 다물게 했다. 루벤은 어깨를 으쓱했을 뿐이고, 나는 분노에 사로잡혀 자리를 박차고 나왔다. 아마도 내 일상이 송두리째 흔들린 것에 화가 났던 걸지도 모른다. 아니면 괜한 피해망상이었을지도. 나뿐 아니라 다른 사람들에게도 우울감이 드리우기 시작했다. 검시관, 조사관, 재난영안실 대응팀 모두가 행동이 느려지고, 피곤해했으며, 종종 의기소침해 있었다. 때로는 그냥 이상하게 굴기도 했다.

새로 합류한 법의조사관 중 한 명인 매디는 월드 트레이드 센터 자리에 있는 영안실 트레일러에서 근무했다. 그녀는 트레일러 안에 있던 가구들을 자신이 좋아하는 방식으로 배치하곤 했다. 그녀는 다른 근무조의 조사관이 책상을 창가 쪽으로 옮기거나 간이침대에서 의자를 멀리 끌어내거나 하면 불같이 화를 냈다. 그녀는 공간을 함께 쓴다는 개념을 이해하지 못한 듯했고 급기야 '잔해더미'에서 일하는 한 건설 작업자에게 부탁해 가구를 전부 바닥에 볼트로 고정시켰다. 다른 조사관들이 불평을 쏟아냈다.

나는 그녀와 잠깐 이야기를 나눴다.

"매디, 왜 그런 거예요? 여긴 당신의 개인 트레일러가 아니에요. 모두가 여기서 일하잖아요. 가구를 고정할 순 없어요. 그러니 당신 친구를 다시 불러서 볼트를 다 풀어달라고 해요."

그녀는 완강했다.

"아뇨, 그러지 않을 거예요. 지금 그대로가 좋다고요. 옮길 수 없어요."

온통 파괴된 것들에 둘러싸여 있으면 사소한 것쯤은 대수롭지 않게 넘길 거라 생각할 수도 있다. 듣기에는 그럴듯해 보이지만, 그런 사소한 것들이 오히려 중요해지기도 한다. 주변이 온통 혼란에 빠져 있을 때는, 아무리 사소해 보이는 것이라도 자신이 통제할 수 있는 것에 집중하게 된다. 매디의 경우는 그것이 책상이 문과 직각을 이루고, 벽에서 정확히 약 60센티미터 떨어진 자리에 놓여 있는 것이었다. 나는 그렇게 이해했다.

우리는 최선을 다해 버텼다. 해야 할 일을, 할 수 있는 만큼 했다. 2002년 7월, 함께 일하던 형사 중 한 명이 우리도 뭔가 즐거운 일을 해야 한다며, 원하는 사람은 누구든 참가할 수 있는 칵테일 서비스가 딸린 유람선 투어를 예약했다. 모두들 기대하고 있었다. 몇 시간만이라도 긴장을 풀고 즐길 수 있는 기회였다. 투어 당일 아침, 나는 파티용 의상을 손에 들고 30번가에 있는 내 트레일러 사무실에 도착했다. 한편으론 그런 축제 분위기를 즐겨도 좋을지 망설여졌다. 어쩌면 1년 정도는 애도의 시간을 갖는 게 좋지 않을까? 생각이 바뀌면 참석을 취소할 참이었다. 벨뷰 병원의 남성 쉼터(전에는 정신과 병동이었다) 앞에 모여 있는 사람들이 보였다. 무슨 일인가 싶어 밖으로 나갔더니, 한 조사관이 내 팔을 붙잡았다.

"믿을 수 없는 일이 일어났어요."

그가 말했다.

"정말? 지난 1년 동안 별별 일이 다 있었는데, 정말 내가 못 믿을 일이라고요?"

나는 늘 그렇듯 냉소적으로 받아쳤다.

"정말이에요. 오늘 아침, 샌드라 변호사가 철책에 목을 맸어요. 바로……"

"뭐라고요?"

"바로 이 자리에서요. 벨뷰 병원 보안팀이 그녀를 끌어내렸어요. 목숨은 건졌지만, 의식불명이래요."

샌드라는 뉴욕시 검시국의 주임 변호사로, 50대의 상냥한 여성이었다. 얼마 전 그녀는 자신이 사람들에게 소외당하는 기분이 든다며 내게 하소연한 적이 있었다. 나는 뭐라고 대답해야 할지 몰라서, 다들 우리보다 젊고 자기들끼리의 무리가 있어서일 거라고 말할 수밖에 없었다. 당시엔 그런 이야기가 유치하게 느껴졌었다. 그런데 그들 중 몇몇이 화를 내면서도 그녀를 동정하고 이해하려 애쓰고 있었다.

"왜 하필, 그러니까 그녀가 안됐긴 하지만 왜 하필 우리 파티 날을 고른 거죠? 망치려는 것 같잖아요."

"그러게 말이에요, 그것도 이렇게 눈에 띄는 곳에서 왜 그랬을까?"

또 하나의 분노의 자살이었다. 자신이 고통 받고 있다는 걸 알리고, 어쩌면 소외당한 것에 대한 보복이었는지도 모른다. 나는 죄책감에 사로잡혔다. 혹시 내가 도움을 요청하는 그녀의 목소리를 무시한 건 아닐까? 나는 그저 그녀의 사회생활에 끼어들고 싶지 않았을 뿐이었다. 그녀의 감정까지 떠안고 싶지 않았던 것이다. 죄책감은 이내 분노로 바뀌었다. 내가 책임질 일은 아니었다. 나는 그녀에게 친절하게 대했다. 나도, 우리 모두도 휴식이 필요했다. 결국 그 날은 모두 유람선 투어에 참가했다.

9.11 테러 1주기를 맞아, 우리는 유가족들을 법의학 검시국과 추

모공원으로 초청해 추모 행사를 가졌다. 살스 카페에서 점심식사를 준비해 모두에게 제공했고, 밖에서는 햄버거를 굽고 있었다. 그때 신원 확인 팀의 매기가 걱정스러운 표정으로 다가와 말했다.

"바버라, 저 숯불구이 말이에요. 아무래도 냄새가⋯⋯유족들을 불편하게 할지도 몰라요."

그녀의 말이 맞았다. 그 냄새는 어떤 기억들을 떠올리게 했고, 불쾌한 감정들을 불러일으켰다.

우리의 생각을 바로잡아 준 것은 허시 박사였다.

"바버라, 인생은 계속되는 거야. 사람은 먹고, 싸우고, 사랑하고, 섹스도 하지. 그냥 흘러가는 거야. 파티를 해도 돼, 삶을 누려도 괜찮아."

*

9.11 동시 다발 테러 사건으로부터 겨우 8주가 흘렀을 무렵, 도미니카 공화국행 아메리칸 항공 587편이 JFK 공항에서 이륙 직후 퀸스의 벨하버 거리로 추락했다. 9.11과 그 후에 일어난 탄저균 우편 사건으로 곤두서있던 신경은 또 다른 테러가 일어난 게 아닌가 하는 생각에 흔들렸고, 두려웠다. 나는 검시국 차량을 타고 비행기가 추락한 현장으로 향했다. 아름다운 동네는 거센 불길에 휩싸여 있었고, 하늘에는 또다시 검은 연기가 치솟았다. 차에서 내려 항공기 잔해가 있는 쪽으로 다가가자 소방관들이 뒤로 물러나라며 우

리를 제지했다. 작업하기엔 너무 위험한 상황이었다. 제트 연료 냄새와 불길이 산산조각난 기체와 시신더미를 뒤덮고 있었다. 비행기에 타고 있던 260명 전원이 사망했고, 지상에 있던 5명도 사고에 휘말려 숨졌다. 리처드는 비좁은 사무실에서 세 번째 비상체계를 가동해야 한다는 생각에 벅차 보였고, 내게 현장에서의 시신 수습과 영안실 업무를 맡겼다.

퀸스와 브루클린 사무소에서 온 조사관들과 합류해, 추락 현장에서 수 킬로미터 떨어진 플로이드 베넷 필드의 빈 격납고에 임시 영안실을 설치했다. 소방관들이 시신을 수습해 우리에게 보냈다. 나는 시신 가방, 카메라, 장갑 등의 물품을 요청한 뒤 뒤로 물러나 조사관들이 효율적으로 라벨을 붙이고, 사진을 찍고, 시신을 가방에 담는 모습을 지켜보았다. 그들은 자신이 해야 할 일이 무엇인지 잘 알고 있었다. 재난에 대응하는 숙련된 전문가들이었다. 나는 불에 탄 시신 사이를 조심스럽게 지나다, 불에 그슬린 팔에 아기를 꼭 안고 있던 여인의 유해 앞에서 고개를 돌렸다. 나는 작업 팀을 꾸리고, 서류를 처리하고, 지친 조사관들을 위해 피자를 주문하는 일에 몰두했다. 나는 어느새 대규모 참사 관리자가 되어 있었다. 문득 미스터 웰스와 도시 곳곳을 누비며 살인 사건을 조사하고, 형사들과 어울리던 시절이 그리워졌다. 아득히 먼 옛날 일처럼 느껴졌고, 이상할 정도로 순수하게 다가왔다.

이런 상황에 지친 리처드는 점점 부주의해졌다. 그 어리석은 바람둥이는 늘 더 예쁜 조사관들을 편애했는데, 이번만큼은 도가 지나쳤다. 어느 날, 그가 내게 말했다.

"매디에게 연락이 왔는데, 애를 봐줄 사람이 없어서 오늘 저녁 근무를 못한다는군."

젠장, 근무 시작까지 고작 한 시간밖에 남지 않았는데 어떻게 다른 사람을 구하란 말인가? 결국 나는 조앤에게 정신없는 금요일 밤 맨해튼과 브롱크스를 동시에 맡아 달라고 부탁해야 했다. 그동안 나는 그녀의 담당인 병원 사건 즉, 응급실이나 입원 중에 사망한 이들을 맡아야 했다. 우리 둘 다 완전히 지쳐 있었고, 몹시 화가 났다.

다음 날, 샘이 살스 카페에 들어와 수다를 떨기 시작했다.

"어젯밤 양키스 경기장의 거대 스크린에 찍힌 커플이 누구였는지 알아?"

"글쎄, 신부랑 랍비? 아니면 마스코트랑 당나귀? 알 게 뭐야."

프랭크가 말했다.

우리는 그런 걸 추측할 기분이 아니었다.

"리처드랑 매디!"

문제는 리처드는 매디가 야근을 한 것처럼 근무카드를 기입하고, 루벤에게 서명해 달라고 했다는 거였다. 그는 거절했다. 허시 박사가 리처드를 자신의 사무실로 불러 면담을 했다. 방에서 나온 리처드는 주먹으로 벽을 세게 쳤다. 그리고는 문을 박차고 나가 다시 돌아오지 않았다.

국장이 나를 조사 과장으로 임명하자, 루벤이 불같이 화를 냈다.

자신이 그 직책을 맡을 거라 믿고 있었던 것이다. 그는 허시의 사무실에서 나와 나를 유족 대기실로 끌고 갔다.

"그 자린 내 거야! 내가 얼마나 노력했는데. 건강도, 가족도 다 내팽개치고 죽을힘을 다해 일했는데, 이건 불공평해!"

루벤의 말에도 일리가 있었다. 그는 나보다 거의 2년 먼저 입사했고, 폐렴에 걸렸을 때도 하루 12시간씩 신원 확인 팀에서 일했다. 그는 자격이 있었다. 하지만 허시 박사는 현실적으로 판단했다. 루벤이 꼭 필요한 곳은 신원 확인 부서였다. 그는 그곳에서 좋은 성과를 내고 있었고, 복잡한 시스템을 속속들이 알고 있었다. 9.11 희생자 유가족들의 신뢰도 두터웠다. 조사과 운영에 필요한 것은 외교적 수완이었다. 통제 불능에 사기가 꺾인 조사관들을 다잡을 수 있는 사람이 필요했다.

상사가 나를 신뢰해준 것은 기뻤지만 외교적 수완? 결코 쉬운 일이 아니었다. 시간이 지나면서 나는 허시 박사가 유능한 행정가가 아니라는 사실을 깨달았다. 그는 정책을 세우고 법의학적 업무를 감독하는 데 뛰어난 수석 검시관으로, 그 이외의 업무는 부관들에게 맡겼다. 처음 만났을 때 그가 내게 직접 말했듯이 말이다. 그는 올곧은 사람이었고, 다른 이들 또한 그렇게 행동하리라 믿고 싶어했다.

*

2003년 10월의 어느 화창한 오후, 스태튼 섬행 페리가 세인트 조지의 콘크리트 부두에 충돌해 산산조각 나면서 선실에 있던 승객들이 사고를 당했다. 뉴욕시 검시국은 다수의 사망자와 중상자가 발생했다는 연락을 받았다. 법의조사관들은 서둘러 현장으로 향했다. 희생자의 신원을 정확히 확인하려면, 시신이 옮겨지거나 증거가 사라지기 전에 초동 대응자들과 협력해 수습 작업을 하는 것이 필수적이다. 프랭크 디파올로가 그 일을 맡았다. 그는 새로 합류한 법의조사관 중 한 명이었지만, 조직 운영과 지휘 수완이 뛰어난, 타고난 재난 관리자였다.

허시 박사가 내 사무실로 들어왔다.

"바버라, 자네 팀이 뛰어난 건 알지만, 아무래도 상황이 심각해 보여. 페리에는 1,500명의 승객이 타고 있었다는군. 그만큼 많은 사람들이 승객들의 생사를 걱정하고 있을 걸세. 신원 확인을 서둘러야 할 걸세. 부검보다, 다른 어떤 것 보다 먼저 말이야."

"알겠습니다. 재난 관리국(OEM)이 구 청사에 가족 지원 센터를 설치해서, 이미 수백 명이 그곳에 모여 있다고 들었습니다."

"그렇군. 우리가 탈 보트를 준비해주겠나?"

허시가 말했다.

"직접 가시려고요?"

"그래요. 이번 건은 자네와 내가 맡기로 하죠."

우리는 34번가 부두에서 항만 경찰대 보트를 타고 이스트 리버를 따라 스태튼 섬으로 향했다. 현장은 화려하면서도 질서 정연한 혼돈 그 자체였다. 6천 명을 수용할 수 있는 대형 선박 앤드루 J. 바버리호는 우현 아래쪽 전체가 처참하게 찢겨져 있었다. 내부는 주황색과 노란색 플라스틱 의자가 뒤엉켜 있고, 구명조끼가 흩어져 있었으며, 바닥에는 선명한 핏자국이 남아 있었다. 우리 팀은 여전히 현장을 수습 중이었고, 확인된 사망자는 10명 이상이었다. 내부 갑판에서는 절단된 사지들이 여럿 발견되었고, 중상을 입어 인근 병원으로 급히 이송된 환자도 70명에 이르렀다. 우리는 프랭크를 찾아 전략을 논의했다. 시신은 더 많은 자원이 있는 맨해튼으로 이송하기로 했지만, 유족과의 만남은 현장에서 진행하기로 했다. 혼잡하던 대기실은 사람들이 기다리던 전화를 받고 나가면서 서서히 비어갔다.

승객이 직접 전화를 걸어 자신이 무사한 것을 알리기도 하고 재난 관리국에서 온 연락을 받는 사람도 있었다. '아내 분이 세인트 빈센트 병원에서 수술 중입니다. 저희가 병원까지 모셔다 드리겠습니다.' 어쨌든 살아 있다는 소식이었다.

외부 검안 과정에서 상처나 문신 같은 특징이 발견되면 기록하고 사진을 찍었다. 그렇게 수집된 자료가 곧바로 우리에게 전달되었고, 우리는 가족들을 개별적으로 만나 정보를 확인했다.

"희생자의 바지 주머니에서 남편 분의 운전면허증을 발견했습니다. 사진을 보고 그가 맞는지 확인해 주시겠습니까?"

어떤 이들은 비명을 질렀고, 어떤 이들은 울음을 터트렸으며, 또 어떤 이들은 말없이 고개를 끄덕였다. 나는 최근 결혼한 한 젊은 여성에게 남편의 흉터나 문신 같은 특징을 알려달라고 부탁했다. 그의 머리가 짓눌려 사진을 보여줄 수는 없었다. 그러나 그가 소지하고 있던 지갑 속 물건, 발의 흉터, 팔에 새겨진 문신으로 그녀의 남편이라는 걸 확인할 수 있었다. 나는 그녀에게 사실을 알렸다. 그녀는 바닥에 쓰러져 남편을 부르며 울부짖었다. 그녀의 고통이 방 안을 가득 메웠다. 그녀는 혼자였고, 나는 바닥에 무릎을 꿇고 그녀를 안고 다독여주었다.

그날 밤은 늦게까지 일했다. 사망자는 10명. 구 청사의 삭막한 대기실에서 유족에게 사망 소식을 전할 때마다 가슴 아픈 광경이 반복되었다. 승객 전원의 신원이 확인되었다. 사람들은 떠나고, 일부는 생애 최악의 소식을 들었다. 그때 한 적십자 자원봉사자가 다가왔다. 문가에는 걱정스러운 표정의 여자가 서 있었다.

"선생님, 저 분이 아직 정보를 듣지 못한 것 같아요. 남편이 가끔 이 배를 타는데 아직 연락이 없답니다. 사망한 것이 아닌지 걱정하고 있어요."

"신원 확인은 모두 마쳤습니다. 그 분은 여기 계시지 않아요. 저 분을 이쪽으로 데려오세요."

여자가 긴장한 얼굴로 우리 쪽으로 다가왔다.

"전 검시관 찰스 허시입니다. 남편 분은 사망자 명단에 포함되어 있지 않아요. 승객들의 신원은 모두 확인되었습니다."

"그럼 저희 남편은 어디 있는 거죠? 어느 병원으로도 실려 가지 않았어요."

허시가 그녀의 손을 부드럽게 잡았다.

"지금쯤 어디서 한 잔 하고 있을지 모르죠. 그렇게 믿고 돌아가세요."

그녀가 미소를 지었다. 프랭크가 놀란 표정으로 그녀가 떠나는 모습을 지켜보았다.

"국장님, 왜 그런 말씀을 하신 거죠?"

"긍정적으로 생각하는 게 좋지 않겠나? 오늘 밤은 나쁜 소식만 있었으니까."

허시 박사와 나는 경찰 보트를 타고 사무실로 돌아왔다. 지친 우리는 말없이 어두운 물결만 바라보고 있었다.

마침내 허시가 입을 열었다.

"정말 힘든 밤이었어."

제 17 장
그게 정치다

1962년 허시 박사가 의과대학을 졸업했을 때, 그는 원래 일반의가 되어 알래스카에 진료소를 열 계획이었다. 그러나 병리학 임상 수련이 그 모든 계획을 바꿔 놓았다.

법의병리학과 신경병리학 레지던트 과정을 마친 뒤, 그는 공군 의무대에 입대해 독일에 배치되었다. 클리블랜드와 볼티모어에서 법의관으로 근무하고 서퍽 카운티에서 국장을 지낸 후, 1989년 에드 코치 시장에게 발탁되어 뉴욕의 수석 법의관으로 임명되었고, 약 25년 뒤 은퇴할 때까지 그 자리에 있었다.

허시 박사에게 있어 모든 것은 과학이었다. 과학, 의학, 정의. 운영이나 예산이 아니었다. 그는 2007년 내가 비서실장으로 승진했을 때, 자신이 싫어하는 모든 일을 나에게 넘겼다. 나로서는 운영개선, 협상, 시장실과의 긴밀한 협력 등 내가 하고 싶었던 모든 일을 할 수 있는 최고의 자리였다. 나는 무언가를 새로 만들고, 우수한 인재를 채용했으며, 그렇지 않은 이들을 배제하고, 유능한 이들과 일했다. 프랭크 디파올로는 조사 과장이자 늘 곁을 지키는 부국장이 되었고, 타고난 재능을 발휘해 일을 성사시켰다. 운영의 달인이었던 그는 뉴욕시 검시국에 재난 대응팀을 창설하고 체계를 갖춤으로써 미국 최고의 대규모 사망 사고 관리 전문가가 되었다. 우리는 2004년 수마트라 섬 지진, 2005년 런던 지하철 폭탄 테러, 2006년 허리케인 카트리나 같은 재난 현장을 지원하기 위해 국내외로 파견되었다. 이후 몇 년에 걸쳐 태국, 홍콩, 노르웨이로 가서 우리의 전문성을 공유했다.

언제나 조사관들을 가르치는 것을 좋아했던 나는, 새로운 직책 덕분에 법의과학 훈련 프로그램을 설립할 기회를 얻었다. 이는 연방 정부와 범죄 소설 작가 패트리샤 콘웰의 지원 덕분에 가능했다. 패트리샤는 뉴욕을 배경으로 한 최신 스릴러 작품을 준비하며 배경 조사를 위해 나를 찾아왔고, 우리는 곧잘 어울렸다. 나는 그녀가 법의학 연구와 교육을 후원한다는 사실을 알고, 도움을 요청해도 나쁠 것 없다고 생각했다. 그녀는 우리의 기대를 훨씬 뛰어넘는 지원을 해주었고, 우리는 최고의 인재들을 고용해 아카데미를 운영할 수 있었다. 교육은 과학 수사 전문가 에드 윌리스가 이끌었고, 교수진은 미국 최고의 전문가들로 구성되었다. 전국의 법의조사관들을 교육했으며, 곧 수백 명의 대기자가 생겼다.

나는 법의조사관을 내 꿈의 직업이라고 생각했지만, 이 일은 그 이상으로 특별한 경력이었다. 알코올 중독자 모임에서 들었던 말처럼 '내가 상상조차 하지 못했던 삶'이었다.

나는 사건 조사에 대한 열정을 잃지 않았고, 살펴보고 풀어야 할 문제들은 어디에나 있었다. 한 번은 한 노인의 시신을 추적하는 과정에서, 영안실이 여전히 1950년대식 기록 관리 시스템을 사용하고 있다는 사실을 알게 되었다. 이름은 장부에 수기로 작성되어 있었고, 습한 지하실에 보관되다 곰팡이에 의해 훼손되었다. 우리는 하트 섬의 공동묘지에서 수백 구의 시신을 발굴해야 했고, 결국 몇 주가 지난 뒤에야 그 노인이 잘못된 이름으로 냉동고에 보관되어 있는 것을 발견할 수 있었다. 그리하여 전자 기록 관리 체계로 교체되었다.

약독물 검사에도 문제가 있었다. 결과가 나올 때까지 하염없이 기다려야 했고, 실험실은 고장 난 장비와 시든 화초들로 가득했다. 조직학도 예외는 아니었다. 지하실에는 수천 개의 장기가 담긴 표본 병이 줄줄 새고 있었고, 거미줄 사이로 비대해진 비장과 탁한 액체에 떠있는 경화된 간이 보였다. 보관 기한이 없는 것일까? 나는 사람들을 해고하고, 외부 자문을 고용하고, 운영을 재설계했다. 끝없는 회의를 열고, 또다시 사람들을 해고했다. 쉽지 않은 일이었다. 처음 해고한 사람은 밤 12시부터 아침 8시까지 조사관으로 일하던 무능한 외과 의사였다. 내가 의사를 해고하다니, 이상한 기분이 들었다.

"마리노 박사, 밤에 호출을 해도 전혀 응답하지 않더군요? 경찰을 몇 시간이나 기다리게 하다니, 그런 태도는 용납할 수 없어요."

"아니에요, 오해입니다. 전파가 닿지 않았던 거라고요."

"그게 말이 된다고 생각해요? 당신은 브루클린에 있잖아요."

"장애 지역이었나 보죠. 자기장 같은 게 방해한 건지도 모르고요."

나는 그의 자존심을 건드려 보기로 했다.

"제발 그러지 말아요. 당신은 존경받는 외과 의사잖아요. 이런 건 당신의 품격에 어울리지 않아요. 부탁이니, 그냥 사직하세요."

놀랍게도 그는 정말 사직했고, 심지어 내게 고맙다고까지 했다.

물론, 늘 그렇게 쉬운 건 아니었다. 나는 최대한 친절하게 하려고 했지만, 해고는 해고였다. 그리고 누구도 '개인적인 판단이 아니다' 같은 말을 듣고 싶어 하지 않았다. 화를 내고, 고함을 지르고, 위협하는 사람도 있었다. 가장 최악이었던 건 내가 상사가 되기 전, 조사관이었을 때 함께 근무하던 동료들로부터 들은 말이었다.

"바버라, 당신은 변했어. 당신은 이제 우리의 동료가 아니야."

그 말에는 상처 받았다.

일에 몰두한 나머지, 허시 박사에게 배웠던 것을 잊고 있었다. 충성심의 가치, 인간의 불완전함과 나약함에 너그러워지는 법 같은. 나는 시스템을 완벽하게 만들고, 더 나은 조직을 만들겠다는 열망에 사로잡혀, 정작 그 조직을 움직이는 사람들을 돌보는 것을 잊어버렸다. 많은 이들이 내가 하는 일을 인정했다. 더 나은 근무 환경과 승진 기회라는 결과가 눈에 보였기 때문이다. 하지만 동시에 적도 많이 생겼다. 한 무능한 부서장은 공무원 신분이라 해고할 수 없었다. 나는 그녀를 행정직으로 이동시켰다(참고로, 연봉은 그대로였다). 그녀는 유리벽으로 된 방 안에서 전화를 받고, 서류를 알파벳순으로 정리해야 했기 때문에 게으름을 피울 수 없었다. 그녀는 자리에서 물러나야 했지만, 그렇게까지 가혹할 필요는 없었다. 그녀는 내가 강등시킨 또 다른 직원과 함께, 논란이 생길 때마다 「뉴욕 포스트」에 전화를 걸어 나에 관한 근거도 없는 소문을 퍼트렸다. 그들은 대놓고 내게 보복했다.

나는 더 이상 오전 부검에 참석하지 않았다. 총상의 탄흔에 대해 토론하는 대신, 주 2회 열리는 경영 회의에서 예산 발표와 실험실에서 검사 결과가 나오기까지 걸리는 시간에 대해 듣고 있어야 했다. 허시는 이런 회의를 몹시 싫어했고, 30분만 지나도 손가락으로 탁자를 두드리기 시작했다. 허시의 주의를 끌고 유지하는 것도 내일의 일부라고 생각했던 나는 사람들이 사소한 세부 사항에 매몰되면 서둘러 회의를 진행시켰다. 2012년 말, 월요일 오전 회의에서 DNA 연구소장이 입을 열었다. 실험실에 문제가 있다는 것이었다.

"문제를 해결하기 위해, 시간외 근무 예산을 늘려주셨으면 합니다."

그녀가 말했다.

"그렇게는 안 됩니다. 예산은 1년 전에 이미 책정됐다고요, 문제가 뭔가요?"

내가 물었다.

그녀는 잠시 망설였다.

"그게……증거 기술자가 있었는데, 일을 잘 못했어요. 오랫동안 성폭행 검사 키트와 증거를 잘못 다루고 있었습니다."

그녀의 말을 듣고 허시는 탁자를 두드리던 손을 멈췄다.

"왜 해고하지 않았죠?"

연구소장은 당황했다.

"노조 문제도 있고, 공무원 규정도 있어서 간단히 해고할 수 없었습니다. 인사과에서도 도와주지 않았고요. 수차례 재교육을 시키고, 경고도 했지만……"

내가 그녀의 말을 잘랐다.

"그래서 그녀는 지금 어디 있습니까?"

그녀는 결국 해고되었다. 그녀의 업무를 점검하는 과정에서 감독관이 위음성 사례를 발견한 것이다. 그녀는 증거물에서 정액이나 혈흔이 발견되지 않았다고 보고했지만, 실제로는 있었다. 어려운 작업도 아니었다. 키트를 신중히 개봉하고, 시약(화학적·생물학적 분석에 쓰이는 물질)을 사용해 체액 여부를 검사하고, 결과를 기록한 뒤 DNA를 추출하는 실험실로 보내기만 하면 되는 일이었다. 그 증거 기술자, 세리타 미첼은 아예 검사도 하지 않고 눈으로만 얼룩이 있는지 대충 확인했을 뿐이었다. 규정을 어기고, 작업대 위에 두 개의 키트를 동시에 열어두고 증거를 뒤섞는 일까지 있었다. 그녀는 「뉴욕 타임스」 기자의 질문에 '문제가 있었다면, 다른 사람 때문이지 내가 한 일이 아니다'라고 답했다.

연구소장은 그녀가 처리했던 800개가 넘는 키트를 재검사하기 위해 수십 명의 직원에게 초과근무를 시켜야 했다. 그 과정에서 더 많은 위음성 사례가 발견되었다. 증거물에서는 새롭게 27명의 DNA 프로파일이 발견되었고, 그 중 19건은 증거가 뒤섞이거나 잘못 보관되어 있었다. 그 중 하나의 프로파일이 FBI의 전과자 데이터베이스에 보관된 10년 전 사건의 DNA와 일치하는 결과를 보였다. 게다가 10세의 아이가 피해자였던 사건이다. 이건 단순히 정의가 제때 실현되지 않았을 뿐 아니라, 가해자의 다른 피해자들에게는 아예 정의가 외면당했을 가능성도 있다. 심각한 상황이었다.

"이 사실을 언제까지 감출 생각이었습니까?"

격노한 국장은 얼음처럼 차가운 목소리로 말했다. 그는 연구소장을 정직시키고, 나에게 임시 소장직을 맡아 달라고 요청했다. 비과학자가 국가 최대 규모의 DNA 연구소를 운영하는 것은 이례적인 일이었고 논란의 소지도 컸다. 하지만 허시는 반드시 조사관이 들어가 문제를 철저히 파헤치길 원했다. 행정적·법의학적 지식을 모두 갖춘 인물이 문제의 원인을 밝혀내고, 다시는 같은 일이 일어나지 않도록 막으려 한 것이다.

나는 그 막중한 임무에 두려움을 느꼈다. 우리가 일을 제대로 하지 않으면, 정의는 실현될 수 없었다. 혹시 우리의 실수로 강간범들이 풀려난 것은 아닐까? 혹은 무고한 사람이 잘못된 판결을 받은 것은 아닐까? 이미 유죄 판결이 나온 사건들도 다시 다뤄야 하는 걸까? 연구소의 명예가 걸린 일이었다. 나는 허시를 실망시키고 싶지 않았다. 반드시 바로잡아야 했다. 나는 사명감에 사로잡혔다. 그러다 '회복 중인 알코올 중독자를 위한 취업 프로그램'에서 직업 훈련을 받던 때를 떠올렸다. 그곳에서 나는 다른 사람들과 좋은 관계를 유지하고 겸손해지는 법을 배웠다. 힘들 땐 도움을 청하면 된다는 것도.

나는 미국 최고의 전문가를 영입했다. 법의학자, 연구소장, 연구소 감독관, 시스템 분석가까지 겸하는 인물이었다. 그리고 모든 직급의 직원 수십 명을 인터뷰했다. 많은 이들이 부서의 문제점을 지적하기를 주저하지 않았다.

"책임지는 사람이 전혀 없습니다. 저희는 세 사람이 부서 전체의 일을 떠맡고 있습니다."

"부서 간 소통이 부족합니다. 이미 끝난 일을 반복하느라 시간을 낭비하고, 최종 검토와 보고서를 제때 제출하는 사람도 없습니다."

"복수의 프로파일을 위한 통계 분석 도구에 결함이 있어, 오류의 위험이 있습니다."

"직원용 화장실의 변기 뚜껑을 항상 열어두는 사람이 있어요."

감독과 교육이 부족했고, 편애가 있었으며, 과학적 정확성을 보장하는 엄격한 절차를 따르지 않는 경우도 있었다. 이것은 단순한 절차가 아니다. 정의가 실현되도록 보장하기 위한 규칙이었다. 목숨이 걸린 일이었다. 나는 과거 12년에 걸친 기록을 샅샅이 조사하고, 모든 파일을 확인해 과실을 찾아내 시 감찰관에 보고했다.

꼬박 1년이 걸렸지만, 많은 문제들을 밝혀내는 동시에 장점도 찾아냈다. 대부분의 직원들이 뛰어난 인재였다는 것이다. 정의와 공공서비스에 헌신한 일류 과학자들이 무능한 경영과 비효율적인 시스템 탓에 능력을 발휘하지 못했던 것이다. 예를 들어, 소장은 이미 시판 중인 시약이 있는데도 굳이 자체적으로 새 시약을 개발하는 팀을 꾸리고 있었다. 마치 주말 내내 욕실용 세제를 직접 만들고는 월요일에 더러운 욕조를 마주하는 것과 같았다. 락스 한 병만 사면 될 일이었는데 말이다. 과학자들은 사건 분석을 우선해, 결과가 나오기까지 지나치게 긴 소요 시간을 단축하는 데 집중해야 했다.

결국 해고된 그 기술자가 맡았던 843건을 재검토한 결과, 전과자 데이터베이스와 일치하는 DNA 프로파일 2건이 발견되었다. 몇 년 전에 이미 발견되었어야 했던 것이다. 첫 번째 DNA는 용의자의 체포와 기소로 이어졌지만, 원고가 증언을 거부해 사건은 기각되었다. 두 번째 DNA는 같은 해 발생한 또 다른 성폭행 사건의 범인과 일치했으나 피해자의 소재가 파악되지 않았다. 우리는 그녀의 DNA를 미확인·실종자 데이터와 대조했고 그 결과, 그녀가 이미 2007년에 사망했다는 사실을 알게 되었다. 정의가 실현되지 못한 사건은 2건이었다. 다행히 우리의 실수로, 무고한 사람이 유죄 판결을 받은 사례는 없었다.

2013년 초, 허시 박사가 호흡기 질환으로 병원에 입원했다. 상태는 심각했다. 심정지가 와서 거의 1분 동안 사망 상태에 있다가 의사들이 소생시켰다. 내가 그에게 어땠냐고 묻자, 그는 이렇게 대답했다.

"흥미롭더군. 하지만 빛의 터널 저편에서 누군가 '돌아가, 아직 때가 아니야'라고 말해주는 사람은 없었어."

그는 웃었지만, 나는 걱정이 되었다.

그는 마지못해 은퇴를 결정했지만, 그것이 기관과 가족을 위해 최선의 선택이라고 믿었다. 나도 그가 옳다는 걸 알았다. 9.11 이후 그의 건강은 나날이 악화되었다. 그는 딸과 어린 손자들과 더 많은 시간을 보내야 했다. 나는 복잡한 심경이었다. 그의 부재가 두렵기도 했지만, 그에게 배운 모든 것에 자신이 있었고, 그의 유산을 이어가겠다는 굳은 결심도 있었다.

뉴욕 시장 마이클 블룸버그는 바버라 샘슨 박사를 국장 대리로 임명했다. 샘슨 박사는 허시를 보좌하던 인물로, 과학과 진실 그리고 무엇보다도 청렴을 중시하는 그의 진정한 제자였다. 그와 마찬가지로, 그녀도 정치나 행정 업무에는 관심이 없었고 방침을 정한 뒤 실행은 다른 사람 말하자면, 나 같은 사람이 맡기를 원했다. 우리는 좋은 팀이었고, 나는 조직을 근본부터 개선할 수 있다는 생각에 들떠 있었다. 우리가 함께 내린 첫 번째 결단은 정직 중인 DNA 연구소장을 해임하는 것이었다. 그녀는 훌륭한 과학자이자 선량한 사람이었으며 오랜 동료이기도 했다. 그러나 연구소를 효율적으로 운영할 능력은 부족했다. 우리는 대부분의 과학자들이 훌륭한 관리자는 되지 못한다는 사실을 점점 더 분명히 깨닫게 되었다.

이 결정은 좋은 평가를 받지 못했다. 우리는 '두 바버라'라고 불렸다. 앞으로 나아갈 길이 순탄치 않을 듯했다. 연구소 직원들 중

많은 이들이 전임 소장과 그녀의 너그러운 방식을 좋아했기 때문이다. 다가올 변화에 불만을 품은 이들도 있었고, 아마 약간의 불안도 느꼈을 것이다. 전임 소장과 가까웠던 과학계 친구들 중에는 기관의 실패를 그녀에게 전가한 것이라고 생각하는 사람도 있었다. 우리는 '경솔하다'는 비판을 받았지만, 비난을 피하는 유일한 방법은 아무것도 하지 않는 것이었다. 하지만 우리는 그렇게 할 생각이 전혀 없었다. 우리는 계속 밀고 나갔고, 해야 할 일을 했으며, DNA 연구소에 대한 보고서를 시장실에 제출했다. 시장은 분개했고, 사태를 신속하고 공개적인 방식으로 해결하라고 지시했다. 시의회는 공개 청문회를 열어 우리가 직접 어떤 실수가 있었고, 그 결과가 무엇이었으며, 앞으로 어떻게 대응할 것인지 설명하도록 했다. 또한 우리에게 날카로운 질문 공세를 퍼부었다.

"당신들의 실수 때문에 억울하게 유죄 판결을 받은 사람은 몇 명입니까?"

(없습니다.)

"연구소에 그런 허술한 과학자가 또 없는지 어떻게 알 수 있습니까?"

(새로운 품질 관리 프로그램과 엄격한 검토 시스템을 도입했습니다.)

"당신들의 과실 때문에 납세자들이 얼마나 큰 비용을 떠안게 되었습니까?"

(초과근무 수당과 자문 비용으로 수십 만 달러가 들었습니다.)

"이런 사태를 왜 더 빨리 알아차리지 못했습니까?"

(소장이 우리에게 알리지 않았습니다. 다시는 그런 일이 없을 것입니다.)

선출직 의원들은 분노했다. 마치 마을 주민들이 갈퀴를 들고 나와 휘두르는 것처럼. 그들은 우리를 호되게 질책했는데, 이는 대중에게 자신들이 얼마나 열심히 봉사하고 있는지 보여주기 위한 일종의 퍼포먼스에 불과했다. 우리에게 문제를 해결하기 위한 자원과 무엇이 잘못되었는지를 살펴 다시는 반복되지 않게 힘을 실어주는 편이 훨씬 효과적이었을 것이다. 그러나 그런 건 대중에게 좋은 '볼거리'가 되지 않는다. 분노하는 편이 더 눈에 띄는 것이다.

바버라와 나는 새로운 소장을 찾기 시작했고, 결국 연구소 조사를 위해 고용했던 전문가를 소장으로 채용했다. 그는 마치 토네이도처럼 시스템, 품질 보증, 감독, 인사, 운영, 연구소 구조를 재정비했다. 그는 곧 적체를 해소하고 검사 결과가 나오는 시간을 단축하기 위한 야심찬 목표를 세웠다. 물론 TV 드라마처럼 DNA 샘플을 기계에 넣으면 불빛이 깜빡이며 ATM 명세서처럼 용의자의 이름이 출력되는 그런 기적은 이룰 수 없었다.

시의회 청문회가 끝이 아니었다. 몇 달 뒤, 뉴욕 주 법과학위원회가 연구소의 변화에 대해 비공개 청문회를 열었다. 위원회 자리에 앉아본 사람이라면 권력을 쥐고 다른 사람을 몰아세우는 게 얼마나 즐거운 일인지 알 것이다. 그러나 우리가 법률 대리인은커녕 단순한 자문의 동석조차 거부당할 줄은 예상하지 못했다. 새로운 소장과 나는, 서로 이야기하지 못하게 하라는 지시를 받은 경비원과 함께 대기실에 앉아 있었다. 그것만으로도 불길한 예감이 스쳤지만, 그 시점에 우리가 할 수 있는 일은 거의 없었다. 그들은 연구소의 인증을 박탈할 권한을 가지고 있었다.

청문회가 시작되자, 나는 우리가 발견한 실수와 소장을 해임할 수밖에 없었던 이유 등을 차분히 설명했다. 그러자 한 위원이 나를 뚫어지게 바라보며 추궁했다.

"그러니까, 사람들이 실수를 하면 해고해야 한다는 거군요?"

"아니요, 제 말은 그게 아닙니다. 하지만 체계적인 문제가 있고, 제때 대응하지 못했을 경우에는……"

"아하! 제때 대응하지 못했다는 거군요?"

그는 승리감에 젖은 듯 서류를 흔들었다.

"당신의 실수는 뭐죠, 바버라? 이 보고서에는 당신을 해임해야 한다고 쓰여 있는데요?"

그가 무슨 이야기를 하고 있는지 알았다. 2002년 무렵, 케빈이라는 조사관이 커다란 종이봉투를 들고 내 사무실로 찾아왔다. 봉투 안에는 월드 트레이드 센터 잔해 속에서 나온 뒤틀린 금속 조각이 들어 있었다.

"감식반 형사가 이걸 당신에게 전해달라고 부탁하더군요. '잔해 더미'의 기념품이라면서요."

그때 누군가 내게 말했던 게 떠올랐지만, 잊고 있었다.

나는 봉투에서 금속 조각을 꺼냈다.

"세상에, 이게 거실 탁자 위에 놓여 있다 상상해 봐요. 대단한 기념품이로군."

즉흥적으로 나온 말이었다. 9.11 '기념품'이라는 발상에 대한 내 당혹감을 표현하려는 것이었다. 나는 고개를 저으며 그것을 옆으로 치웠다. 이틀 뒤, 나는 그 물건이 여러 이유로 내가 가져서는 안 될 것임을 깨달았다. 그래서 다른 조사관에게 그걸 '잔해더미'에 다시 가져다놓으라고 했다. 그건 당시 우리 모두가 했던 수많은 작은 행동 중 하나였지만, 3년 뒤 케빈은 이 일을 조사과에 보고했다. 그들은 나를 심문한 뒤 징계를 권고하는 보고서를 내놓았고, 나는 그걸 받아들였다. 해임 사유까지는 아니었지만, 케빈은 〈뉴욕 포스트〉와 〈데일리 뉴스〉에 연락해 내가 9.11 기념품을 수집을 한다는 헛소문을 퍼트렸다.

내가 법과학위원회에 그 모든 것을 설명하자, 질문을 한 위원이 소리쳤다.

"아니에요! 보고서에는 당신이 해고되어야 한다고 되어 있어!"

"그럴 리 없습니다."

내가 대답했다.

"보고서를 보여주세요."

그는 거부했지만, 나는 물러서지 않고 그에게 보고서를 빼앗아 권고 내용을 소리 내 읽었다.

"국장은 필요하다면 적절한 징계 조치를 고려해야 한다."

그는 격분했다.

청문회는 마녀사냥이었고, 어설픈 희극이었으며, 유치한 권력 과시였다. 게다가 뷔페도 있었다. 위원들은 내가 심문받는 동안 실제로 점심을 먹었으며, 내게는 아무것도 제공되지 않았다.

하지만 그게 정치였다. 경찰이었던 아버지가 늘 하던 말이다. '시에서 일하지 마라. 그들은 널 씹어 삼킨 뒤 뱉어버릴 거다.' 그의 말이 옳았다.

위원회에서 우리가 연구소장을 해임한 것에 분노한 것은 분명했다. 전임 소장은 오랫동안 이사회 멤버였고, 위원들과 친구 사이였다. 다만, 그들이 당장 할 수 있는 일은 많지 않았다. 그 무렵, 마이클 블룸버그가 퇴임하고 빌 드 블라시오가 뉴욕 시장이 되었다. 그는 인사위원회를 구성해 경찰국, 보건국, 소방국, 교정국 그리고 검시국의 수장 같은 최고위직 인사들을 뽑았고 나는 그가 어떻게 나올지 지켜보기로 했다. 인사위원회에는 법과학위원회의 몇몇 위원들, 새 시장의 친구들도 포함되어 있었다. 처음에는 나와 상관없는 일이라고 생각했었다. 시청에서 걸려온 전화를 받기 전까지는.

"당신은 나가야 합니다."

부시장이 말했다.

"나가요? 어디로요?"

나는 그녀가 하는 말을 바로 이해하지 못했다.

그들은 이유를 말해주지 않았다. 개인적인 이유가 아니라는 말조차도 없었다. 나는 시장의 뜻에 따라 일하는 사람이었고, 그게 전부였다.

그렇게 내 모든 직무가 끝났다. 22년간, 내가 상상할 수 있는 가장 멋진 경력, 그 모든 경험과 지식, 기쁨과 고통이 끝난 것이다. 내 집과 같았던 조직을, 내게 가족과 삶의 목적을 주었던 기관을 떠나야 했다. 나는 충격을 받았다. 복부에 펀치를 맞은 것처럼 숨이 막히고 두려움이 밀려왔다. 이 일은 내 정체성 그 자체였다. 누군가 '자기소개를 부탁한다'고 하면, 나는 가장 먼저 '뉴욕시 법의학 검시국의 바버라'라고 말했을 것이다. 이제는 뭐라고 말해야 할까?

이 일 없다면, 나는 누구일까?

제 18 장
밑바닥 그리고 부상

나는 이건 또 다른 '신의 계시'라고, 인생의 다음 단계로 나아가라는 강한 채찍질이라고 스스로에게 되뇌었다. 친구들도 동의했다.

"힘들겠지만, 이게 오히려 인생의 전환점이 될 수도 있어. 네 삶을 돌아보고, 정말 중요한 게 무엇인지 다시 생각해보는 거야. 잠깐 쉬어 간다고 생각해."

나는 그 말이 고맙긴 했지만, 쉬어 간다고?

그럴 일은 없었다.

나는 계획이 있었다. 장대한 계획이.

내 컨설팅 회사를 차릴 생각이었다. 업계 최고의 사람들을 데려와 함께 일하는 것이다. 허시 박사처럼 말이다. 그는 회의에 참석하지 않는 조건으로, 명예 회장직을 수락했다. 재난 관리와 조사에 관한 교육 및 자문을 할 예정이었다. 부국장이던 프랭크 디파올로를 데려와, 자체 전문가가 없는 관할서를 위해 시스템을 구축할 계획이었다. 전국의 미제 사건을 맡아 유가족들에게 정의를 실현해 줄 수도 있었다. 나는 선량하고 뛰어난 전문가들을 알고 있었고, 그들에게 관료주의와 정치에서 벗어날 기회를 주고 싶었다. 정직하게 일하며, 돈이 있든 없든 사람들을 돕고 싶었다. 나는 바로 행동에 들어갔다. 회사를 설립하고, 로고와 명함을 만들고, 사람들을 만나고, 인맥을 구축했다. 정치 후원 행사에 나가고, 교직에 지원했다. 한 지역 대학에서 법과학 과정을 신설해 달라는 제안도 받았다. 나는 이제 검시국이나 시장실 없이도 해낼 수 있었다. 한 방송국 프로듀서가 법과학 게임 쇼 제작에 참여해 달라고 요청했을 때도 나는 이렇게 대답했다.

"좋아요, 당연히 할 수 있죠!"

나는 이런 프로젝트들을 시작했고, 마케팅 전략과 사업 계획을 세우고, 최고의 법과학 전문가들과의 미팅을 주선했다. 그러다 일이 벌어졌다. 서서히, 그러다 물밀 듯 밀려왔다. 흔히 하는 말처럼. 법과학 프로그램 교재를 쓰기 시작했지만, 2페이지쯤 되자 기운이 빠져 멍하니 종이만 바라보고 있었다. 한 시간이 흐르고, 두 시간이 흘렀다. 식욕이 사라지면서, 급격히 살이 빠졌다. 몸이 무거워졌다. 기대하던 웹사이트 운영도 감당하기 힘들었다. '캔디 크러시' 게임조차 버거웠다. 무언가에 집중하는 것이 힘들었다. 처음에는 하던 일을 하지 못했고, 이내 침대에서 일어날 수도 없게 되었다. 나는 우울했고, 그런 상태는 점점 더 심해졌다. 대학 학장에게 전화를 걸어 도저히 못하겠다고 사죄했다.

네바다에서 자살 예방 단체를 위한 강연을 하기로 한 것도, 취소해야 했다. 도저히 할 수 없을 것 같았다. 한없이 우울했다. 내 상태를 설명하자 그들도 이해해 주었다. 다행히 그들은 내가 우울증 때문에 자살 예방 강연을 할 수 없다는 아이러니를 굳이 언급하지 않아도 될 만큼 친절했다.

나는 허시 박사가 은퇴한 뒤 몇 차례 찾아가기도 했고, 그가 가끔 우리 집에 저녁을 먹으러 오기도 했다. 하지만 우울증이 깊어지면서 나는 그에게(다른 누구에게도) 전화를 걸지 않게 되었다. 몇 달 동안 그를 보지 못했고 그 사실에 마음이 불편했다. 하지만 모든 게 불편한 상황이라, 어쩔 수 없었다. 나는 2016년 4월에서야 그에게 전화를 했다. 우린 밀린 이야기를 나눴지만, 내 무넘넘한 목소리가 속내를 드러내고 말았다.

"바버라, 괜찮은 거지?"

그가 물었다.

"물론이죠, 조금 피곤한 것뿐이에요."

잠시 주저하는 사이, 목이 메었다.

"사람들이 그리워요. 그 시절도요."

"나도 그래. 다들 그립지. 하지만 다른 것들은 아니야. 밖에는 또 다른 삶이 있어. 난 그걸 즐길 거야."

그는 행복해 보였다. 나는 곧 찾아가겠다고 약속했다.

다음 날, 허시 박사가 자택에서 세상을 떠났다. 그는 평생 건강하게 지냈지만 9.11 이후 생긴 호흡기 문제가 악화되어 여러 차례 입원을 했다. 내 삶의 한 부분이 통째로 사라져버린 듯한 기분이었다. 그는 내게 많은 것을 해주었고, 수많은 일을 함께 겪었는데도 나는 그를 내 마음속에 붙잡아둘 수 없었다. 그는 완전히 사라져버린 것 같았다. 과거는 그와 함께 검시국으로 돌아가고 싶다는 아쉬움과 후회로 얼룩졌고, 미래는 아무것도 없는 텅 빈 공간이었다. 희망도, 꿈도, 바라는 것도 없었다. 그의 추도식에서 동료들은 내가 마치 약에 취한 사람처럼 보였다고 말했다.

　우울증은 점점 깊어져 매 순간이 잿빛 고통으로 물들었고, 기쁨은 흔적도 없이 사라졌다. 나는 어떤 것도 즐기지 못했다. 맛있는 햄버거도, 시원한 음료도, 하루를 채워주던 작은 기쁨과 당연하게 여겼던 사소한 일들마저 모두 사라졌다. 지하철에서 웃고 떠드는 사람들의 모습을 보았다. 누군가와 연결되어 있다는 게 어떤 기분이었더라? 기억나지 않았다. 나는 늘 음식을 즐기던 사람이었지만 이제는 입안에서 쓰디쓴 재처럼 느껴져 삼키기도 힘들었다. 책을 읽는 것도, TV를 보는 것도 더 이상 의미가 없었다. 집중할 수도 없었다. 두려움이 모든 것을 물들였고, 끊임없이 솟구치는 불안이 나를 갉아먹었다. 법의조사관으로 살아온 세월은 인간이라는 존재가 얼마나 취약한지, 죽음이 늘 가까이 있다는 것을 확인시켜주었다. 대규모 참사를 겪으며 나는 우주가 불공정하고 예측 불가능하다는 것, 그 거대한 질서 속에서 개인의 삶은 아무 의미가 없다는 확신을 품게 되었다. 삶은 공허했고, 나 역시 마찬가지였다. 나에게 정체성과 하루를 살아갈 목적을 주던 일이 사라지자, 나는 아무것도 할 수 없게 되었다. 더 이상 무언가를 통제하고 있다는 착각조차 하지 못했고, 그저 두려웠다.

우울은 거짓말쟁이다. 지금의 상태가 앞으로도 영원히 이어질 거라고 속삭인다.

존재의 고통, 육체와 정신 그리고 감정의 모든 고통이 버틸 수 없을 만큼 컸다. 나에게 보이는 길은 하나뿐이었고, 나는 그 길을 따랐다. 수많은 자살을 지켜본 세월은 내가 스스로를 죽이는 행위에 반감을 갖게 했다. 어쩌면 어떤 종교의 말이 맞을지도 모른다고 생각했다. 나는 다시 같은 삶을 반복해야 하거나, 지옥에 떨어지거나, 신의 분노를 사서 벌을 받게 될지도 모른다. 허시는 내게 실망했을 것이다. 내 유일한 계획 그리고 유일한 희망은 어느 위험한 동네에서 날아든 총알에 머리를 맞는 것이었다. 나는 이미 열차 사고, 비행기 추락, 산사태, 대형 참사를 겪은 것이나 다름없는 상태였다.

그냥 지나갈지도 모른다고 생각했다. 내가 심각한 상황이라는 걸 깨닫지 못했다. 다행히 주변 사람들의 눈에는 분명히 보였던 모양이다. 그들은 내게 당장 필요한 도움을 받으라고 권했다. 때로는 부드럽게, 때로는 단호하게 말했지만 단 한 번도 정신 차리라거나 네가 가진 것에 감사하라는 말은 하지 않았다. 그들은 내가 고통 속에 있다는 걸 알았다. 그래서 다른 정신과 의사를 찾아가거나, 다른 약이나 치료법을 시도하거나, 외출을 하거나, 운동을 하라며 나를 밀어붙였다. 나는 새로운 약을 시도했고, 자기장을 이용한 신기한 치료까지 받아보았다. 그러나 운동이나 외출만큼은 할 수 없었다. 그것만은 도저히 무리였다. 아무것도 효과가 없었고, 우울증은 더 깊어졌다. 마침내 의사가 입원을 권유했다. 나는 이미 아무것도 바라지 않게 되었지만, 그 순간 내 안에서 뭔가가 움직였다. 살아 있다는 것을 실감할 수 있는 아주 작은 징조를 느꼈다. 나는 눈물을 흘리며, 그렇게 하겠다고 대답했다. 두려웠지만, 이미 한계에 다다랐다는 것을 알았다.

　시간이 다 됐다.

＊

　'힐 하우스'는 호텔스 닷컴에도 올라와 있을 법한, 숙박 요금이 걱정스러운 아름다운 시설이었다. 쿠폰을 사용하면 묵을 수 있을까? 기품과 역사가 깃든 저택에는 프렌치 도어와 랄프 로렌 스타일의 가구가 놓여 있었고, 건물 정면에는 나지막한 잔디밭이 펼쳐져 있었다. 푹신한 갈색 가죽 소파에 앉아 사려 깊은 심리 치료사와 자상한 의사들에게 문제를 털어놓고, 수채화 수업을 듣거나 종이접기를 했다. 함께 있던 환자들은 음주나 불안 문제를 겪는 부유한 여성들이었는데, 햇볕에 그을린 피부와 탄탄한 몸매 그리고 하이라이트를 넣은 금발이 인상적이었다. 여기선 안전하다고 느껴졌다. 첫날 겪은 신체검사만 빼면 분위기도 꽤 괜찮았다. 이런 곳이라면 충분히 견뎌낼 수 있겠다는 생각이 들었다.

하지만 무심코 죽고 싶다는 말을 내뱉은 순간 모든 게 끝이었다. 그때부터 나는 새로운 그룹에 들어가게 되었다. 이른바, 감금 그룹이었다.

주스 바도, 도서관도, 시냇물 소리를 들으며 걷던 아침 산책도 사라졌다. 나는 응급 치료 병동, 언덕 위에 있는 포플러 나무 그늘에 가려진 진짜 정신병동으로 옮겨졌다. 의사의 동의 없이는 나갈 수 없는 곳이었다. 다락방에 갇힌 미친 여자까지는 아니었지만, 거의 비슷했다. 병동에서는 고급스러운 생활 같은 건 기대할 수 없었다. 옅은 갈색 나무 가구와 종이 시트가 깔린 침대가 놓인 청결한 방뿐이었다.

모든 방에는 최소한의 물건만 있었다. 몸을 씨르거나, 목 을 매거나, 눈을 찌를 만한 것이 전혀 없었다. 종이 시트로 목을 맬 수도 없었다. 찢어져 버릴 테니까. 보드 게임 '스크래블'의 타일로 질식사를 시도하는 것도 불가능하다. 다른 보드 게임들과 마찬가지로, 캐비닛에 넣고 잠겨 있었기 때문이다. 따뜻한 뷔페 요리도, 은식기도 없었다. 구내식당 스타일의 음식은 알루미늄 용기에 담겨 트럭으로 실려 왔고, 마치 자기 돈으로 사서 나눠주는 양 인색한 표정의 여자가 조금씩 덜어 주었다. 얄팍한 플라스틱 포크와 숟가락뿐, 칼은 없었다. 디카페인 커피는 하루 종일 마실 수 있었지만, 차를 마시고 싶을 때는 그 인색한 여자에게 가져다 달라고 부탁해야 했다. 그것도 하루에 2잔까지만 허용되었다. 포테이토칩이나 '피그 뉴턴'

쿠키 등이 있었지만, 불안한 기운이 감도는 검은 눈동자의 젊은 남자가 게걸스럽게 먹어 치웠다. 모두가 얌전하게 굴면 밤에 아이스크림을 먹을 수 있었다.

나는 공식적으로 정신질환 환자가 되었다.

병동에는 참으로 다양한 사람들이 모여 있었다. 자신이 왕족이라고 주장하는 시끄러운 러시아 여자, 재미있고 친절하지만 자살 충동에 시달리던 역사학 교수, 가정 폭력 피해자였던 젊고 예쁜 여자는 자신이 단지 사고를 잘 당할 뿐이라고 주장했다. 마치 영화 《뻐꾸기 둥지 위로 날아간 새》의 주연 오디션을 보는 듯한 지나치게 마초적인 남자도 있었다. 하루는 낯익은 여성이 입원했다. 어디선가 본 듯한데 도무지 기억이 나지 않아 답답했다. 예전에 데이트를 했었나? 함께 일했던가? 기억이 나지 않아 두려웠고, 점점 더 제정신을 잃어간다는 공포가 엄습했다. 어느 날, 집단 치료에서 그녀가 감독 이야기를 꺼냈고 그제야 나는 그녀가 내가 좋아하던 드라마에 출연했었다는 사실을 깨달았다. 우리와 마찬가지로, 그녀도 그저 삶의 채널을 바꾸고 싶었던 것이다.

나는 정신과 의사들과 면담했고, 그들은 내게 전기충격요법(ECT)을 권했다. 나는 두려웠다. 《뻐꾸기 둥지 위로 날아간 새》에서 잭 니콜슨이 입에 재갈을 물고 묶여 있던 장면이 떠올랐다. 그리고 이어지는 경련. 목이 뒤틀리고, 얼굴의 근육이 조여지고, 사지가 난폭하게 떨리는 끔찍한 광경. 이건 정말 미친 짓 같았지만, 나는 절박했다. 마지막 수단이라고 생각했다.

첫 치료 날, 새벽 6시에 야간 간호사가 와서 나를 깨우고 아트로핀 주사를 놓았다. '타액으로 질식하지 않도록' 하기 위해서였다. 정말 친절한 배려로군. 나는 다시 잠들었다가 7시 30분에 일어나 8시 예약 시간에 맞춰 준비했다. 입은 바짝 마르고 눈은 건조해서 따끔거렸다. 한 시간 뒤에도 여전히 두려움에 손을 비비며 치료를 기다리고 있었다. 오전 9시에 간호사 마크가 와서 조금 늦어질 거라고 말했다. 오, 세상에. 왜? 누군가 머리에 불이 붙었나? 치료 중에 누군가 눈을 떴나? 나는 일어날 수 있는 최악의 상황을 모두 떠올렸고, 이 상황이 빨리 끝나기만을 빌었다. 침대 가장자리에 앉아 울음을 참고 있었다. 젊은 사람이 곁에 있어서 내가 의젓한 척이라도 할 수 있었다면 좋았을 텐데. '별 거 아냐. 피부가 좋아진다는 말도 있던데?' 같은 말을 하면서.

마크가 돌아와 나를 치료실로 데려갔다. 밝고 작은 방, 중앙에는 침대가 놓여 있고 머리맡에는 다이얼과 스위치가 잔뜩 달린 기계가 있었다. 마치 '베스트 바이'의 고급 오디오 매장 같았다. 러시아 곰처럼 몸집이 큰 K 박사가 기계를 조정하는 동안, 마취과 의사가 수액 주사를 준비하고 있었다. 마크는 내 팔과 다리를 묶고 전극을 내 몸 곳곳에 붙였다. 내가 덜덜 떨고 있는 것을 보고 그가 담요를 덮어주었다. 침대 아래쪽에는 심정지에 대비한 빨간색 응급 카트가 놓여 있었다.

"약제의 유효기간은 다 확인하셨죠?"

내가 물었다. 그는 웃으며 진정하라고, 괜찮을 거라고 말했다.

"알았어요. 아, 그런데 제세동기는 충전돼 있나요?"

의사가 내 머리에 차가운 젤을 바르며 말했다.

"전극이 더 잘 붙도록 하기 위해서예요."

나는 천장의 불빛을 뚫어지게 바라보며 소리 내어 기도했다.

"하느님, 제발 저를 도와주세요. 부탁이에요."

K 박사가 내게 몸을 기울이며 자상하게 말했다.

"하느님이 아니라 내가 도와줄게요."

그는 내 얼굴에 마스크를 씌웠다. 초콜릿 냄새가 났다.

"산소를 들이마셔요. 좋아요, 숨 쉬세요."

두려움이 몰려오자 나는 세게 공기를 들이마셨다. 내 옆에 서있던 마취과 의사가 손등에 정맥 주사를 놓고는 다른 일을 하러 돌아섰다.

그리고 나는 깨어났다. 같은 방. 같은 사람들.

"끝났나요?"

그들이 내 팔과 다리를 고정했던 벨트를 푸는 것을 보며 물었다.

"네, 잘 끝났습니다. 조금 쉬었다가 아침식사를 하시면 돼요."

이게 다라고? 메스껍고 다리 근육이 뻣뻣했지만 그 외에는 평소와 다를 바 없었다. 마크가 나를 휠체어에 태워 회복실로 데려갔다. 나는 도망치듯 다시 잠들려고 했지만, 밝은 방에서는 좀처럼 잠이 오지 않았다. 얼마 후, 시간이 얼마나 지났는지는 모르겠지만 간호사가 나를 일으켜 휴게실로 데려갔고, 나는 진저에일과 크래커를 먹었다.

나는 한 달 동안 주3회 전기충격요법을 받았다. 한 번도 문제가 생긴 적은 없었지만, 나는 매번 두려움에 떨었다. 벨트에 묶여 다른 사람들의 통제 아래 있었기 때문일까? 아니면 기억을 잃고 다른 사람이 되어 버릴까봐 두려웠던 것일까? 나도 모르겠다. 그러나 그 공포가 너무 강렬해서, 1년이 지난 뒤에도 초콜릿 냄새를 맡으면 공황 상태에 빠졌다.

나를 대하는 간호사와 의사들의 태도에도 놀랐다. 그들은 이 모든 게 지극히 평범한 일인 것처럼 자연스럽게 행동했다. 모든 게 순조로웠고, 우리는 단지 어떤 문제를 함께 해결하러 여기에 온 것뿐이라고 말하는 것처럼. 그들은 마치 내가 동료이자 치료 파트너인 것처럼 대했다. 내가 좋아하던 한 간호사는 다 아는 듯한 미소를 지었다. '이 상황이 좀 이상하긴 하지만 괜찮아요, 당신은 미친 게 아니라 잠시 균형을 잃고 흔들린 것뿐이에요. 곧 나아질 거예요'라고 말하는 것처럼. 나는 안심이 되었고, 존중받는 느낌이었다. 내가 자신을 아무것도 아닌 것처럼 느끼던 때, 그들은 내가 누군가인 것처럼 대해주었다.

하지만 병원의 규칙은 끊임없이 내가 스스로에게 위해를 가할 수도 있는 존재임을 상기시켰다. 직원들은 명단을 들고 15분 간격으로 복도를 돌아다니며 우리가 살아있는지 확인했다. 밤에도 마찬가지였다. 삐걱거리는 문소리와 복도의 불빛 때문에 나는 15분 간격으로 눈이 떠졌다. 하루에 서너 번 테라스로 나갈 수 있었다. 테라스는 굵은 철책으로 둘러싸여 있었고, 위쪽은 탈출 방지용 철망으로 덮여 있었다. 테라스로 나갈 수 있는 15분 동안 대부분의 사람들은 하루에 2개비로 정해진 담배를 피웠다. 직원이 담배를 하나씩 나눠주며 불을 붙여주었다. 몇 안 되는 비흡연자 중 한 명이었던 나는 운동 삼아 한쪽 팔을 크게 흔들며 테라스 한쪽 끝에서 다른 쪽 끝까지 빠른 걸음으로 걸었다. 다른 쪽 팔은 바지가 흘러내리지 않도록 붙잡고 있어야 했다. 입원한 뒤 체중이 더 빠졌지만, 벨트는 허용되지 않았다. 철책 끝에 다다를 때마다 나는 나무와 잔디밭 그리고 완만한 언덕을 바라보며 자유로운 세상을 떠올렸다. 내 안의 일부는 다시 자유로워지길 갈망했지만, 대다수의 목소리는 여기서 어떤 요구도 받지 않고 안전하게 지내는 편이 낫다고 말했다. 나는 있는 그대로 느낄 수 있었고, 억지로 괜찮은 척할 필요가 없었다. 연기하는 것을 완전히 멈출 수 있었다. 강한 척, 용감한 척, 확신에 찬 척, 끔찍한 현장을 보고도 태연한 척하지 않아도 됐다. 그것 자체가 해방이었다. 또 다른 형태의 자유가 있었다.

나는 항복했다.

매일 해야 할 일이 많았다. 오전에는 전기충격요법을 받고 하루에 3번 약을 먹었다. 인지치료와 변증법적 행동치료 사이에는 가위를 사용하지 않는 공예를 하거나, 요가 수업을 듣고, 치료견과 시간을 보내기도 했다. 날씨가 좋은 날에는 배드민턴을 치거나 공놀이도 했다. 우리는 꽃꽂이를 배웠다. 몇 주 뒤에 나는 창가에 꽃다발을 장식하고, 작은 책상 위 벽에는 내가 그린 그림을 붙였다. 나는 무언가를 만들거나 가지고 노는 걸 좋아했다. 그것은 내가 살아 있다는 신호였다. 식사 시간이 되면 불안해졌다. 정해진 자리가 없었기 때문이다. 나는 늘 조용한 여자들 무리에 끼어 앉으려 했지만, 가끔 러시아 왕족이라는 여인이 나타나 남의 음식을 빼앗거나 싸움을 걸곤 했다. 그녀는 나를 두렵게 했다. 검은 눈동자의 청년과 지나치게 마초적인 남자도 마찬가지였다. 처음에는 그들이 공격적이라서 그렇다고 생각했지만, 그게 아니었다. 그들은 통제 불능 상태였고, 중증의 환자였다. 내가 어울리던 우울증 환자나 신경증 환자보다 몇 단계는 더 심각했다. 그러나 나 역시 스스로를 통제하지 못하면 그렇게 될 수 있었다. 그것이 진짜 두려움이었다.

나는 혼자 지내며, 여가 시간에는 존 그리샴의 소설을 읽었다. 시간이 지나면서, 역사학 교수와 친해졌다. 우리는 함께 〈뉴욕 타임스〉의 십자말풀이를 하고 저녁에는 〈샤크 탱크〉의 새방송을 보기도 했다. 어느 날, 그가 자신도 알코올 중독에서 회복 중이라고 고백한 것을 계기로 우리는 병동에서 알코올 중독자 모임을 열기로 했다. 간호사들의 허락을 받은 뒤, 사람들에게 알렸고 저녁 식사 후에는 한두 명이 더 참석했다. 무언가를 시작했다는 것 역시 내가 여전히 살아 있다는 또 하나의 신호였다.

병원에 입원한 지 몇 주가 지났을 무렵, 간호부장이 휴게실로 와 나와 단둘이 이야기를 나누고 싶다고 했다. 젠장, 내가 러시아 왕족 여인을 욕하는 걸 들은 게 분명했다. 그러나 그녀는 저녁 근무에 배정된 한 간호사가 환자 명단을 보고 나를 알아보았다는 이야기를 전했다. 내가 조금이라도 불편하다면 다른 병동으로 배치하겠다고 했다. 간호사의 이름을 들었지만 기억이 나지 않았다. 그래서 별일 없을 거라 생각했다. 그날 밤, 약국 창구 앞에서 나는 그 온화하고 잘생긴 남자를 단번에 알아보았다.

"우리 만난 적 있죠! 같이 공연했었잖아요."

"맞아요. '라운드 업', 잘 지냈죠?"

나는 어깨를 으쓱했다.

"글쎄요, 여기서 만나네요."

"알아요, 하지만 여긴 정말 좋은 곳이에요. 다들 잘 돌봐줄 거예요. 내가 불편하면 이야기해요. 말 걸지 않을게요. 다른 병동으로 갈 수도 있어요. 난 상관없으니까 언제든 말해요."

"아니, 괜찮아요. 오히려 아는 사람을 만나서 기쁜 걸요."

라운드 업을 떠올리니 기분이 좋았다. 즐거운 시절이었다.

뉴욕에서는 매년 추수감사절 주말에 알코올 중독자 모임의 동성애자들이 '빅애플 라운드 업'이라고 불리는 이벤트를 열었다. 워크숍, 미팅, 사교 행사뿐 아니라 토요일 밤의 성대한 댄스파티, 토요일과 일요일 오후의 공연도 있었다. 알코올 중독자 모임에는 다양한 공연 예술가들이 있었다. 브로드웨이 무용수, 음악가, 가수, 카바레 연주자, 무대 미술가, 연출가 등. 워낙 재능 있는 사람들이 많다보니 매년 누군가 오리지널 극본을 쓰거나 브로드웨이 히트작을 각색해 알코올 중독자 모임과 동성애자들의 개성을 풍자하는 공연을 만들었다. 몇 달 전부터 리허설이 시작되었고, 나는 단주 2년 차에 합창단 일원으로 참가했다. 몇 주 동안 춤을(형편없었다) 추고,

노래를 연습했다. 힘든 일이었지만 무대, 조명, 공연자들과의 연대를 느낄 수 있는 시간이었다. 길을 다시 보니 그때의 즐거운 기억이 되살아났다. 여기서 그를 다시 만난 것도 하나의 신호였을지 모른다.

병동에서의 모임은 전에 배웠던 모임의 구호와 원칙들을 다시 떠오르게 했다. 항복하는 것, 그리고 내가 무언가에 대해 무력하다는 사실을 인정하는 것. '3A' 즉 의식(awareness), 수용(acceptance), 행동(action)도 있었다. 내가 얼마나 아픈지 자각하는 데 오랜 시간이 걸렸고, 우울증에 무력하다는 사실을 받아들이는 데는 더 긴 시간이 걸렸다. 그리고 도움을 청하는 행동을 하기까지 더 많은 시간이 걸렸다. 감사하는 마음을 갖는 것도 있었다. 정신과 병동에 갇혀 있는 동안 감사할 만한 걸 떠올리는 데는 오랜 시간이 걸렸다. 하지만 내가 직장에서 보아온 비극적인 자살들에 비하면 얼마나 운이 좋은지 깨달았다. 나는 살아 있었다.

6주쯤 지나자 무언가 달라진 걸 느꼈다. 유머 감각이 돌아온 것이다. 휴게실에 앉아 있던 나는 랄프 로렌풍 건물에 있던 때를 떠올렸다. 그때 산책 삼아 갔었던 재활 병동에는 수영장과 기념품 가게가 있었다. 거기에는 간식, 열쇠고리 그리고 실버 힐에서 단주에 성공했다는 의미의 '나는 언덕을 올랐다'라고 쓰인 파란색 티셔츠도 있었다. 나는 소프트볼 경기를 하는 상상을 했다. 재활팀 대 정신과팀의 시합이다. 우리 팀의 티셔츠는 어떤 모습일까 생각했다. 검은색 바탕에 번개 문양 그리고 '그래서 뭐? 난 오늘 침대에서 일어났어' 같은 문구가 쓰여 있는 건 어떨까. 나는 혼자 낄낄거리며 우리의 작은 그룹 'RMPs(Real Mental Patients)'를 바라보았다. 다시 한 번, 강인하고 흥미로운 사람들 무리에 속해 있다는 사실에 자부심을 느꼈다. 우리는 생존자들이었다.

나는 조금씩 자신을 되찾아갔다. 먹고, 말하고, 참여했다. 집단 치료에서 몇 마디 농담을 던지자 직원들이 그걸 메모하는 게 보였다. 오락 치료사가 배드민턴 대회를 열자고 제안했을 때 나는 작은 소리로 말했다.

"좋죠, 조울증 팀 대 우울증 팀 어때요? 절반쯤은 박빙이 벌어질 거예요."

내가 스스로를 웃게 만들 수 있다는 걸 깨달았을 때, 비로소 내가 나아지고 있다는 걸 실감했다. 얼마 후, 나는 사회복지사에게 '제발, 여기서 나가게 해주세요'라고 간청했다.

두 달 뒤, 나는 퇴원했다.

내 직업이 나를 미치게 만든 건지 아니면 그걸 잃은 탓이었는지는 모르겠다. 아마 둘 다였을 것이다. 내가 보고 겪은 모든 일 때문에 외상 후 스트레스 장애(PTSD)를 앓고 있었지만, 동시에 나는 직업이 곧 나 자신이 되도록 방치한 잘못을 저질렀다. 내 정체성이 고스란히 경력에 덮어 씌워진 탓에 실직했을 때 자신까지 잃고 만 것이다. 알코올 중독자 모임에서는 이렇게 말한다. '당신은 행동이나 성과로 정의되는 존재가 아니라 존재 그 자체로 의미가 있다.' 나는 그것을 잊고 있었다. 이제 나는 바버라로서, 그게 누구든 간에, 나 자신을 다시 세워야 했다. 그것을 기념해 나는 내 회사를 '바버라 F. 부처 어소시에이츠'라고 명명했다. 사실 내 미들네임은 A다. F는 바버라 빌어먹을(Fuck) 부처를 뜻하는 말이다.

그녀가 돌아왔다.

에필로그

앞으로 무엇을 해야 할지 힌트를 준 사람은 내 정신과 의사였다. '일선에서 물러난' 이후 나는 세상에서 더 이상 쓸모가 없어졌다고 한탄했다. P 박사는 은퇴라는 개념이 내게 맞지 않는다고 지적했다. 내 일을 좋아했으면서, 왜 계속 그 분야에서 일하지 않느냐는 것이었다.

"이제 아무도 날 써주지 않아요. 에너지는 두 배에, 급여는 절반인 청년들뿐이거든요."

"좋아요, 그럼 한 가지만 물어볼게요. 당신이 정말 하고 싶었지만, 비현실적이라 도전하지 못했던 직업이나 커리어가 있나요? 생계를 위해 포기해야 했던 일은요?"

나는 주저하지 않았다.

"있어요. 배우나 작가 같은 뭔가 창조적인 일을 하고 싶었어요."

"그럼 뭐가 당신을 막고 있죠?"

나는 '너무 늦었다'거나 '이 나이에 무슨' 같은 변명을 시작하려다 이내 엄청난 사실을 깨달았다.

"아무것도요. 날 막는 건 없어요."

"그렇다면 스스로를 멈추지 말아요. 해보는 거예요. 집세는 연금으로 낼 수 있잖아요. 당신이 원하는 건 뭐든 될 수 있어요."

그래서 나는 뛰어들었다. 재미 삼아 연기 수업을 듣기 시작했고 곧 본격적으로 공부했다. 매니저를 구하고 오디션에 지원했다. 직업 덕분에 연기 경험은 풍부했다. 태연한 척, 강한 척, 용감한 척은 자신 있었다. 처음으로 TV 드라마 오디션을 보게 되었다. 아주 작은 배역이었지만, 나는 에미상 후보라도 된 것처럼 기뻤다. 정장을 차려입고, 대본을 손에 든 채 대사를 중얼거리며 다운타운으로 가는 지하철을 탔다. 다른 승객들이 내가 배우라는 걸 눈치 챌까 의식했다. 캐스팅 사무실은 사람들이 대사를 연습하는 소리로 가득 찼다. 나는 캐스팅 보조에게 프로필 사진과 이력서를 건네고 사인한 뒤 자리에 앉아, 들뜬 마음으로 주위를 둘러보았다. 나도 뉴욕의 배우였다!

결국 나는 그 배역을 따내지 못했고, 이후 지원한 열 번의 오디션에서도 줄줄이 떨어졌다. 대부분 의사나 형사 가끔 변비약 광고에 나오는 헌신적인 아내 역할도 있었다. 그러던 중, 나는 저예산 TV 파일럿 프로그램의 단역에 지원했고 대본 리딩을 하러 갔다. 이번에는 캐스팅 디렉터뿐 아니라 감독과 총괄 프로듀서까지 참석했다. 내가 맡은 역할은 아들을 잃은 여인이었다. 나는 남동생의 사진을 가져가, 그것을 보며 대사를 하고 눈시울을 붉혔다. 내 연기는 좋은 평가를 받았고, 그들은 잠시 기다려 달라고 하더니 상의하기 시작했다. 그들의 대화가 들려왔다.

"카마인의 엄마랑 닮지 않았어? 어떤 것 같아?"

다시 돌아온 그들은 다른 배역인 마피아 보스의 아내 역할로 대사를 읽어보라고 했다. 나는 예전 브루클린 억양으로 대사를 완벽하게 소화하고 당당히 주연으로 발탁되었다.

하루는 저녁 식사 장면을 촬영했다. 아들과 사위가 말다툼을 하다 서로 달려들어 몸싸움을 벌였고, 딸은 비명을 지르고, 손주들은 울음을 터뜨렸다. 나는 그들을 떼어놓으려 애쓰며 이탈리아어로 외쳤다. '그만 해! 그럴 가치도 없어!' 촬영 현장은 폭력적인 공기로 가득했고, 날카로운 긴장감이 감돌았다. 매 장면마다 나는 몸을 덜덜 떨며, 완전히 몰입했다. 배우들은 정말 훌륭했다. 촬영이 끝나자 스태프들이 박수를 쳤다. 나는 숨을 고르며, 이렇게 멋지고 놀라운 경험을 하게 된 걸 감사했다. '하느님, 제가 실업하게 해줘서 고마워요!'

우리는 도심의 한 극장에서 성대한 시사회를 가졌고, 친구들도 모두 참석했다. 나는 레드카펫을 밟고 카메라 인터뷰를 했으며 내가 출연한 작품을 대형 스크린에서 볼 수 있었다. 연기가 특별히 뛰어나진 않았지만 상관없었다. 완전히 새로운, 내가 꿈꾸던 것 이상의 즐거움이었다.

무대에서 박수갈채를 받으며 나는 잠깐 '내가 여기 서있을 자격이 있나?' 싶은 감정을 느꼈다. 하지만 이내 그런 생각을 밀어냈다. 난 바버라 F. 부처야. 그냥 즐기는 거야!(방송은 인기가 없었지만, 그게 바로 쇼 비즈니스였다)

나는 어떻게 이렇게 운이 좋을 수 있었을까?

여전히 알 수 없었지만, 내 가슴은 행복으로 벅차올랐고 내가 누린 놀라운 삶에 대한 감사로 가득했다. 나는 '신의 계시'를 떠올렸다. 나를 올바른 길로 이끌고 내 목숨까지 구한 모든 사건들과 불운들 말이다. 알코올 중독은 나를 취업 프로그램으로 이끌었고, 그곳에서 나는 세상에서 가장 흥미로운 직업을 찾을 수 있었다. 팔에 기브스를 한 덕분에 목맨 남자의 함정에 걸려 감전사하지 않았고, 2001년 9월 11일 수술 때문에 출근하지 못했던 일, 내 영혼을 갉아먹던, 그러나 내가 사랑하던 직업을 잃은 일, 좋았던 순간도, 나빴던 순간도, 그리고 앞으로 다가올 모든 순간에 감사한다.

감사의 말

어떤 사람들은 자신의 성공을 발판 삼아 다른 사람들을 끌어올리는 재능을 지녔다. 작가 케이트 화이트는 내가 아는 누구보다도 이 재능에 뛰어난 사람이다. 그녀는 언제나 내게 흔들림 없는 지지와 영감을 주었다. 그녀가 없었다면 이 책을 쓰지 못했을 것이다. 나의 성실하고 이해심 깊은 에이전트 캐시 슈나이더는 처음부터 끝까지 동료이자 대변인이 되어 주었다. 캐시 덕분에 꿈에 그리던 사이먼 앤 슈스터와 계약을 하고, 베테랑 편집자 밥 벤더를 만날 수 있었다. 밥의 경험과 실력이 이 작업을 이끌었고, 그의 섬세한 비평은 이 책을 훨씬 더 나은 책으로 만들어 주었다. 또한 캐시는 편집자이자 교사이자 글쓰기 코치 그리고 이제는 친구가 된 브렌다 코플랜드를 소개해 주었다. 브렌다는 내게 글 쓰는 법을 가르쳐 주었고, 감정이 지나치게 드러나 취약해질 때면 늘 나를 진정시켜

주었다. 그녀 덕분에 창작의 즐거움을 알게 되었다. 조언과 지지를 보내는 작가 패트리샤 콘웰과 주디 멜리넥에게도 감사를 전한다. 그리고 내 어머니 델로리스 부처와 에스텔 카도네, 내 딸 하퍼 B. 해거턴, 나의 좋은 친구 칼 카포토르토, 톰 티톤, 비키 카다로, 캐롤린 브라운, 마지와 마이클 로프틴, 낸시 갤러거, 크리스톨라 피닉스 나를 응원하고(맛있는 식사와 함께) 지지해준 이 모든 너그러운 사람들에게 감사드린다. 그리고 나를 현실에 단단히 붙잡아두고 매일 영감을 주는 내 배우자 패티에게도 감사를 전한다.

버니와 프리츠, 당신들의 사랑에 깊이 감사한다. 모든 것은 당신들을 위한 것이다.

죽은 자는 알고 있다
-5500명의 죽음과 마주한 뉴욕 법의조사관의 회고록-

초판 1쇄 인쇄 2025년 10월 10일
초판 1쇄 발행 2025년 10월 15일

저자 : 바버라 부처
번역 : 김효진

펴낸이 : 이동섭
편집 : 이민규
디자인 : 조세연
표지 디자인 : 공중정원
기획·편집 : 송정환, 박소진
영업·마케팅 : 조정훈
e-BOOK : 홍인표, 김은혜, 정희철
라이츠 : 서찬웅
관리 : 이윤미

㈜에이케이커뮤니케이션즈
등록 1996년 7월 9일(제302-1996-00026호)
주소 : 08513 서울특별시 금천구 디지털로 178, B동 1805호
TEL : 02-702-7963~5 FAX : 0303-3440-2024
http://www.amusementkorea.co.kr

ISBN 979-11-274-9592-3 03330

창작을 위한 자료집
AK 트리비아 시리즈

-AK TRIVIA SPECIAL

유감스러운 병기 도감
세계 병기사 연구회 지음 | 오광웅 옮김
69종의 진기한 병기들의 깜짝 에피소드

유해초수
Toy(e) 지음 | 김정규 옮김
오리지널 세계관의 몬스터 일러스트 수록

요괴 대도감
미즈키 시게루 지음 | 김건 옮김
미즈키 시게루가 그려낸 걸작 요괴 작품집

과학실험 이과 대사전
야쿠리 교시쓰 지음 | 김효진 옮김
다양한 분야를 아우르는 궁극의 지식탐험!

과학실험 공작 사전
야쿠리 교시쓰 지음 | 김효진 옮김
공작이 지닌 궁극의 가능성과 재미!

크툴루 님이 엄청 대충 가르쳐주시는 크툴루 신화 용어사전
우미노 나마코 지음 | 김정규 옮김
크툴루 신화 신들의 귀여운 일러스트가 한가득

고대 로마 군단의 장비와 전술
오사다 류타 지음 | 김진희 옮김
로마를 세계의 수도로 끌어올린 원동력

제2차 세계대전 군장 도감
우에다 신 지음 | 오광웅 옮김
각 병종에 따른 군장들을 상세하게 소개

음양사 해부도감
가와이 쇼코 지음 | 강영준 옮김
과학자이자 주술사였던 음양사의 진정한 모습

미즈키 시게루의 라바울 전기
미즈키 시게루 지음 | 김효진 옮김
미즈키 시게루의 귀중한 라바울 전투 체험담

산괴 1~3
다나카 야스히로 지음 | 김수희 옮김
산에 얽힌 불가사의하고 근원적인 두려움

초 슈퍼 패미컴
타네 키요시 외 2명 지음 | 문성호 옮김
역사에 남는 게임들의 발자취와 추억